# The Artistic Ape

THREE MILLION YEARS OF ART

**One the jacket & Cover**

**Front:** Images now have refined detail, age 13 years 2 months, see p.53; Cuchimilco female figure, AD 1200, Chancay, Peru, see p.283; Some examples of a child's-eye view of the sun, see p.55; Henri Matisse, *Harmony in Red*, 1908; Hieronymus Bosch, *The Garden of Earthly Delights* (detail), 1510-1515; The appearance of a central circle, age 2 years 11 months, see p.51; The first pictorial image, age 2 years 11 months, see p.51; Wassily Kandinsky, *Succession* (detail), 1935

**Back:** Henri Rousseau, *The Dream*, 1910; Wassily Kandinsky, *Succession* (four details), 1935; The scribble stage, age 2 years 11 months, see p.51; A Kuna Indian *mola* (detail), see p.223; Some examples of a child's-eye view of the sun, see p.55; 'Plank figure' of a mother and child, early Bronze Age, 2000 BC, Cyprus, see p.283; 'Slab-head' figure, AD 1000, Quimbaya, Colombia, see p.283; Congo balanced on offset square, see p.34

**Spine:** Kazimir Malevich, *Suprematism*, 1915

**Front flap:** A Kuna Indian *mola* (detail), see p.223; Some examples of a child's-eye view of the sun, see p.55

**Back flap:** A Kuna Indian *mola* (detail), see p.223; The scribble stage, age 2 years 11 months, see p.51

# 人類と芸術の300万年

## デズモンド・モリス アートするサル

## The Artistic Ape
## Three Million Years of Art
Desmond Morris

デズモンド・モリス＝著
別宮貞徳＝監訳

柊風舎

THE ARTISTIC APE : Three Million Years of Art
by Desmond Morris



Japanese translation rights arranged with
RED LEMON PRESS LIMITED
through Japan UNI Agency, Inc.



Printed and bound in China

# 目　次

# 謝辞

本書の執筆中には妻ラモナに大いに助けられた。礼を言う。本書の刊行に携わってくださったすばらしいチームの次の方々にも、大変感謝している。シルケ・ブルーニンク、マーティナ・チャリス、ジェイン・ウォーカー、リーア・ジャーマン、ジョー・コナー、ケイティ・ナットン、ケイト・マニング、セイラ・ベントン、アレグザンダー・ゴールドバーグ、ジェイソン・ニューマン。また、次の方々からは貴重なご意見を賜り、心から御礼を申し上げる。デヴィッド・アッテンボロー、ポール・バーン、ロバート・ベドナリク、ジェイムズ・ボムフォード、リチャード・ドーキンズ、エレン・ディサナヤケ、ジュリアン・ハクスレー、ヴァッソス・カラヨルギス、デイモン・デ・ラズロ、ジュリー・ローソン、シルヴァーノ・レヴィ、ロナ・マーズデン、ジェイムズ・メイヤー、リー・ミラー、アンドリュー・マーリー、ハーバート・リード、マイケル・レミ、ピーター・ロビンソン、デヴィッド・シルヴェスター。

最後になるが、長年にわたって交友を温めてきた次のアーティストの方々には、アートの本質についてありがたいご意見をいただき、深く感謝する。ヤンケル・アドラー、スヴェン・ベルリン、フランシス・ベイコン、ジョン・ブラトビー、アレグザンダー・コールダー、リチャード・ハミルトン、バーバラ・ヘップワース、ジョン・レイサム、マーヴィン・レヴィ、L・S・ローリー、コンロイ・マドックス、オスカー・メロー、エドゥアール・メゼンス、ホアン・ミロ、ヘンリー・ムーア、シドニー・ノーラン、ヴィクター・パスモア、ローランド・ペンローズ、ウォルター・プール、ウィリアム・スコット、ウィリアム・ターンブル、スコッティ・ウィルソン。

# 序文

デズモンド・モリスは 85 歳の誕生日を迎えて本書の執筆を開始した。科学とアートの両方の分野で 60 年以上にわたって集めた資料から、これまでの業績の集大成とも言うべき最高傑作を書きあげたのである。世界中をくまなく歩き、人間のアートに関する生の知識を求めて 100 以上の国を訪れ、本書で述べている知見の多くを現地で得てきた。マカパンスガットの小石を自らの手にのせたのは、小石が 300 万年前に大切に保管されていた洞窟だった。部族アートやフォークアートの章に登場する文化も数多く訪れ、また、シュルレアリストの画家として高く評価されている自身の作品を通じて、近代アートの章で述べている少なからぬ画家と面識がある。

本書では、人間の行動に関する幅広い知識を画家の勘から生まれる独自の解釈と結びつけて、アートの進化をたどり、人間がアートに注ぐ情熱を興味深く分析している。取りあげられた芸術作品の数は 300 点以上にのぼり、読者は大量の芸術作品について学び、世界各地の、長い歴史の中のさまざまな文化や社会について知ることができる。最後にモリスは、いつの時代にも、世界のどこででもあてはまるアートの九つの役割をつきとめ、分析している。本書は、著者の豊かな人生の賜物と言えよう。学術の世界から出発し、やがてテレビ番組のキャスターとして名を馳せ、その間もつねにシュルレアリストの画家として活躍し、作品が世界中で展示され収集されている科学者の手で書かれたのである。

マーティナ・チャリス

ロンドン、2013 年

# 第 1 章　序

# 序

## アートの定義

これまでに書いた本では、人間がほかの動物とよく似ているところに焦点をしぼってきた。その中で、われわれの原始的な行動のパターンや、こうしたパターンが現代まで生き残っている営み――子づくりと子育て、飲食、身だしなみと睡眠、遊びと喧嘩――に目を向けた。その際、人間の生活でほかの動物の生活と異なる面をあえて無視したが、本書では、人間が独特の動物であることをはっきり示してきた営みでもっともおもしろい面の一つ、アートと呼ばれる複雑な活動に光をあてようと思う。

アートの進化は、思うに、人間のあらゆる活動の発展でもっとも興味深く、ほかのどんな活動にもまして、人間をほかの動物と異なるものにしてきた。これまで、アートの進化を定義するのは、とりわけこのテーマについて述べる専門家にとって、きわめて困難だった。大体において、専門家は、研究の対象があまりにも身近にあるため、それが人間行動に普遍的なパターンであることをはっきりとらえることができない。その結果、たいていはアート活動の大部分を除外した幅の狭い定義を提唱し、何がアートで何がそうでないのか、内輪もめが起こることになる。

**アートへの衝動が、最初にわれわれの遠い祖先の部族社会でどのようにして生まれたのか…**

このような混乱は、美を研究する専門家が、かならずと言っていいほど、人間の生態や進化についての知識を持ちあわせていないことから起こる。それゆえ、専門家は、アートへの衝動が、最初にわれわれの遠い祖先の部族社会でどのようにして生まれたのか、アートがどのように花開いて今日あちこちで見られるような驚くべき現象となったのか、といったことがわかっていない。まずアートの生物学的な起源を調べて理解しなければ、美的表現の高度な形態が持つ繊細な味わいやニュアンスはじゅうぶんに認識できない。この探究こそ本書の目ざすところである。

まずアートの比較的広い定義としては、これまでどのようなものが提示されているだろう。文字通り山ほどあるが、ほとんどがものの用に立たないと言ってよい。アートとは、「何かを作って目を楽しませせること」「知性の創造的な作用」という定義もあれば、「人間が生み出し、作者の美的感覚を満足させるすべてのもの」という定義もある。初めて満足な説明をしてくれたのはシェイクスピアで、1606 年に、アートは「卑しいものを貴いものに変えてみせる」〔大場建治訳〕とリア王に語らせている。つまりアートとは、変化させる力を持つ作用と言えるだろう。不愉快きわまりないほど凡庸なものを、みごとに、すばらしくすることができる活動であるとシェイクスピアは教えてくれる。

**不愉快きわまりないほど凡庸なものを、みごとに、すばらしくすることができる活動であるとシェイクスピアは教えてくれる。**

世紀が変わると、ゲーテが、芸術においては「最良のものにいたって初めて満足できるのだ」〔高木久雄訳〕と述べた。ジョン・キーツは 1814 年に「すべての芸術において作品の卓越とは強烈さのことであり」〔田村英之助訳〕とつけ加え、エリザベス・バレット・ブラウニングは「アートとは、規模を大きくした人生でなくて、何であろう」と問いかける。三つの引用はどれも、アートが何かの質を改善し、さらに力強い体験にすることを強調している。こうした定義から、アートとは日常の体験を何らかの形で拡大するものであるという点で意見が一致していることがわかってくる。フランスの画家ジャン＝フランソワ・ミレーはもっと明白に、アートとは「陳腐なものを崇高な気持ちで取り扱うこと」と言った。1864 年にギュスターヴ・フローベールはさらにドラマティックに「人生は悲しい見世物……醜く、過酷で、複雑だ。芸術の目的は……人生の重荷と辛苦を追い払うことにほかならない」と述べ、その数十年後には、オスカー・ワイルドが「芸術の道徳は、不完全な媒体を完全な方法によって処理することにこそ存する」〔福田恆存訳〕と彼なりの結論を下している。

20 世紀に入ると、芸術評論家のクライヴ・ベルが、アートとは、「ある状況から逃れてエクスタシーにいたる」手段であると言い、人類学者のエレン・ディサナヤケは、著書『アートの目的とは』（*What is Art For?*）で同じ考えを述べている。ただし、言葉づかいはもう少しおだやかで「アートとは、何かを特別なものにすることと言える」となっている。

こうした見解をまとめると、アートとは、それがなければ退屈になるであろう生活にめりはりをつけてくれる活動と考えられる。アートは、ありきたりのものを印象的に、つまらないものを楽しく、そして、穏やかなものを強烈に、粗野なものを優雅にもしてくれる。

数十万年にわたって、われわれの先祖は、この手段をほかの活動に加えるアクセサリーとして取り入れた。道具や武器、衣服、建造物を作るときには、どれも単なる実用性の枠を超え、効率よく機能するのに必要とは思えないような趣向がこらされた。ことさらに手をかければ、ほかのものより目立つから重要そうに思える。目に見える強烈な印象、作るときに使った技術や時間はどれも、貴重なものであるというオーラを作品に与えた。

「芸術のための芸術」という言葉は、1803年にフランスの小説家バンジャマン・コンスタンが使って一躍有名になった。アートは、ほかの動機から完全に解放されなければ、真のアートではないと言うのだ。極端に解釈したら、キリストの像は、宗教的なメッセージを伝えるものだから、アートとしての価値がないということになる。どんなにみごとなできばえでも、アート作品としては、宗教的、政治的なメッセージを伝えない凡庸な風景画の方がすぐれているとされる。この姿勢は、アートに対する現代の考え方に多大な悪影響を与えてきた。

華麗なデザインのスポーツカー、フェラーリより、見ばえのしない彫像の方がアート作品であると考える。人間のアートを、大昔から深く根を張った営みとする真実の視点から眺めようと思うなら、こういった姿勢は避けなければならない。

以上を考慮して、私は、人間に特有の活動――ほかの動物には見られない活動――に自分なりの定義を下さなければならない。人間には、ほかのすべての動物と異なる主要な活動が三つある。すなわち、アートの追求、科学の追求、宗教の追求である。政治や商業など、そのほかのいわゆる「高度な活動」はどれも、実際には、人間の社会を組織化して、人間の動物としての基本的な欲求を満たし、さらに、この三つの目標を達成するための手段にすぎない。

アート、科学、宗教の私の定義は次のようになる。

アートとは、日常的なものから非日常的なものを作り出すこと
――脳を楽しませるために。

科学とは、複雑なものから単純なものを作り出すこと
――われわれの存在を理解するために。

宗教とは、信じられないものから信じられるものを作り出すこと
――死の恐怖を減らすために。

本書では、アートが人間のたぐいまれな進化に促されて、ささやかなつつましい当初の姿から、人間の生活で重要な三つの活動の一つに発展した経緯を語ろうと思う。この壮大なテーマを扱いやすくするために、アートの中でも視覚アートに的をしぼる。とはいえ、根底にある原理は、音楽や演劇、舞踊、小説、詩にも、さらには香水などアートとしては影

の薄いそのほかの形態にも、しばしばあてはまる。

これより、先史時代から現代までの300万年にわたる視覚アートを、駆け足で見てまわる。この旅のあとには、実例がたっぷり手に入っていて、人間のあらゆるアートに作用すると思われる八つの基本法則を検証できるだろう。本書では、やむを得ず省いたものがあったことを、あらかじめお断りしておく。テーマの内容があまりにも豊富なため、すべてを網羅するとなったら百科事典の千冊分にもなるだろう。偏りなく実例を選択することによって、凝縮した形で筋の通るように資料をまとめるのがそもそものもくろみで、同時に、美術史家や美術理論家が使用する学術用語は可能なかぎり避けるよう努めた。

# 第2章　アートの起源

# アートの起源

## アートの人類学

人間は、完全な捕食動物となった唯一の霊長類であるため、サルや類人猿の中でも特異な存在と言える。野生のチンパンジーもときたま小動物を殺して食べることがあり、これは今ではよく知られているが、通常の摂食行動ではない。チンパンジーは、人間以外のすべての霊長類と同様に圧倒的に草食で、おもに果物やベリー類、木の根や実を食べ、昆虫や鳥の卵を貴重な補助食品にしている。

サルなどの草食動物は、起きている時間のほとんどすべてを、餌探しや、餌の採取、加工、食事に費やさなければならないという問題をかかえている。しかも、摂食行動はくり返しが多く、輝かしい最高のひとときがない。

大型肉食動物の生活はまったくちがう。狩りには多大な労力を要するが、成功したあかつきには盛大なご馳走にありつける。そのあとは休憩の時間で、それから、また、次の狩りが始まる。このような生活は、ライオンやヒョウなど大型のネコ科動物にも、原始時代の狩猟民にも、等しくあてはまる。しかし、両者の間には大きな相違もある。ライオンは、獲物のご馳走を堪能したあとは眠る。生活には無駄がなく、毎日の睡眠時間はおよそ16時間。人間の狩猟者はちがう。狩りに成功しても、それは、巨大な牙や強力な顎(あご)や鋭い鉤爪を備えていたからではない。知能を使ったからである。

狩りに成功しても、それは、巨大な牙や強力な顎(あご)や鋭い鉤爪を備えていたからではない。知能を使ったからである。

人類は、やがて地球を支配することになるが、それは筋力ならぬ脳力の増加という特殊な進化のおかげだった。人間の狩猟者は、動物の世界の「プロ」の殺し屋とくらべたら体つきこそ貧弱だが、チームワークと狡猾な性格を活かして霊長類の体の弱点を克服した。これを手助けしたのが、「断続的な呼吸」を発話に発展させるという進化の特異な仕掛けである。ほかの動物は、呼吸を調節して、キーキーとかガオー、ホーホー、ブーブーといった短い鳴き声を出し、「怒っているんだぞ」とか「痛い」「交尾 OK よ」「腹ぺこだ」といった一つの単純なメッセージを伝える。しかし、そこから先に進み、こうした発声を組み合わせて、地球上のどんな部族でも持っている複雑な言語に発展させた動物は一つもない。

**したがって人間という動物は、基本的には、知能があり言葉を話す肉食動物として進化し、そのおかげですばらしい発展をとげた。**

大昔の狩猟民は、音声コミュニケーションの複雑な形態を発達させるように遺伝子にプログラムされていった。子どもは誰でも、とくに教わらなくても、成長する間に話すことを学び、おとなになるころには、自由に言葉をあやつって集団の仲間とコミュニケーションをはかることができた。とはいえ、子どもは、どこにいても同じ言語を発達させるように進化で微調整されていたわけではない。こまかい点については部族の仲間から教わり、その結果、部族内でのコミュニケーションに不可欠な進化のメカニズムから、部族間のへだたりも生じた。今日でも、地球をぐるりとひとまわりしてみると、世界中で数千の言語がまだ生き残っていて、異文化の人が出会うところで果てしない混乱を巻きおこしている。

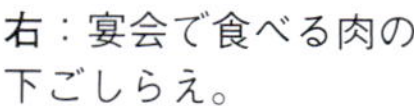

右：宴会で食べる肉の下ごしらえ。

したがって人間という動物は、基本的には、知能があり言葉を話す肉食動物として進化し、そのおかげですばらしい発展をとげた。草を食べるかつての食事もつづけるという両面作戦をとったので、肉が少ないときには果実や木の根を食べる祖先の生活にもどることができた。肉がたっぷりあるときでも、「肉と野菜」を食べる雑食性の食事をして栄養摂取を強化する。この進化から、いわゆる原始狩猟採集社会が誕生した。この社会では、性別による労働分担——オスは狩猟、メスは採集——が顕著だった。

**人間は、満ち足りているときでさえ、満腹したライオンよろしくさっさと寝てしまうのでなく、宴会を開いて何らかの方法で自己表現せずにいられない。**

こうした生活様式から、人間のアートが足がかりを見つけて発展する社会的状況が整う。すべての始まりは、ご馳走を食べる宴会だった。先に述べたように、大型のネコ科動物のような狩りのプロは、獲物を殺して肉をたらふく食ったら、あとは眠る。ところが狩猟民は進化のスペシャリストではなく、もともと進化のジェネラリストで、神経系が高い活動レベルに調整されていた。簡単に言えば、ネコは怠け者で、サルは精を出してちょこまか働くということ。しかし、部族の全員にたっぷり食べさせられるほど大きな獲物を仕留めたあとは、何に精を出せというのか。

答えは、宴会を特別な機会にすること。ふつうのサルや草食動物には、盛大な食事をする機会がない。毎日がささやかな活動の長い長い連続である。ところが、人間そっくりなわれわれの遠い祖先は、オスの狩猟集団が獲物を持って帰ってきた特別な機会に、勝利の輝かしいひとときで生活にめりはりをつけられるようになっていった。霊長類はつねに行動する衝動に駆られているから、人間は、満ち足りているときでさえ、満腹したライオンよろしくさっさと寝てしまうのでなく、宴会を開いて何らかの方法で自己表現せずにいられない。寝るのは何かお祝いでもしてからの話である。

勝利を祝う宴会をさらに意義深く見せるには、プラスアルファが必要になる。このアルファこそ、今日アートと呼ばれるものの最初の形態だった。衣服と身体装飾をもっと派手にしなければならない。ここから視覚アートが始まる。獲物を追ったときの話もしなければならない。狩猟者が語る「逃した獲物」の話は、おそらく最古の物語だろう。ここから詩と文学が始まる。部族が大きな成功をおさめたことを知らせるために、歌ったりリズミカルな音を出したりしなければならない。ここから音楽と舞踊が始まる。

このようにして、大切なひとときを入念に表現する伝統が生まれた。伝統はたちまち誕生や成年式、結婚などの特別な機会にも拡大される。祝いだけでなく、戦いや死、先祖の供養、迷信が生み出す恐怖にまつわる儀式も行なわれた。このようなときには、それぞれに、儀式や行事の独特の飾りつけが行なわれ、その方法は、言語と同様に、部族により異なる。どの部族も活気に満ちた盛大な祝いをした。全員が身を飾り、歌い、踊り、語ったが、詳細は部族で異なる。部族が大きくなり、数を増し、地球の表面にくまなく広がっていくにつれ、祝いの手法はますます変化に富んでいった。

今日では、そのたしかな証拠の大部分が永遠に失われてしまった。そもそも飾りつけは祝いがつづいている間にしか置かれていないからである（現代のカーニヴァルの山車と同じ）。幸い、関係する工芸品は昔の探検家が持ち帰って博物館に陳列されているものもあり、今でも調べることができる。部族の説話は、高度に様式化された神話という形態で生き残り、世代から世代へ語り伝えられている。

ここで、しばしアートの定義――日常的なものから非日常的なものを作り出すこと――にたち返ろう。これまで説明してきた原始的なアートの形態が見られるのは、部族の生活で非日常的なひとときー―大猟、成年式、弔いなど――に限られていたのだから、そもそも日常的なところなどまったくなかったと言う向きもあるかもしれない。しかし、この説は重要な点を見すごしている。宴会を静かに、踊りや派手な飾りつけもなく行なうこともできただろう。獲物の大きな死骸が居住地まで運ばれてきても、大騒ぎするほどのことではないと考えたり、部族の一員の死は、儀式や祭式など行なわずに簡素に取り扱ったりすることもできただろう。大昔の部族民は、こうした機会に凝った飾りつけ（ディスプレイ）をせざるを得ないような状況はまったく存在しなかったのに、ほぼ毎回そうしていた。特別なできごとを強調する方法として、部族のありふれた日々の生活を、日常から非日常へ転換させることが、人間のアートの進化の核心にあった。

**右**：部族の祝賀を非日常的な行事に変える身体装飾。

そうなると、次に、人間はこの変化をどのように引き起こしたのかという疑問がわいてくる。ふだん着を晴れ着に、日常のおしゃべりを心に残る物語や魅惑的な歌に変える努力のさまざまな形態には、どのような法則があるのだろう。この疑問に答えるのは難しい。人間が何かを表現する形態は、きわめて単純なものでさえ複雑なのだ。もっと簡単な答えを見つけるために、ほかに目を向けよう。

日常から非日常への転換については、ほかの動物が求愛や威嚇をするときに行なうディスプレイ（誇示行動）から学べることが多い。魚や爬虫類、鳥、哺乳類が攻撃や交尾をするときには、しばしば、威嚇や求愛を示す何らかの明白なディスプレイから始まる。ディスプレイには、体色の変化や様式的な動作、誇張された姿勢、体の一部の変形、大きな叫び声、いつもとちがう鳴き方などがある。動物は、こうした行動をして、平凡な日常の気分からいつになく高揚した状態に変わり、戦いや交尾の準備ができていることを相手に知らせる。

どんな行動でも、目立つことが肝心。しかし、これは危険だ。競争相手や交尾相手の目につくようになると、いつ襲ってくるかわからない捕食動物にも身をさらしてしまう。したがって動物が外見を示す方法は二通りある。平常でおとなしく目立たないか、異常で派手に目立つか。目立つほうは、敵を威嚇するときか、脈のありそうな交尾相手に求愛するときに限られる。こうした短いひとときに、リスクをおかして、身の安全や護身より派手なディスプレイを優先するわけである。

これは、人間のアートと直接には何の関係もないが、ディスプレイをする動物の変身には、たしかに、日常的で単調な状態から非日常的な状態への急激な変化が含まれている。この点が、人間のアートで生じていることと似ている。そして、当然ながら、だからこそ私たちは、自然の中にこれほど多くの美を見いだすのである。クジャクの羽の美しい色や求愛中の魚の踊りの儀式、ザトウクジラの複雑な歌に感嘆する。それはまさに、動物が、自分を非日常的に見せようと努力して、人間がアート作品を作るときと同じ法則に従っているという理由による。

その法則とは何か。重要な法則は八つあり、くわしい説明は最後の章で述べる。

第１の法則　誇張。
ディスプレイの構成要素を標準以上、あるいは以下にする。

第２の法則　純化。
色や形を純化、ひいては強化する。

第３の法則　構成。
構成要素を特別な形で並べて調和をとる。

第４の法則　不均質性。

作品は単純すぎず複雑すぎず。最適なレベルの不均質性を備える。

第５の法則　洗練。

構成要素と、その間隔が的確になる。

第６の法則　テーマの変化。

ある一つのパターンが展開し、さまざまに変化する。

第７の法則　新しいもの好き。

新奇なものを求める遊び心に満ちた欲求――「新しいおもちゃ」の原理。折あれば確立された伝統を捨てて新しいトレンドを取り入れる。

第８の法則　状況。

ディスプレイを行なう時間と場所を慎重に選択し、さらには入念に準備をする。

# 第３章　動物のアート

# 動物のアート

## 動物が描いた絵

人間のアートの起源を探究していると、当然、ほかの動物にもこういった活動に熱中する能力があるのだろうかという疑問がわいてくる。自然界には、動物にそういうことができる証拠はどこにもないが、基本的な道具を与えて何らかの形で絵を描かせてみたら、どうなるだろう。動物は視覚制御を示す印を残すことができるだろうか。

人間以外の動物も、刺激を与えたら何らかの視覚的なパターンが描けるかもしれない。その最初の証拠は、20 世紀初頭にロシアで行なわれた研究から得られた。1913 年、比較心理学者のナジェージダ・ラディジナ＝コーツがジョニという名の若いオスのチンパンジーを使った 3 年間の研究を開始した。あるとき紙と鉛筆を与えて観察したところ、ジョニは線を描き始めた。これが、私たちの知るかぎりで、人間以外の動物が絵を描いた最初の例である。

**ジョニは絵らしい絵を描く段階には決して到達しなかったものの、抽象的な線のパターンには、たしかにいくらかの進歩がうかがえる。**

コーツは、のちに、自分の幼い息子ルーディでも同じようなテストをして、類人猿と人間の子どもの線画の相違について次のように述べている。「線画の練習を集中的に行なったあとでも、ジョニはせいぜい直線や、ときには交差した線を紙の上にでたらめに描き散らす程度だった」。息子のルーディは、最初は同じように描いていたが、やがて、もっと複雑な形を描くようになった。「ジョニの線画は大体において単調だが、ルーディの線画は急速な進歩と多様性を反映している」とコーツは述べる。

線画を見ると、ジョニは絵らしい絵を描く段階には決して到達しなかったものの、抽象的

な線のパターンには、たしかにいくらかの進歩がうかがえる。最初のころの線画では、長い線が見たところでたらめにくり返されているばかりだが、あとのほうでは、短い線と長い線がたびたび交差していることから、ある程度の視覚制御が認められる。

さらにコーツは、研究を行なっている間にジョニが「人間の子どものまねをすること」に熱中したり、はっきりわかる形を紙に描こうとしたりするのを、一度も見かけなかったと言う。興味深いのは次の説明である。「たしかにその通りなのだが、その裏にこういう事実もある。ジョニはルーディに負けず劣らず一生懸命に描いていて、しょっちゅう鉛筆をほしがってさわいだ。返させるときには、力ずくで取り上げなければならなかった。生き生きと一生懸命に描き、描いている絵をしげしげと眺めていた。」鉛筆がないときには「自分の手の先にインクをつけて描いた」。

コーツが類人猿の描画行動をことこまかに観察した研究は、それまでに行なわれたどんな研究とも異なり、重要な点が三つ明らかになった。ジョニは鉛筆を与えられると紙になぐり描きをするだけでなく、時間がたつとともになぐり描きを変化させ、したがって、ある程度の視覚制御を持っていることが確認された。さらに、ジョニは絵を描くのがとても楽しいらしく、邪魔されると腹を立て、鉛筆がもらえないときには代わりのものを考え出すことまでした。

上：ナジェージダ・ラディジナ＝コーツとジョニ。1913 年。

これがどんなに奇妙なことなのか、コーツは述べていない。ふつうならもらえるはずの報酬が何ももらえそうにない活動を邪魔されて、類人猿がどうしてそんなにいやがるのだろう。描いた絵は自分にとって何の役にも立たない。それでも絵には、少なくとも絵を描くことには、ジョニにとって何らかの価値があるらしい。アートの起源を探究する場合、ジョニの描画行動のこの面は、絵の内容自体より重要だろう。線のパターンはありふれているかもしれないが、線画を描く熱意は並大抵でない。たとえ、絵自体は単純で、でたらめに近いなぐり描きとたいして変わらないとしても、高等な霊長類の脳は、絵を描くという行動に夢中になるべくプログラムされているかのように見える。

### アルファの実験

人間以外の動物の描画行動に関する研究が次の重要な段階に入ったのは 1951 年で、この年にようやく、類人猿の線画というテーマに的をしぼった科学論文が発表された。論文執筆者のポール・シラーは、フロリダ州のかの有名なヤーキス霊長類研究所に所属するアメリカ人心理学者。研究は、もっぱらアルファという名の年長のメスのチンパンジーを使って行なわれた。

この研究から、チンパンジーが描いた絵には、コーツの発見と同様に様式が変化するだけでなく、デザインとパターン形成に明白な、すばらしいセンスが見られることも疑いの余地なく確証された。シラーは、あらかじめさまざまな印をつけておいた実験用カードをアルファに与え、絵を描かせた。最初からカードについている印の位置と特徴は、アルファのなぐり描きに影響を与え、影響はくり返し見られた。つまり、アルファの線画は決してでたらめでなく、視覚的に組織され、制御されていること、そしてまた、アルファの描画行動は実験的に操作できることが示されたわけである。

実験の結果から、アルファの絵には次のような傾向が見られた。

- なぐり描きは紙からはみ出さない。
- 何も描いていない紙に描きこむとき、まず隅に印をつける。
- 中心の図に印をつける。
- 中心からはずれた図のバランスをとる。
- 不完全な図を完成させる。
- 力強い線を直角に交差させる。
- 三角形の周囲に対称的な印をつける。

自分の描いた線がカードに現われるにつれ、鉛筆の先から何が出てくるのか興味津々で…。

**コンゴの実験**

少なくともチンパンジーの1匹は視覚制御をして印を描くことができた、という決定的な証拠を得て、私はこの証拠をさらに掘り下げることにした。1956年5月にロンドン動物学協会でコンゴという名の若いオスのチンパンジーの世話を引き受けて、これが可能になる。コンゴは、その年の11月に最初の線画を描き、線の位置づけを視覚的に制御するアルファと同じ能力を持っていることを早くも示した。これが明らかになったのは、偶然だった。コンゴが初めて線画を描いたカードに小さな印があり、この印に線を集中させたのである。

コンゴは線を描くときにひたすら集中していることもわかった。当時3歳のコンゴは、全身にエネルギーが充満していて、どこまでも好奇心が強く、ふるまいはがさつだった。鉛筆を与えられて絵を描き始めると、際立った特徴が現われる。しばらくの間、活発に遊びたい気持ちがすっかり抑制されたのだ。自分の描いた線がカードに現われるにつれ、鉛筆の先から何が出てくるのか興味津々で、おとなしく座ってこの新しい遊びに夢中になっていた。絵を描き終えるやいなや立ち上がり、いつものように元気よく、あちこちに体当たりした。

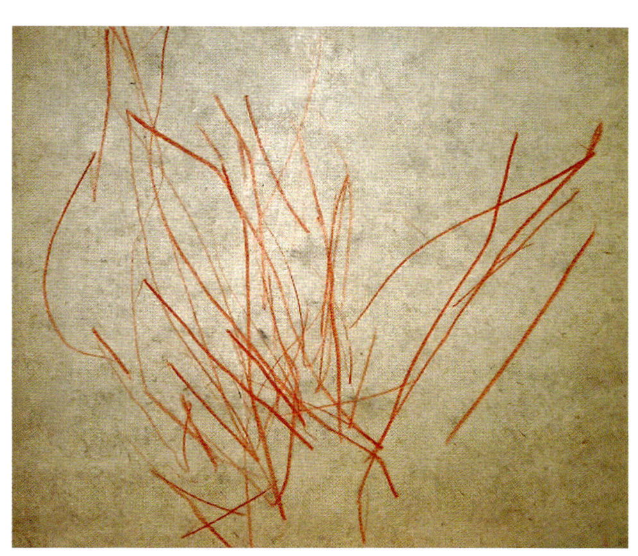

上：チンパンジーのコンゴが描いた典型的な扇形。

私はコンゴの行動をいくつもの面から調べていたが、2 週間後の 1956 年 12 月に、さらに入念な描画テストを実施した。このときは、コンゴに好みの形があることが明らかになった。それは漠然とした扇形で、放射状の線が紙の上のほうから手前に向かって描かれている。このモティーフはくり返し描かれ、1956 年 11 月から 1958 年 11 月までの 2 年間の研究でコンゴが描いた絵 384 枚のうち 90 枚以上に登場した。

絵を描かせる方法は、アルファで使われた方法と異なった。アルファは実験が行なわれたときにはおとなになっていたため、絵はすべて檻の中で描かれ、実験者は外から観察した。これでは、画一的にテストを行なうのが難しい。このように遠隔操作で絵を描かせる方法で具合が悪いのは、絵に対していつも同じ位置で描かせられないことだ。私としては幸いなことに、コンゴは、テストを行なった 2 年間のあいだ 4 歳になっていなかったから、幼い子どもと同様に扱うことができた。テストでは子ども用の高椅子に座らせ、椅子に大きな画板（43 センチ × 51 センチ）を取りつけた。椅子に座らせたため、関係のない動作が減り、何があっても目の前に置かれたものに注意を向けていた。また、紙やカードに向かうときの体の角度もつねに一定に保たれた。

コンゴの絵の描き方に影響を与えないよう、細心の注意を払った。目の前の画板に紙を取りつけてから鉛筆かクレヨンを持たせ、作業を開始させる。コンゴは一生懸命に描き、ためらうことは決してなかった。いつも、さっそく印を描き始め、完成したと思うまで描きつづける。完成を示す方法は三通りあった。鉛筆を実験者に返すか、画板の上にぽんと置くか、ころがしたり口にくわえたりして遊び始めるか。鉛筆をうまく返せないときには、実験者は自分の手を広げて伸ばし、コンゴが鉛筆をのせるまで待つ。これがすむと絵を画板からはずし、別の紙かカードをはめる。コンゴが新しい紙（と最初からついている図形）を数秒じろじろ眺めたあと、ふたたび鉛筆を渡すと、同じ過程がくり返される。

通常のテストは 1 回 15 分から 30 分間行なわれ、たいていは 5 枚から 10 枚の線画が完成する。コンゴは、ときには絵を描きたい気分でなく、最初の数枚で興味をなくすこともあった。すっかりのめりこんでしまったこともある。あるとき、実質的に 1 時間ぶっ通しで 33 枚という大量の作品を描いたのは、今でも忘れられない。しかし、このように時間が極度に短いこと、あるいは長いことは、めったになかった。

コンゴは絵を描くのに熱中した。これは驚くべき特徴の一つである。コンゴは労力に対して餌の報酬を何ももらわない。絵を描くこと自体が報酬だった。完成した作品にはとくに関心があるふうでもなかったが、絵を描くという行動には深く興味をそそられていた。さらに、絵を描き終わったという認識もあった。そんなときには、描きつづけるよう促されても拒絶したが、次の紙をもらうと、たちまち嬉しそうに、また、新しい作品に取りかかる。緊急の用事があって、テストを中止しなければならないことが1度か2度あった。未完成の作品を途中でやめさせようとすると、コンゴはキーキーと激しく鳴きわめき、1度は、すっかり癇癪を起こした。絵を描くという特殊な活動を中止させようとしたらチンパンジーがそんなに腹を立てるというのは、とてつもないことのように思える。絵を描くことが、野生では似たような行動をする習性がまったくない動物にとって、そんなに魅力があるとは、一体どういうことなのだろう。

コンゴのテストは、気を散らすものが何もない静かな部屋で行なわれたが、あるとき、記録に残すために映画の撮影をした。コンゴはテレビの生放送でも絵を描く能力を披露した。映画やテレビの撮影クルーがそばにいて、いつもとちがう状況だったにもかかわらず、集中して描けたことは、注目に値する。しかし、コンゴは、成長して「家族」の団結が強まるにつれて、知らない人が入ってくると敵対的な反応を示すようになる。反応は高じ、コンゴの仕事ぶりを見たいという見学者が絵ではなく血を見そうなところまでいった。幸い、このころには、すでに大量の作品が生み出されていて、実験から新しい重要な情報がすでに得られていた。

コンゴが描いた絵はおもに3種類に分類される。白い紙に描いた線画、幾何学的な図形が最初から描かれている紙に描いた線画、色つきのカードに描いた彩画である。白紙に線画を描かせたのは、おもに絵を描くことに慣らすための、実験の初めの時期だった。その後、最初から印のある紙を使って、シラーがアルファの実験で主張した説を検証した。彩画は研究を開始して5か月後に取り入れ、色に対するコンゴの反応を調べた。コンゴは明らかに、初めて絵筆を使ったとたんに、鉛筆で描く線画より絵の具を使う彩画のほうがずっとおもしろいと思ったらしい。同じ身体的努力で、細い線ではなく太くて大胆な線が描けるからだろう。これは、行動から予想以上の反応が生まれる「報酬の拡大」にあてはまる。

**コンゴはあきらかに、初めて絵筆を使ったとたんに、鉛筆で描く線画より彩画のほうがずっとおもしろいと思ったらしい。**

霊長類の描画行動に関する初期の研究は、すべて線画で行なわれていた。コンゴは彩画を描いた最初の動物である。1957年5月17日に処女作を描き、その後さらに描きつづけ、最後の作品を描いたのは1958年11月9日。初期の作品には、ややためらいが見られるが、やがてコンゴはこの新しい創作手段になじんでいった。後期の作品は、大胆ではあるが、絵を描くこと自体に飽きてきたきざしが見受けられる。この両極端な状態の間に、視覚制御の頂点に達した時期があった。コンゴは自分の思うままに巧みに筆をさばき、偶然の要素が入りこむすきは、ほとんど、あるいはまったくなかった。中期の彩画は、これまでに動物が描いた絵の中でもっとも非凡である。

彩画を描かせる方法は、線画のときに使った方法とよく似ている。同じ高椅子に座らせ、最初は、絵の具をトレーの小さな容器に入れて全部与えた。コンゴは色にすっかり夢中になり、テストの時間のほとんどで、カードに色を塗らずに、絵の具をあれこれ混ぜ合わせていた。このため、手順を変更する。絵の具の入っている容器を、蓋を開けたままテーブルのコンゴの手に届かないところに置き、それぞれの容器に絵筆をさした。使った色は赤、緑、青、黄、黒、白の６色。

**右**：稚拙な手つきで絵筆を持つコンゴ（上）と、巧みに絵筆をさばくコンゴ（下）。

コンゴは、描き始めるときに最初の絵筆を渡されて、筆の絵の具がなくなるまで存分に描く。最初の筆を返したあとで、別の色の絵の具をたっぷり含ませた次の筆をもらう。最初の筆は、あとでまた使えるように実験者が絵の具の容器にさしておく。このようにして、色を代わる代わるに、ばらばらの順番で使わせる。そのうちコンゴは、頻繁に色を変える「促進効果」をよそに、すっかり関心をなくしたようすを見せるまでになる。その時点で、絵は完成したと考えられた。絵を画板からはずし、新しいカードをはめると、同じ作業がくり返される。通常のテストでは、絵を描くのに多大な集中力を要するため、完成した作品は、1回につきたいてい2、3枚までだった。

**ごくたまに、ある色をまったく拒み、別の色が与えられると、また描きつづけた。**

当然ながら、コンゴは絵筆を返すまで、それぞれの色を好きなようにたっぷり、あるいは少しだけ使うことができた。その程度までは、絵の色彩のバランスに影響を与えることができたわけである。ごくたまに、ある色をまったく拒み、別の色が与えられると、また描きつづけた。好きな色は赤で、嫌いな色は青。それでも、最優先したのは、どの色であれ「新しい色」――それまで使っていなかった色である。ちがう色を与えられるたびに、興奮が高まり、作業時間が長くなった。

コンゴが線画や彩画を描くところを観察して、以前の研究ですでにわかっていること以上に、何がわかったか。その疑問がまだ残っている。

### 単純な線画

すでに述べたように、コンゴはやがて扇形に対する好みを見せ、この形を何度も描いた。一つの例外を除いたすべてで、紙の上のほうから下に向かって線を描き、したがって、それぞれの線がコンゴに向かっているように見える。一度だけ、コンゴはいつもとまったくちがう、およそ予想外のことを行なった。1958年8月14日のテストで、ふつうの扇形を一つ描いたあとに、新しい扇をいつもと異なる技法で描き始めた。奇妙な熱意に取りつかれたらしく、線を紙の上のほうからではなく下のほうから描き始めたのである。これには、放射状の線を描くときに、いつもとまったく異なる腕の動きが必要になる。コンゴは、とても難しいと思ったのか、線を描きながら、作業に集中して、かすかなうめき声をあげていた。

この「逆向きの扇形」の線画は、観察者には、ほかに描いた383枚のどの絵よりも大きな精神力を要したように思われた。完成してしまえば、ほかの扇形と見分けがつかなかったが、描いているところを目撃したら、特別な絵であることは明らかである。そのころにはコンゴはすでに「扇のイメージ」を持っていて、それを二通り以上の方法で描けることが証明された。

ほかにももう1枚、コンゴが白紙に描いた線画で、同じくらい驚くべき絵があった。コンゴは、研究の初期にはおもに直線で描いたが、後期には円のモティーフを描くこともあった。

右：線を紙の下のほうから上に向けて描いた扇形。

あるとき、大きな紙の中央にていねいに円を描き、円の中に小さな印をいくつか入れた。これもまた、大きな集中力を要して描かれ、コンゴが口をきけるなら、「顔の絵だよ」と言っているような気がしてならなかった。人間の子どもが顔と認識できる絵を初めて描く直前に描く絵とそっくりなのだ。歯がゆいことに、コンゴはそこから先には決して進まず、人間の子どもだったら初めてほんとうに絵らしい絵を描く時期の入り口で止まってしまった。

コンゴは、「顔」の絵を描いたときには２年間の描画活動の最後の段階に入っていて、「身体的に」かなり活発になっていた。そんな時期だったにもかかわらず、この印つきの円を描くことにすっかり夢中になっていたため、ほぼ人間並みの自制心を働かせていた。絵が完成したとたんに気をゆるめて、いつもの活発な自分にもどった。

下：円を描いてその中に印をつけた絵――顔の原型。

**実験の線画**

コンゴは、白紙だけでなく、アルファが使った印つきの紙とよく似た紙にも線画をたくさん描いた。成果はほぼ同じで、シラーの研

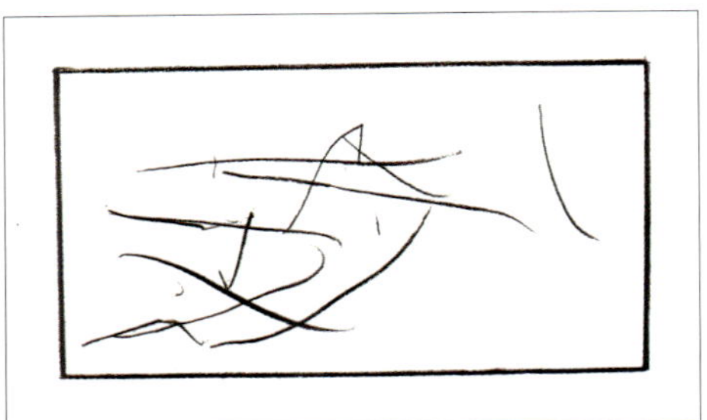

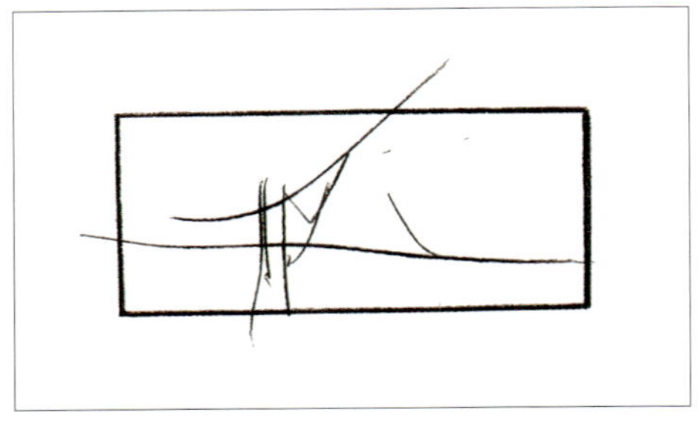

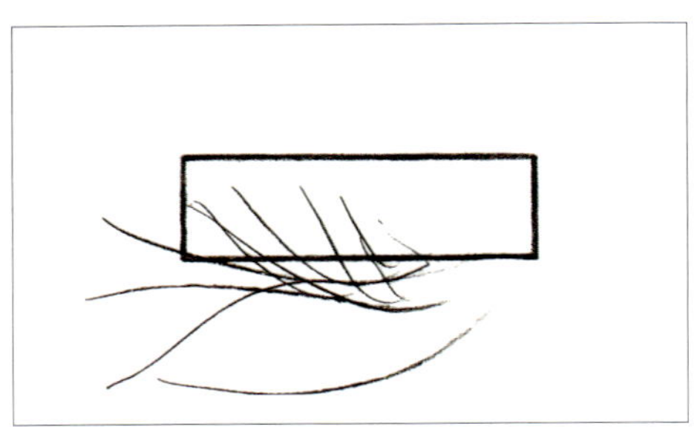

上：大きな長方形の中におさめた印。

中：少し小さい長方形の中にほぼおさまっている印。

下：もっと小さい長方形と交差する印。

究を確証するものだった。

### 長方形の枠に対する反応

白紙に描いた線画では、コンゴが線を紙の範囲に限定し、紙からはみ出さないように描いていたことが明らかになった。それでは、紙に長方形の枠があったら、どうするだろう。この少しだけ狭い部分の中に描くのだろうか。最初に与えた長方形は 15 センチ × 28 センチで、まわりに 2.5 センチの余白があった。コンゴはどの線も枠の中におさまるように描いた。

次に、10 センチ × 23 センチのもっと小さい長方形を与えた。コンゴは、またもや、線をすべて枠の中におさめようとしたが、枠からはみ出した線が 2、3 本あった。3 番目の長方形は 5 センチ × 18 センチしかなく、コンゴは線を枠の中におさめようとしないで、ほとんどを枠と交差させた。

小さい長方形には、大きさのちがいのほかにも、大きい長方形と異なる性質があるのは、明らかだった。制御要因は紙に対する長方形の大きさの割合のように思われる。小さい長方形だけが、まわりの余白より狭い。コンゴにしてみれば、この相違によって、長方形は中を埋める空間から印をつける対象に変わったらしい。

### 中心の図に印をつける

紙の中央に小さな図形があると、コンゴは、37 回のテストの 34 回で、図形にくり返し印をつけ、紙のほかの部分はたいてい無視し

**ていねいにチェックマークをつける。まるで正方形に署名しているかのようだった。**

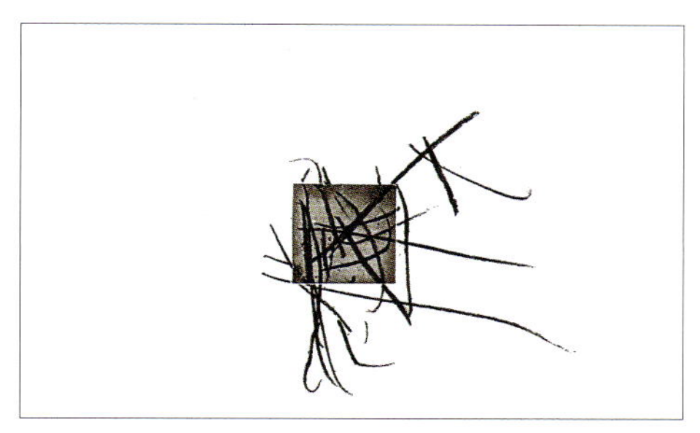

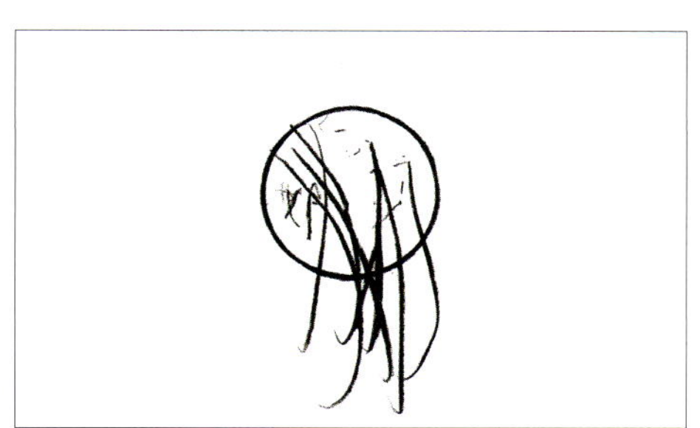

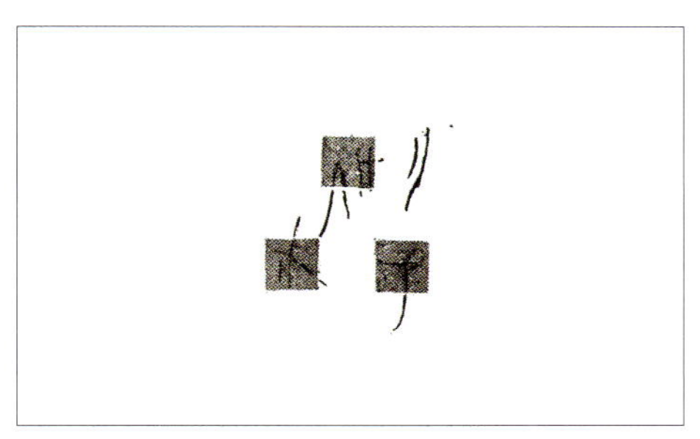

た。これは中央の図形が正方形でも、円でも、棒でも、十字でも変わらない。中央の図形がとても小さいときには、図形に印をつけたが、紙のほかの部分にも線を描いた。中央の小さい図形が与える視覚的な影響は、コンゴの線をすべて図形に引きつけるほど強くなかったかのように思われる。

### 複数の図形に対する反応

１枚の紙に図形がいくつかあるときの反応を見るテストは、８回行なわれた。コンゴは、そのうちの６回で、小さい正方形のそれぞれに順番に念入りに印をつけた。正方形がいくつもあるときには夢中になったらしく、いつもの太い線のなぐり描きではなく、ていねいにチェックマークをつける。まるで正方形に署名しているかのようだった。

紙の中央に細い棒が３本、縦一列に並んでいるときには、きわめて慎重に、棒の上から下まで縦の線を何本か描いて棒をつなげた。この驚くべき反応は、紙の中央に正方形を二つ、上下に離して並べたときにもくり返された。コンゴはたちまち反応し——そしてまったく意外にも——紙の中央に太い線を縦に描いた。

つづいて３部構成のテストを行ない、紙の中央付近に正方形が二つ、横に並んでいるとき、少し離れているとき、もっと離れているときの反応を見た。３回のテストのいずれの場合も、コンゴは正方形のそれぞれに印をつけたが、３回目のテストでは、正方形の間に広い空白があり、コンゴはこれを絵を描く場所であるかのように

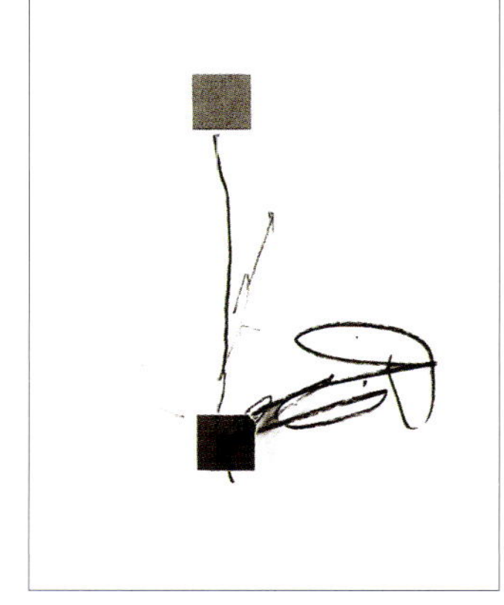

**上**：中央の小さい正方形につけた印。

**中**：中央の小さい円につけた印。

**下**：三つの小さい正方形のそれぞれにつけた印。

**右**：縦一列に並んだ３本の棒をつなげた。

**右奥**：二つの小さい正方形をつなげた。

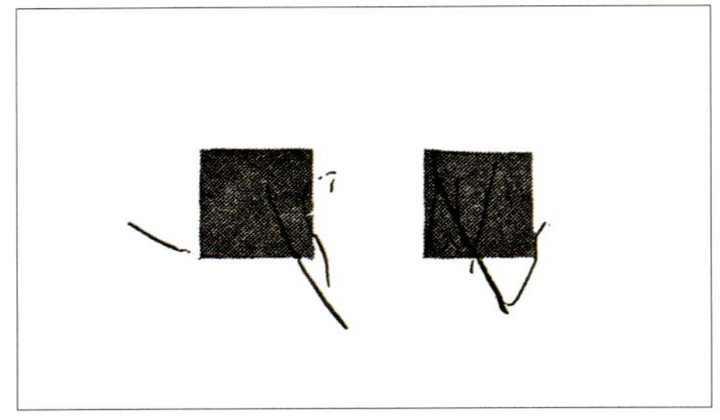

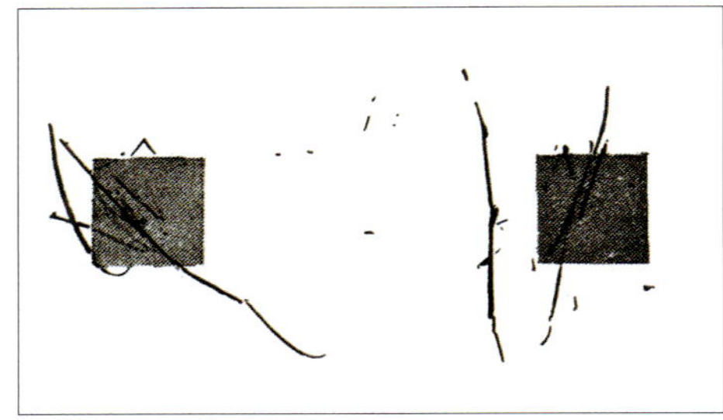

上：だんだん離れていく二つの正方形に示した反応。

扱い、紙の中央に太い線でなぐり描きをした。このときには、1枚の紙で、印をつける、空白を埋めるという二つの衝動に従った。

### 片方に寄った図形に対する反応

コンゴのバランス感覚を調べるテストは全部で33回行なわれた。テストでは毎回、5センチ四方の正方形が紙の右か左のどちらかに片寄っていた。コンゴは正方形に印をつけるのか、バランスをとるのか、あるいはその両方をするのか。結果は、両方が16回、バランスをとったが印をつけなかったのが11回、印をつけたがバランスをとらなかったのは3回で、ほかに判定不能が3回。

コンゴが左右のバランスをとろうとした絵についてさらにくわしく調べたところ、正方形の片方が大きいときには、紙の中央の「広くあいた場所」に印をつけて全体のバランスをとろうとしていることがはっきりした。これでは大ざっぱなバランスしかとれないが、こういう場合にコンゴが実際にやっていたのは、ただ「空白を埋める」ことだった。左右のバランスをきちんととる能力があるのかどうかたしかめるために、正方形が片方にわずかに寄っている用紙で調べたところ、きちんとバランスがとれていた。このときにコンゴが印をつけたのは、広い空白の中央ではなく、正方形の横だった。正方形がわずかに右に片寄っていたら、同じくらい、わずかに左に離れたところに印をつけていた。

コンゴのすばらしい空間認識能力は、さらにはっきり見られた。正方形が紙の上のほうにあるテストでは、下のほうに印をつけてバランスをとった。

右：右か左に片寄った正方形のバランスをとった。

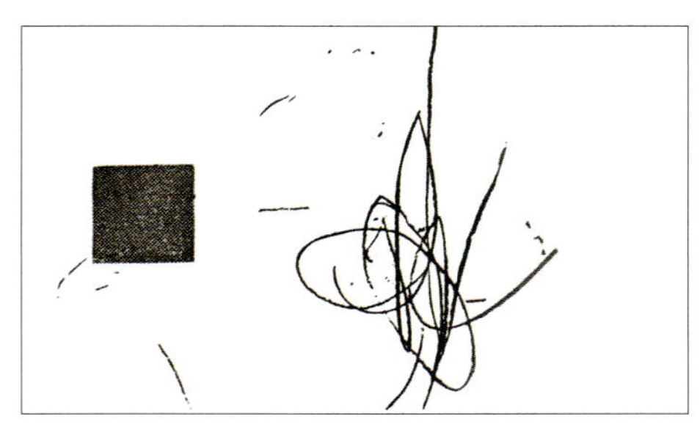

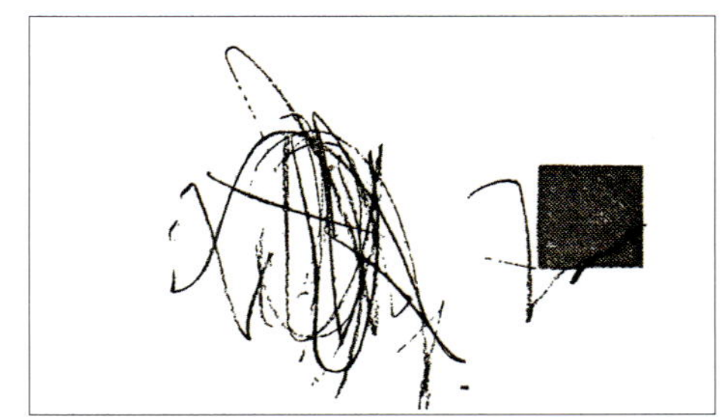

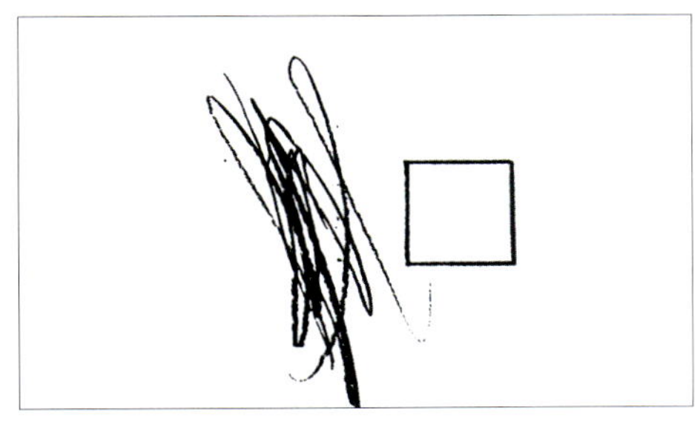

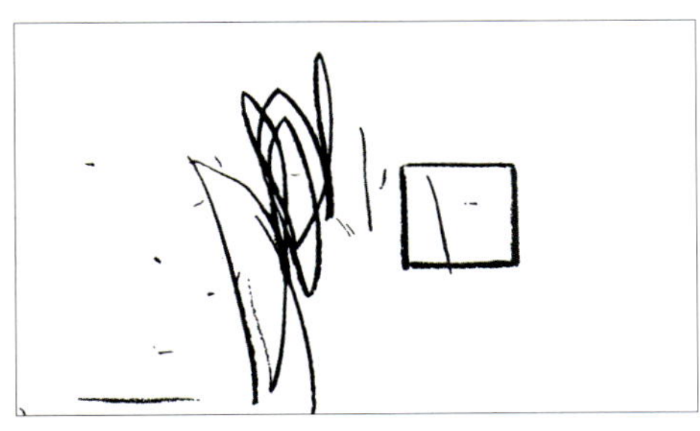

上：片寄った正方形と中心から等しい距離に印をつけてバランスをとった。

こうしたテストから、白紙に線画や彩画を描くときに、先につけた印の位置がこれから描く印の位置に影響を与えることが、きわめて明白になった。コンゴが白紙に描くときに、すばらしくバランスのとれた構成をくり返し示していたことも、これで納得できる。

### 交差した線に示す反応

線が垂直に１本あるときのコンゴの反応は、線の位置で変わった。線が中央にあるときには、だいたい水平の線を何本か交差させた。ところが、線が左右のどちらかにわずかに片寄っていると、線を紙の端であるかのように扱い、広いほうの場所だけに印をつけた。

テストはほかにも数多く行なわれたが、線を描くときにコンゴが驚くほど高等な構成感覚を駆使していることは、これまでに述べたテストでだけでも、じゅうぶんわかるだろう。線画から彩画に進むと、さらに色と幅のある筆づかいが加わったところへ、自分の使える場所に線を並べることに関して自ら決めたルールが結びついて、抽象的な作品がいくつか生み出されることになった。それはコンゴ自身が満足しただけでなく、人間の目から見ても魅力的なものだった。

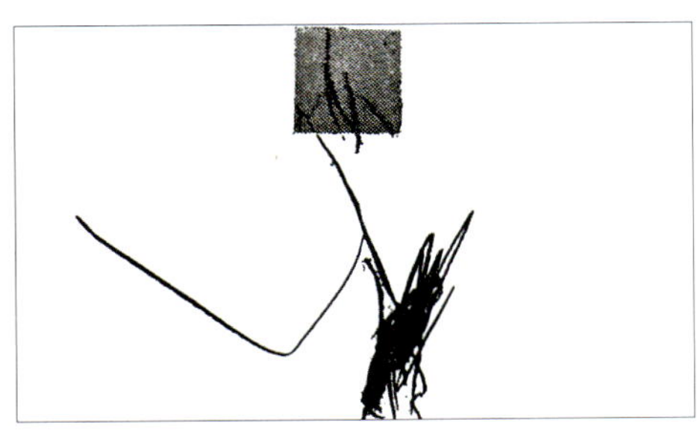

上：垂直のバランス。

### 彩画

すでに述べたように、コンゴの彩画活動には三つの段階があった。第１段階は、新しい道具に慣れていく過程で、描いた印には偶然の所産もあった。とはいえ、２回目のテストでは、すでに絵筆を使いこなし始めていて、太い線で単純な扇形を描くことができた。３回目はテレビの生放送中に行なわれ、テレビスタジオという落ち着か

右：１本の縦線に示した反応。

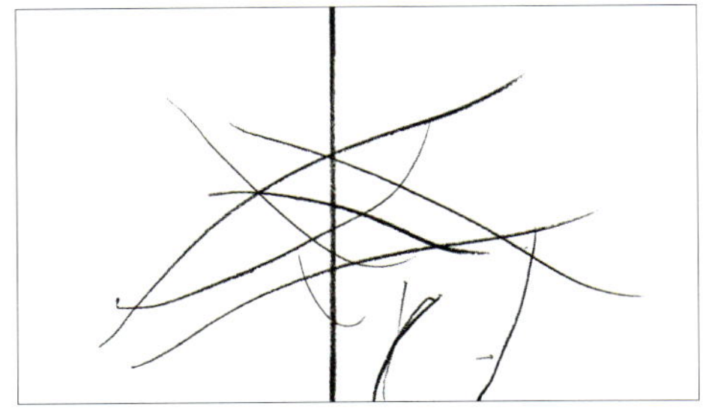

ない環境だったにもかかわらず、彩画を描く行動でじゅうぶんに気分の高まりを見せ、作品を2枚完成させることができた。

1957年7月22日の14回目の彩画テストで、コンゴは、ようやく、この新しい道具を完全に使いこなし、自信もたっぷりつけていた。そのころには、どんな印も、線も、点も、まさに自分の思うがままに、大胆に描いた。最初は単純だった扇形が、複雑な形になっている。線はどれも、ほかの線とのかねあいで慎重に位置を定められ、あてがわれた範囲にきちんとおさまり、空白を埋めるように構成されていた。

次の日、コンゴは、再度のテレビの生放送で、自信満々、大きい、複雑な扇形を描いた。扇の底部全体に小さな点がいくつもあるという新しい特徴まであった。中心に黒い点が一つ配されているように見えたが、たまたま絵の具が落ちたのかもしれない。8月には、得意の扇形に変化がつけられるようになった。あるときは、自分のグルーミングブラシを手にとり、まだ乾いていない絵の具の上をなぞって、中心部にこまかく線を描いた。さらに、扇の底部を横断する太い横線数本と、その中心に小さな白い点をぽつぽつ描き加えた。

1957年9月2日の22回目のテストでは、思いきった筆づかいが頂点に達していた。そのころには、紙に偶然の印がつくことはまったくなかった。コンゴは、線の一本一本を思い通りに引き、人間のプロの画家さながらに自信たっぷり、紙いっぱいに描いた。扇形で遊び、描き進めるうちに扇形を傾けてみたり、二つに分けてみたり、小さな点を散らしたりした（そ

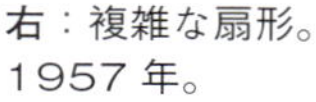
右：複雑な扇形。1957年。

の日に描いた 10 点はすべて、現在、ヨーロッパと北米の個人所蔵になっている。1 点はパブロ・ピカソが、もう 1 点はジョアン・ミロが入手した)。

　それからの数週間、コンゴは、それ以前にも以後にも動物が描いたどんな絵にも見られない質の高い抽象画を描きつづけた。描くたびに何か新しい変化を探求するのだった。一方に傾いた扇や何かにつけ足したような扇、底部が曲がっている扇、二つに分かれ中央に黄色や黒や青の点がある扇。美のゲーム――テーマを変化させる――という、この上なく人間じみた遊びを堪能していた。この段階のコンゴが絵を描いているところを見た人は、驚嘆するばかりで、我と我が目が信じられなかった。

　コンゴの彩画が最高潮に達した時期は 1957 年の暮れまでつづき、その間に、コンゴはさらに質の高い絵をおよそ 30 枚描いた。1958 年に第 3 段階に入る。このころには、大胆な筆さばきと自信は変わらなかったが、だんだん関心が薄れてきた。作品の多くをささっと一気に描きあげ、一生懸命ではあったが、細部に向ける注意は減った。精巧な扇形はしだいに姿を消し、力強い水平な形や雑な円が取って代わる。

### コンゴの描画能力

　コンゴの研究をまとめると、チンパンジーには次のような能力があると言えるだろう。

下：一方に片寄った扇形。1957 年。

右：小さい扇形。1957 年。

右：二つに分かれ、中央に黄色の点がある扇形。1957 年。

右：二つに分かれ、中央に黒い点がある扇形。1957 年。

### それ自体が褒美となる活動

コンゴの通常の描画実験では、褒美を与えたり励ましたりすることは一切なかった。コンゴは餌をまったくもらわず、実験者は、特定の絵や描画行動をよしとしたり、ほめたりするそぶりを見せないように気をつけた。絵を描くこと自体が褒美だった。

これを検証しようとして、コンゴが線画を描いたときに、わざと餌を褒美として与えてみたことがある。効果はてきめん。コンゴはさらに線を数本描いたとたんに手を伸ばし、ご褒美のおかわりをねだった。これがくり返されるたびに、手を伸ばす前に描く線の数がどんどん減っていく。しまいには、ご褒美をもらえるなら、以前に描いていたようななぐり描きでもかまわなくなり、描いている絵を見ようともしなくなる。それまでデザインやリズム、バランス、構成に払っていた細心の注意はどこへやら、商業アートの最悪の見本が生まれていた。この実験は二度とくり返されなかった。

### 構成の制御

コンゴは、明らかに、作業を与えられたスペース内に制限し、その空白を満たし、構成のバランスをとることができた。この点では、人間の幼児の能力を上まわっていた。それには特別な理由がある。類人猿も子どもも、まだ幼いときには筋肉制御がうまくできず、単純ななぐり描きをする。子どもは、もう少し大きくなって筋肉制御が発達すると、絵らしい絵を描くようになる。そのころは、一生懸命「ママ」や「パパ」「ネコ」「おうち」を描いていて、絵のこうした構成要素が全体の構成より重要になる。要素が組み合わされて複合的な「場面」が構成されるのは、もっとあと。チンパンジーは、絵らしい絵を描く段階に到達することが決してないので、注意を向けるのは線の全体的な配置や配置の変化にとどまる。つまり、チンパンジーの構成はリズムとバランスの点で人間の幼児より優れているということだ。

**チンパンジーの構成はリズムとバランスの点で人間の幼児より優れている。**

### 筆づかいの進歩

「筆づかい」という言葉は、ここではかなり広い意味で使われていて、絵を構成する要素の相互の関係ではなく、構成要素そのものの特徴をさす。この点では、人間の子どもはチンパンジーよりはるかにすぐれている。子どもは、ごく幼い年齢で、単純な線と形を組み合わせてもっと複雑な構成要素を作り始め、絵らしいイメージに向かってゆっくり上達する。コンゴは絵らしい絵を描く段階には到達しなかったが、だからといって、筆づかいがまったく上達しなかったというわけではない。手首を１回くるりとまわしただけで完璧な円を描いているところを撮影した映像がある。これは、初期の段階では、まったく見られなかっただろう。コンゴは、輪や十字に交差した線、小さい扇形のような細部も描ける

右：二つに分かれ、中央に青い印がある扇形。1957年。

ようになった。それゆえ、初歩的で限定されてはいるが、筆づかいの進歩を示すことができたと言える。

### テーマの変化

テーマの変化という人間のアートの基本法則は、コンゴの作品にも色濃く見られた。もっとも顕著な例は気に入りの扇形の変化に現われていて、コンゴは扇を反転させたり、二つに分けたり、点で覆ったりした。扇形のモティーフが頭に根づいたあとは、思いつくかぎりのさまざまな方法でそれを変化させる視覚のゲームを楽しんでいた。これは、体を動かす遊びでも同様で、コンゴは、たとえば、木の枝に飛び乗っては、ぴょんと飛び降りるというふうに、新しいゲームを考え出す。これを何度もくり返し、飛び降り方をだんだん大きく大胆にして、しばらく遊んだら、やめてほかの遊びに移る。

### 最上の不均質性

絵を描き始めるときには、画用紙やカードにはまだ何も描かれていない——したがって、紙面は均質である。線や印が一つ描かれるごとに、不均質になる。類人猿や人間が印をどんどん描き加えていくと、やがて不均質は最大限——線や形がぎっしり詰まったかたまりで完全に覆われた状態——に達する。これは、見た目にもごちゃごちゃしていて、視覚的魅力に欠ける。この両極端な状態の間のどこかに、最上の不均質性という快い中間の状態がある。そこには絵をおもしろく見せる細部はじゅうぶんにあるが、困惑をおぼえるような混乱状態にはいたっていない。つまり、画家はどこで止めたらいいのかわかっているのである。これは、人間のどんな画家にも負けないくらいコンゴにもあてはまる。

### ほかの霊長類が描いた絵

コンゴの描画能力を調べた研究では、シラーがアルファで発見した事実が確証され、新しい発見もいくつかあった。コンゴの２年間の実験につづいて、若いチンパンジー６匹が、正方形がいくつかある紙に絵を描くテストを受けた。テストの回数は少なかったが、６匹は、中央の正方形に印をつけたり、片寄った正方形のバランスをとったりする能力があることをはっきり示した。言い換えると、このチンパンジーたちも視覚制御された線を描いていて、筋肉をでたらめにちょいちょいと動かして紙にたまたま印を残したのではなかった。

1950 年代にも、ロッテルダム動物園で、ソフィーという名のメスのゴリラが絵を描き始めた。ソフィーも、コンゴの実験で使ったのと同じ紙を与えられると、線を視覚制御していることを示した。何も描かれていない紙を埋めたり、中心の正方形に印をつけたり、片寄った正方形のバランスをとったりする。彩画には独特の様式があった。ソフィーは、絵を描くこと自体のほかに何の見返りがなくても、コンゴと変わらない集中力を見せ、このような大型動物にしては驚くほど繊細に描いた。

ドイツの動物学者ベルンハルト・レンシュは、パブロという名のオマキザルで、コンゴと驚くほどよく似た行動を発見した。パブロも形の整った扇形を描くことができた。レンシュ

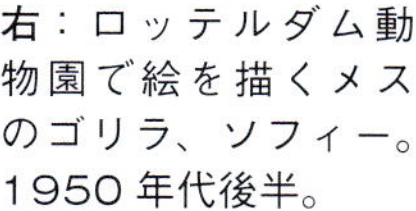
**右**：ロッテルダム動物園で絵を描くメスのゴリラ、ソフィー。1950 年代後半。

は、パブロが檻の壁に白のチョークで扇を描いている姿を写真に残している。コンゴとパブロの扇形の対称性を比較し、人間以外の動物が美の本質であるリズム、つまり「規則性の嗜好」をはっきり示す好例と述べている。

オマキザルも扇形の絵を描くという事実には、とくに重要な意味があった。チンパンジーには、寝床を作るときにその材料を手元に引き寄せる習性があり、コンゴが扇を描いているときの腕の動きは、この習性の影響を受けているのではないかと私はにらんでいた。寝床の材料をあちこちから自分のほうに引き寄せる行動は、野生のチンパンジーで観察されている。コンゴが描く扇形は、腕のよく似た動きから生じる結果だから、もともとコンゴにとって都合がよかったのかもしれないと、ふと思ったのである。ところが、オマキザルは野生で寝床作りをしないから、この説明には無理がある。「動物はリズミカルな反復を好む」というレンシュの説の方が当たっているように思われる。

レンシュはチンパンジーの線画できわめてめずらしい実験も行ない、その結果を1965年に発表した。それによると、ジュリアという名のチンパンジーに単純な図形を模写させることができたらしい。レンシュは次のように述べている。「あらかじめ描かれていた図形のそばに同じ図形を描き写すことに成功した類人猿は、これまで1匹もいなかった。……実験では、小さな黒板にチョークで三角形や正方形を描き、その隣に図形の頂点を示す点を三つあるいは四つ描いておいた。次に、図形の辺を指でなぞって図形の形をジュリアに示してやる。ジュリアは、しだいに、チョークで線を引いてその三つあるいは四つの点をつなげ

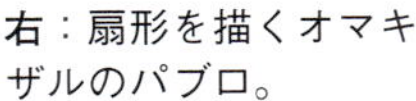

**右**：扇形を描くオマキザルのパブロ。

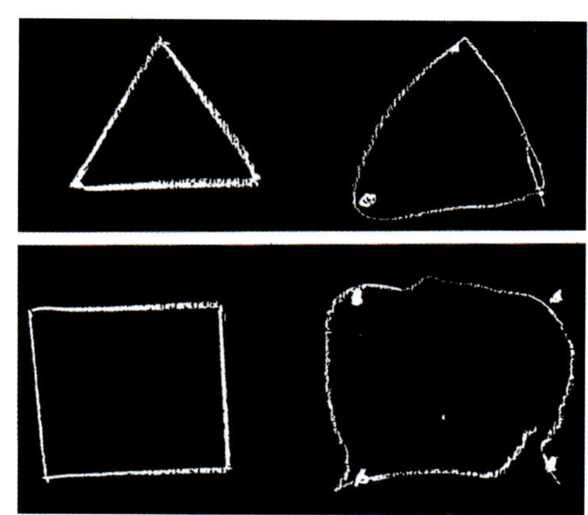

上：右側の図形はチンパンジーのジュリアが描いたもの。描き写しの能力を示す。

ることをおぼえた。」

　レンシュが行なった描き写しテストは、もう一度くり返されて成功した。コロンビア大学で心理学者のハーバート・テラスが手話を教えていたニムという名の2歳半のチンパンジーが、1976年に、円と正方形と三角形をまずまずと思える程度に描き写すことができた。

　それからずっとあとの1997年に、動物心理学者のグレゴリー・ウェスターガードが、メリーランド州の動物研究センターで飼育されていたオマキザル10匹について報告している。オマキザルは、粘土や石ころ、テンペラ絵の具、木の葉を与えられると、30分ほど時間をかけて、「手を使って粘土の形を整え、絵の具と木の葉で装飾する」のだった。実験者は次のように述べている。「サルたちは、飼育されているため、アートの才能が解放されたのだろう。餌を探してあちこちうろついたり、捕食者から身を守ったりする必要がないから、ほかの活動を探し求めた。……こうした表現は、知的だが休むことのない頭脳から必然的に生まれてくる。」

### 類人猿以外の動物が描いた最近の絵

　このところ、人間以外の動物が描いた絵に対する関心が急速に高まっている。絵筆を持たせることができるなら、どんな動物でも画家に仕立てあげられ、お人好しの大衆が作品を買う。この風潮は、動物の描画行動のまじめな研究に大きな害をもたらしてきた。絵の具がバシャバシャ飛び散っただけの作品には視覚制御のかけらもな

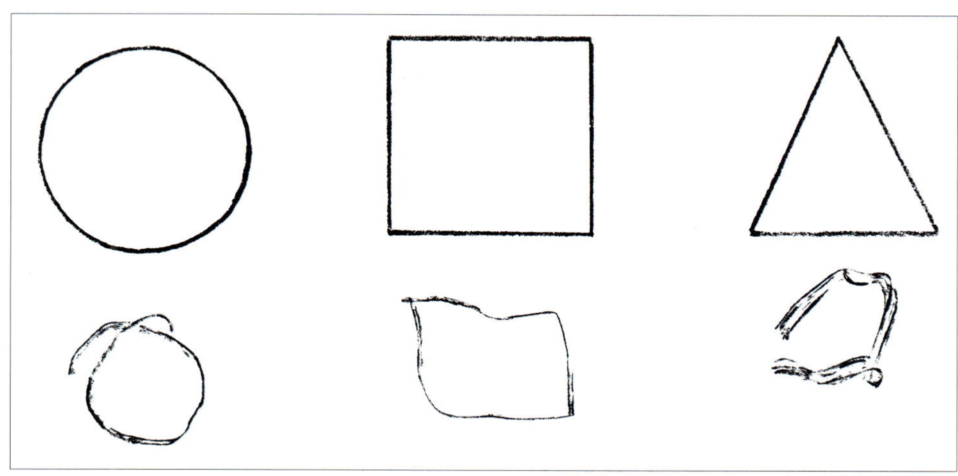

右：下列の図形はチンパンジーのニムが描いたもの。やはり、描き写しの能力を示す。

上：ゾウのホンが描いた絵。タイ。

タイのゾウが花や木などテーマがはっきりわかる絵を描いている。

く、描かれた形はたいてい偶然にできたもので、筋肉を動かしたらたまたま印がついたというだけの話。

この方式には重要な例外が一つあり、これにはゾウが絵を描くという、とんでもないヤラセがかかわっている。タイのゾウが花や木などテーマがはっきりわかる絵を描いているという話は、動物行動学者のリチャード・ドーキンズから聞いた。ドーキンズは絵をにせものだと疑い、私は調査に同意した。調べてみると、タイのいたるところでゾウがイーゼルに向かって絵を描いていた。事情は単純。タイでは、材木の搬出に動物の労働を使用することが 1990 年に禁止され、家畜のゾウ 3000 頭がいきなり失業した。死んだゾウも少なくなかったが、旅行者に芸を見せて糊口をしのぐゾウもいた。

ゾウはお先真っ暗だった。ありがたいことに、ニューヨーク在住のロシア人の画家ヴィタリー・コマールとアレキサンダー・メラミッドがタイのゾウの窮状を知った。ふたりは、何とかしてゾウの美術学校を開いて新しい仕事を見つけてやろうと決心する。時間はかかったが、1997 年にはアジア・ゾウ保護プロジェクトを立ちあげ、それからまもなくタイに専用の保護センターを組織し、ゾウが絵を描いて観光客に作品を売れるようにした。

絵自体は、でたらめな線や点の集まりとたいして変わらず、むしろ期待を裏切るものだったが、それにもかかわらずプロジェクトは大成功をおさめた。ゾウが鼻にはさんだ筆を振りまわしてほんとうに描いた絵というだけで、感心した見物人がどんどん買っていった。売り上げで基金が増加し、突然の解雇に見舞われたゾウが生活難を乗りこえる一助となった。

これが 21 世紀初めころの状況だったが、その後、奇妙なことが起こり始めた。年がたつにつれて絵の質が変わったのだ。突如として、絵の具をでたらめになすりつけたような絵が姿を消し、その代わりに驚くほど絵らしい絵が現われた。ゾウは今では花や木、さらに動物の絵まで描いている。ホンという名のゾウは、鼻先で花を高くかかげて歩いているゾウの絵を描いた。それまでに、人間以外の動物でこのような絵らしい絵を描いた動物はまったくいなかったし、最初のころの作品はどれも、類人猿の作品のレベルにも達していなかった。どうやって、わずか数年で絵を描く腕前を上げたのだろう。

謎を解くために、2009 年にパタヤに近いノンヌックのタイ国立象保護センターを訪れ、メスのゾウ３頭が植物の絵を描いているところを観察した。３頭にはそれぞれに専属の飼育員というかゾウ使いがついていた。

どっしりしたイーゼルが３脚台車で運ばれて、ゾウのお絵描きが始まる。イーゼルには大きな白い画用紙（76センチ×50センチ）が頑丈な木枠の下に取りつけられている。ゾウはそれぞれに自分のイーゼルの前に立ち、絵の具を含ませた絵筆を与えられる。ゾウ使いが筆を鼻先にそっと押しこむのである。それからゾウ使いはゾウの首の脇に立つ。筆が画用紙の上に線を描き始めると熱心に見守り、筆の絵の具がなくなると、絵の具を含ませた筆と交換する。このようにして、お絵描きは絵が完成するまでつづく。

大方の見物人には、自分たちが目にしているものは、ほとんど奇跡に見えるだろう。ゾウは、こんなふうに花や木の絵を描けるのなら、人間とほとんど変わらない知能を持っているにちがいない。見物人が見すごしているのは、ゾウが絵を描いているときのゾウ使いの行動。見落としてしまうのも無理はない。線や点を描いている絵筆から目を離すのは、かなりむずかしい。ところが、目を離したら気づくだろう。ゾウが印をつけるときには、そのたびにゾウ使いがゾウの耳を引っ張っている。縦の線を描かせるときには、耳をちょいとつまんで上下させ、横の線なら横に引く。点やしみを描かせるときには、カンヴァスのほうに強く引く。だから、まことに残念な話だが、ゾウが描いている絵は、ゾウ使いの絵である。ゾウの思いつきでもなければ、創作でもない。ゾウは、指図されるままに筆を動かしているだけ。

**右**：花と花瓶を描くゾウのムーク。タイ、ノンヌック。

さらに調査をつづけると、見世物が終わったあとで、ある実態が判明した。いわゆる絵描きゾウはぞれぞれに、いつも、毎日毎日、毎週毎週、まったく同じ絵を描いている。ムークという名のゾウは、いつも花。クリスマスは木。ピムトンはつる性植物。ゾウ使いに誘導されて、おきまりの仕事をする。それゆえ、ゾウは絵描きでないという結論に、どうしてもたどりつく。チンパンジーと異なり、自分で新しいパターンを探求したり、作品のデザインに変化をつけたりしない。一見すると、たしかに高等に見えるが、すべてがまやかしである。そうは言ったものの、驚くほど賢いまやかしであることは認めなければならない。人間の手はゾウの鼻にまったく触っていない。ゾウの脳は、小さなつつきを耳で感じとり、魅力的な線やしみに変換しなければならない。そして白い紙にきわめて正確に印をつける。これにはかなりの知能と、ほんとうに桁外れの筋肉の感受性を必要とする。

### 動物のアート

人間以外の動物の描画行動を眺め、とりわけ、チンパンジーのアルファとコンゴが描いた絵の詳細な研究や、そのほかの類人猿が描いた絵の小規模な研究を見れば、描かれた印に視覚制御があることが証明できたと言ってよい。そのほかの動物が描いた絵はどれも、この証拠がなく、視覚的にまとめられているか、でたらめのなぐり描き、あるいは絵の具をなすりつけただけかを問わず、抽象的なパターンにすぎない。アルファとコンゴで実験したようなテストを行なわなければ、こうした例でどんなことが起こっていたのか知れたものではない。

視覚制御が作用しているときには、チンパンジーの脳が、美の基本法則に従う能力を持っていることは明らかである。このことは、子どもの行動や原始的な文化活動以上に、人間のアートの先駆けについて多くを教えてくれる。類人猿はあたかもアートの入り口——アートの誕生時——に立っているかのようで、そのため、霊長類の描く絵は、人間のアートの進化を研究するうえでとくに重要になる。ティエリ・ルナンは著書『サルの絵』(*Monkey Painting*)で、「サルの絵はアート作品ではない」とあからさまに述べている。そのわけは、サルは描くことにしか関心をもたず、描いた絵をあとでじっくり眺めることには関心がないからだという。

チンパンジーの脳が、美の基本法則に従う能力を持っていることは明らかである。

この発言は、「アート」という言葉を奇妙に、受け入れがたいほど狭く定義しているのではないだろうか。完成した作品をあとで楽しむのは、ある種のアートにしかあてはまらない。ルナンの定義は、演じられたその瞬間にしか存在しないすべてのパフォーマンスアート、儀式や祭りが終わったら作品を捨てたり壊したりするすべての儀式アートや民族アートを除外している。子どものアートも一切考慮されていない。子どもは、類人猿と同様に、絵を描いてしまったら、そのあとは作品に関心を示さない。哲学者ベン＝アミ・シャーフスタインは種を超えた美を取りあげたエッセーで次のように述べている。「成熟したアーティストでさえ、ときには、完成した作品より創造の過程をはるかに楽しむ……」

当然ながら、これまで類人猿の描画行動を本格的に研究した人は誰も、類人猿が描いた絵をりっぱな抽象画とは言っていない。その通り。しかし、類人猿の絵は、単純な視覚法則が見られるからには、たしかに美の種をはらんでいて、それゆえ、子どもの絵と同様に、人間のアートの本質を深く理解する研究の貴重な道具となる。

また、あくまでも私の印象だが、コンゴはあるとき、たしかに、完成した作品にほんの一瞬、関心を見せた。展覧会に出品するために、自分の彩画が額縁に入れられた日のことだった。絵に近づいてしげしげと眺め、１枚に手を伸ばして触ろうとさえした。

**右**：額に入れられたばかりの自分の作品をしげしげと眺めるコンゴ。

# 第４章　子どものアート

2

# 子どものアート

## 絵を描く衝動の発達

2歳の子どもに紙と鉛筆を与えると、なぐり描きをして遊ぶ。なぐり描きは、最初はでたらめだが、時間がたつとともにまとまりが出てくる。でたらめな線がもつれているような絵から、やがて好みの形が現われる。形はだんだんはっきりし、子どもが3歳の誕生日を迎えるころには、絵らしい絵になる。この時点で人間の子どもは、チンパンジーが決してたどりつかない世界に入る。類人猿にできるのは、せいぜい、丸い形を描いたり、その中にいくつか印をつけたりする程度だった。これは、類人猿の絵では頂点であっても、子どもの絵ではまさにその第一歩である。

#### 発達の初期

幼い子どもは、自分が描いた絵を眺めて「ママよ」とか「パパだ」とか言い、何を描いたのか明らかにする。この結びつきができると、発達の段階の長い旅に出る。その間に、最初は目とおぼしい丸いしみが二つと口とおぼしい線が1本ある雑な円だったのが、やがては、上手に描かれた人間の顔になる。次の3ページの絵7点は、どれもひとりの子どもが2歳から13歳までの間に描き、この過程を物語っている。

図1は、子どもがなぐり描きを始めた最初の日に描かれた。子どもは当時2歳11か月で、印のつけ方はすでに大胆で探求心がうかがえる。この段階の子どもは、若いチンパンジーと同様に、クレヨンの先から線が現われるのを見て楽しんでいる。図2は、翌日行なわれた2度目のテストで描かれ、今度は、雑な円という形で中心となるものが現われている。まだぎこちないが、前日の乱雑ななぐり描きとくらべると洗練されていて、幾何学的な構成要素、つまり「図形」を描こうとする自己制御が見られる。幼いチンパンジーのコンゴもこ

右：なぐり描きの段階。２歳 11 か月。

右奥：中心に円が登場。２歳 11 か月。

下：初めて描いた絵らしい絵。２歳 11 か月。

1

2

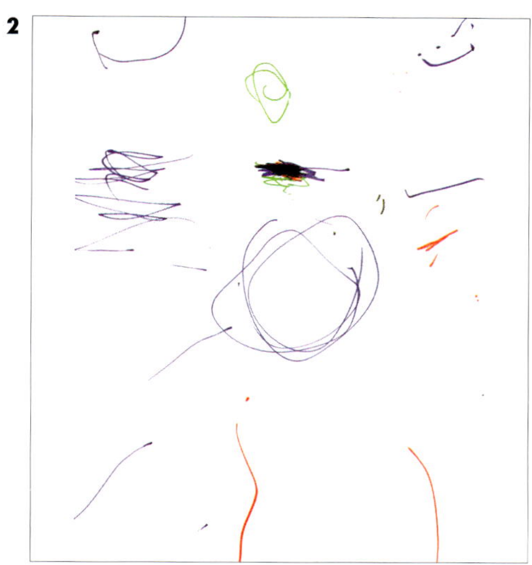

3

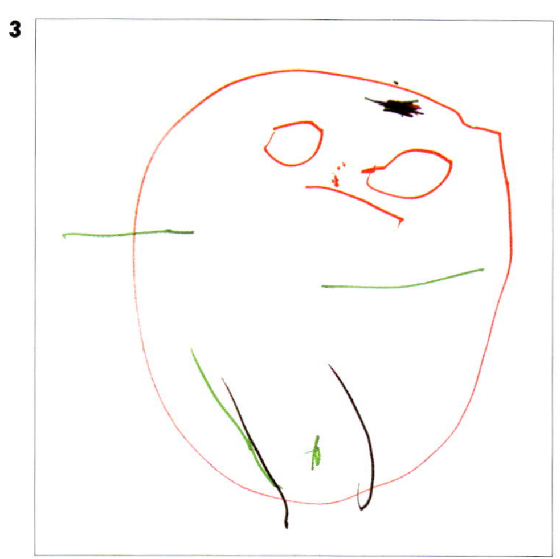

**子どもは３歳の誕生日を迎える前でも、人物の絵を描けるほど脳が発達していて…。**

の段階に達し、時間ははるかにかかったが、やがて、きれいな円が描けるようになった。

図３は、三日目のテストで描かれ、この子が生まれて初めて描いた絵らしい絵の一つである。円は体になっていて、円の中に黒い髪の小さなかたまりが一つ、丸い目が二つ、鼻らしい点がいくつか、口らしい線が１本、腕らしい線が２本と脚らしい線が２本ある。前日の抽象的な円が人間の体になっている。技術的にはこの上なく幼稚だが、子どもは３歳の誕生日を迎える前でも、人物の絵を描けるほど脳が発達していて、人体の構造でもっとも重要なパーツを一通りまとめている。これは、チンパンジーが決してたどりつかない段階で、人間のアートが長い旅に出発する時点と言える。

図４は、14 か月後の４歳１か月のときに描かれ、画家の自信と力量が劇的に増大している。とはいえ、描かれた人物は、まだ最初のころの姿から抜けきれず、（緑色の）腕と脚が中心

4

上：大胆に描かれた絵。
4 歳 1 か月。

5

上：頭と胴体が分かれた人物像。4 歳 10 か月。

的な円から生えている。頭と体もまだ分かれていない。この形態は子どもの絵の専門用語で「頭足人」と呼ばれ、驚くべきことに、すべての子どもに共通して見られる。幼い画家の頭の中では、描かれている人物の全体が中心的な円におさまっている。子どもが描く原始的な顔は、まるで、まず腕と脚を生やし、そのあとに四肢が出てくるはずの胴体ができるかのような感じがする。つまり子どもの頭の中では、人間の体の中で顔がいちばん重要で、その次が四肢、胴体は 3 番目ということ。首や手、足も、たいていは、それから少しあとに描かれる。こうした絵から、幼い子どもがまわりの人をどのように見ているのかわかる。

図 5 は、9 か月後の 4 歳 10 か月の作品。視覚の発達の次の段階に入っていて、腕と脚が頭から降りてきて、頭から分かれた胴体にくっついている。頭と胴体は今では二つの別の構成要素だが、その間の首はまだない。この段階では、指はあるが、奇妙なことに手がない。指は腕からばらばらに生えている。

図 6 は、長い年月をおいて 10 歳のときに描かれた。このように場面全体の中で人物が何らかの行動をしているところを描こうとするのが、この段階の典型的な絵である。体の均整はうまくとれていて、プールに飛びこんでいる人がゴーグルをかけているなど、こまかい点も入念に描写されている。

最後の絵（図 7）は、13 歳 2 か月の作品。人物像はまだ扁平で、立体感はないが、線は、位置がずっと正確になり、洗練されている。ディテールにも大きな注意が払われ、目にはそれぞれに瞳と虹彩がはっきり描かれ、睫毛（まつげ）や瞼（まぶた）、それぞれに異なる髪形、ネックレス、さらに鼻と上唇の間にあるくぼみの人中（じんちゅう）まで、ていねいに描き加えられている。

7 点の作品のうち最初の 5 点は、子どもの絵の発達段階の初期に見られる典型と言える。どの子が描く絵もとてもよく似ているのは、驚くばかりで、子どもはみなこうした段階を通らなければならないかのように思われる――教育のせいではなく、このくらいの幼い時期には、人間の目がみな同じようにものを見ているせいだろう。最後の 2 点は、10 歳と 13 歳のときに描かれ、子どもの個性が表われている。このころになると、さまざまな外的要因が幼い画家に働き、絵の様式や内容に影響を与える。この年齢に描かれた絵に共

右：活動の場面の一部として描かれた人物像。10歳。

下：ディテールが洗練された絵。13歳2か月。

6

7

通する特徴は、ある種の硬直さがうかがえることと、立体感が表現できないことくらいだろう。とはいえ、こうした欠点でさえ、特別に指導すれば、子ども時代のもっとあとの段階になるまでに取り除ける。

## なぐり描きから絵へ

　いくら指導しても、きわめて初期の段階の子どもの絵に影響を与えることはできない。幼い子どもは自分だけの楽しい新しい世界にいて、判別可能な絵を紙の上に描くという自分の能力を発見している。1950年代に心理学者のローダ・ケロッグは、30か国の幼児が描いた100万点以上の絵を詳細に研究して、よく似ている絵がたくさんあることに驚いた。外的環境の相違はまったく問題にならなかったようで、同じような絵が何枚も何枚も出てきた。

ケロッグはやがて、最初のなぐり描きから始まる五つの基本的な段階を図で示し、それぞれの段階を、「なぐり描き」「図形」「図形の組み合わせ」「図形の集合」「絵らしい絵」と名づけた。なぐり描きを20種類の構成要素に分類し、なぐり描きがどのように洗練されて円や正方形、三角形など6種類の基本的な「図形」になるのか調べた。すると、基本的な図形は、ひとたび確立されると、さまざまな形で組み合わされて、やや複雑な構成要素になることがわかった。「組み合わせ」には、それぞれに二つの要素が含まれる。たとえば、正方形の上に三角形がのっている組み合わせがあり、これが、やがて家の絵の基本になる。組み合わせはさらに進歩し、基本的な図形がいくつか集まった集合が生まれ、「図形の集合」は、次に、人や家、船、花など、ごく初期の絵らしい絵の土台になった。

ケロッグによると、幼児のこの視覚発達はすべて心の中で生じ、外部の環境が与える影響からまったく独立しているため、この段階では「万人共通の心像」のようなものが作用し

下左：ローダ・ケロッグの表。子どもの描画がなぐり描きから絵らしい絵に発達する5段階。下から上に向かって発達する。

下右：13か国の子どもが描いた家の絵。

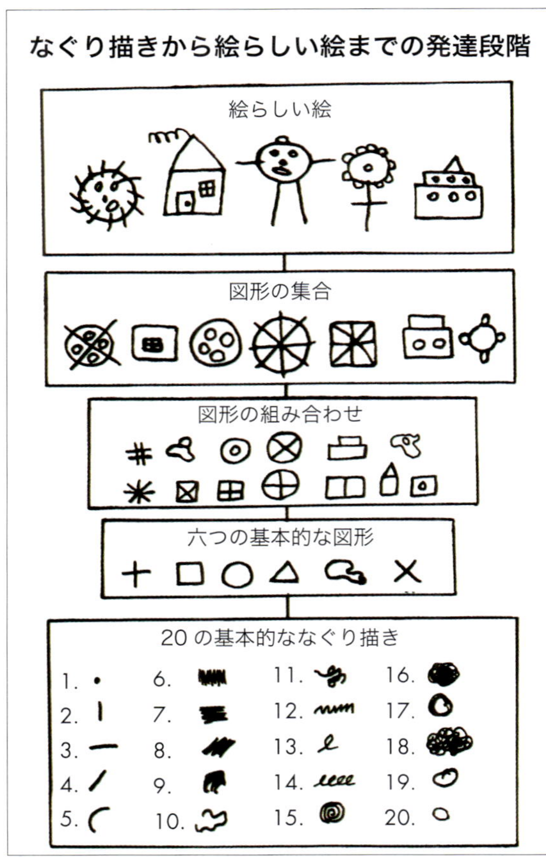


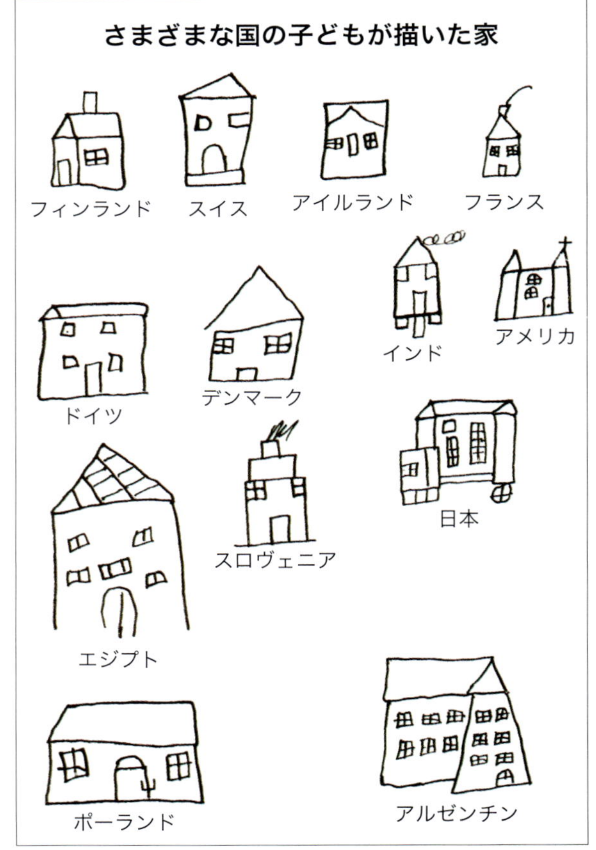

ているとも考えられる。子どもはみな、国籍に関係なく、同じ姿の人間を描き、その人間は頭から腕と脚が生えている。どんな家に住んでいようと、ほぼすべての子どもが描く家は、小さな箱型で傾斜のある屋根がついている。

どの幼児も自分で考えて描いていると思われる基本的な絵は、人間と家のほかにもいくつかあり、子どもたちが実際に外の世界で見るものとはちがっている。いちばん奇妙な思いつきは「日光」だろう。４歳から６歳までの子どもは、簡単な風景画に太陽を描くときに、かならずと言っていいほど、放射状の線が出ている円を描く。しかし、空にあるほんものの太陽を見たら、放射状の線など出ていない。太陽が半分雲に隠れて、光線――日光――を放っているところをごくまれに見るかもしれないが、そんなときでも、光線が太陽のまわりからぐるりと四方八方に出ていることなど決してない。ところが紙に描かれているものは、いつもそうなっている。これもまた、子どもが初めて絵らしい絵を描こうとするときに心の中で発生する視覚的発見の一例である。

世界中の子どもが放射状の線のある太陽を描くわけは、謎に包まれている。子どもは、太陽を見たときに放射状の日光が見えるのだろうか。ケロッグはそう思わない。「子どもの描く太陽は、現実の太陽ではないと私は考える」と断言する。つまり、幼い子どもは、太陽の絵を描くときに、現実の太陽の正確な視覚的記憶を描き写そうと意識しているのではないと言うことだ。子どもは、心の中で、きわめて単純な形から複雑な形へ向かう旅をしていて、日光の絵は旅の一つの過程にすぎない。

**右**：子どもの目で見た太陽。日光のモティーフはすべての幼児の絵に共通しているらしい。

このようにして、人間の姿を描いた最初の絵は、円や十字からしだいに成長し、発達の途中の段階として日光が登場する。言い換えるなら、日光のモティーフは、最初に描かれたときには、まったく太陽ではなく、これもまた、紙に描かれる線の可能性を探求しているときに幼児が描く単純なパターンの一つなのだ。ケロッグによると、幼児が日光を描くのは、十字のある円を描くようになったあとで、日光は十字のある円のモティーフの変形と考えられる。もっとあとの７歳になって全体的なシーンを描くときには、日光のモティーフは空に昇り、陽光を放つ太陽という新たな役割をになう。

したがって、幼児の絵の発達は、視覚言語の発達に似ている。子どもは外の世界の現実とは関係なく単純な形で遊ぶ。次に、形をさまざまに組み合わせ、やがて突如として、組み合わせの一つが現実の世界の何かに似ていることに気づく。長方形が自動車になり、三

右：7 歳の少女が描いた絵では、太陽が空で輝いている。

角形が帆に、渦巻きが動物のくるりと巻いた尾になると、子どもは、まったく新しい段階――絵らしい絵を描く段階――に進む。この段階で、顔や体、乗り物、家のディテールが少しずつ改善され、だんだん外の現実に近づいていく。

　絵に磨きをかけるこの段階は、ときには困難をともなう。絵は、描き写されるというより、むしろ創作されるからである。子どもは、体についている腕が自分の絵では頭の横から突き出していることに気づき、これはおかしいと思う。しかし、次の改善が生じるまで時間がかかり、しばらくたってから腕が頭の下の分離した胴体まで移動する。いったん、これが達成されると、もう頭足人の絵には決してもどらない。子どもは改めるのがむずかしく感じるのか、お気に入りの、なじみのあるこれまでのモティーフはなかなか変わらないのだが、一度変化が生じてしまえば、もとにもどることはない。

### 幼い画家の流儀

　子どもが絵を描いていると、おとなは何かと口出ししようとするが、幼い画家には自分なりの流儀がある。2 歳の女児がテストで初めて絵を描いているときにおとなが質問したところ、返ってきた答えはかならずしも予想通りでなかった。絵のそれぞれの部分が何なのか尋ねると、子どもは右図で示したように答えた。帽子（茶色）と髪（緑色）がはっきり区別されている。目は重視され、大きな黒い瞳がある。鼻は目の間のごく小さな点。指は両方の腕にずらりと並んでいる。口の真下から体の底部までつづく小さな点の列は、ボタンだと言う。

体の中央にある二つの大きな円は、それぞれに乳首らしきものもついていて、乳房のように見える。ところが驚いたことに、子どもはベルトの留め金だと言った。ということは、おそらく、二つの円は、つなぎ合わせてベルトをきちんと留める金具の片方ずつなのだろう――2 歳にしてはいささか高級な概念である。子どもがこの絵を描いているときに、母親は下の赤ちゃんに母乳を与えていて、それが、絵の二つの円に影響を与えていたように思える。子どもは、円は乳房のつもりだったのだが、それを口に出して言いたくなかったから留め金という解釈を思いついたのか、それとも、ほんとうに留め金を描くつもりだったのに、形がいつのまにか母親の授乳行動に影響されたのか。どちらなのかは興味深い。脚の先に足がないと指摘されると、初めて絵を描いた 2 歳児は、これまでに同じ質問を何回もされたベテラン画家のような口ぶりでこう答えた。「足は描かないの。」

洞窟画とその絵の優雅さを調べたら、子どもの絵との相違に驚かされる。フランス南部ラスコーの洞窟画は「アートの誕生」と言われるが、ばかな話。幼い子どもがなぐり描きを始めたら、それがアートの誕生である。

子どもがみな同じ速度で上達して、モティーフの展開にまったく同じ段階を経ていくと考えるのは、まちがいだろう。かなりの類似が見られるのはたしかだが、驚くほどの個人差もある。出足の遅い子もいれば、天才児もいる。年齢の異なる子ども 6 人に描かせたキリンの絵を見てみよう。

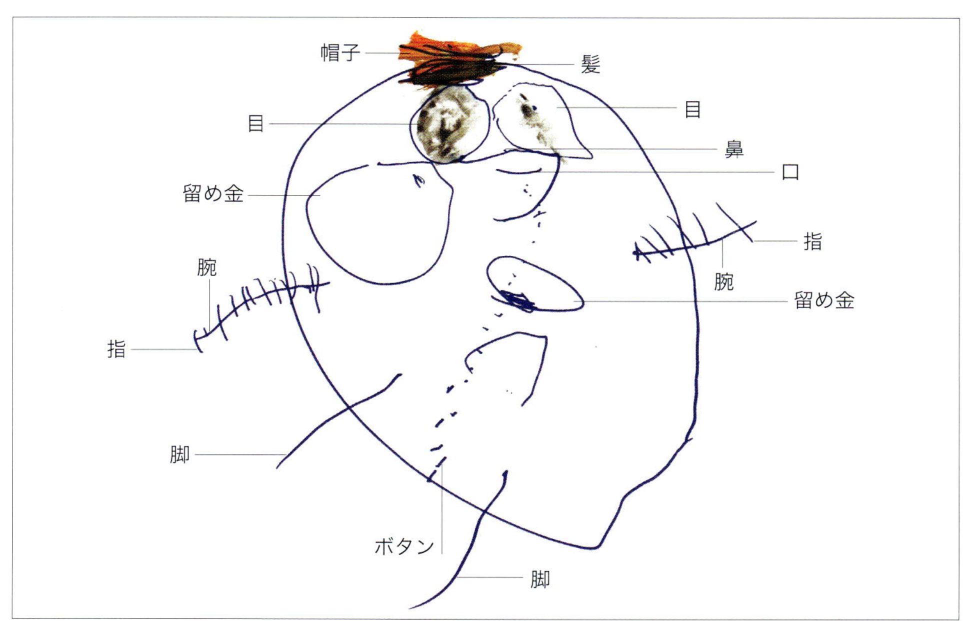


**右**：2 歳の女児が描いた人物像。

このグループでいちばん年少の5歳児の絵は、6歳児の絵より進んでいる。この絵だけが、背の高い木から餌をとるというキリンの生存の特殊なメカニズムを描いている。ほかの子も、やがてはこの子に追いつくだろうが、この段階では、5歳児は6歳児をわずかに超えている。15歳の少年の絵が大きな意味を持っているのは、絵に関するかぎり、子ども時代の終わりを示しているところにある。少年は、世間の目から見れば、法律上、成人になるまでにまだ3年あるが、画家としてはすでに成熟し、先史時代の洞窟画家と同様に、動物の姿を正確に描ける段階に達している。洞窟画家と異なり、シュルレアリスムの画家マグリットを思わせるひねりを加えて独創的に動物の姿を組み合わせ、奇妙なキメラ——体はゾウで頭はキリン——を描いた。これは描画行動にまったく新しい創意工夫をもたらし、周到に計画する知能が子どもっぽい思いつきに取って代わった。外部の世界あるいはその写真を入念に描き写し、描き写した絵の要素をあらかじめ計画したとおりに組み合わせるという操作がそこで行なわれている。

**先史時代の洞窟画家と同様に、［15歳の少年は］動物の姿を正確に描ける段階に達している。**

10代の少年が描いたこの絵は、年下の子どもたちの作品といちじるしくかけ離れているため、12歳以下の子どもの絵の本質を浮かび上がらせ、その長所と短所を明らかにしてくれる。短所は、不器用なこと。つまり、手は脳が要求することをまだ正確に行なえない。長所は、描かれた絵が新鮮で生き生きしていること——年下の子どもたちは視覚的発見の長い旅の途上にあり、外の世界は旅の主人ではなくむしろ召使いの役割を果たす。大きさと形のゆがみから、外の世界に対する気持ちや、その子にとって何が重要なのかがわかる。重要でないものの省略も、子どもの心の選択力、つまり、自分にとって何が意味を持っていて、何が意味を持っていないのか判断する能力を如実に物語っている。幼い画家たちは、単純化された形で遊ぶことに関心をいだき、この関心を通して、私たちの遠い祖先が、どんなふうに絵を象形文字に変換し、象形文字を抽象的な幾何学的な構成要素に変換して、初めて書き言葉を作ったのかも教えてくれる。

**右**：６人の子どもが描いたキリンの絵。

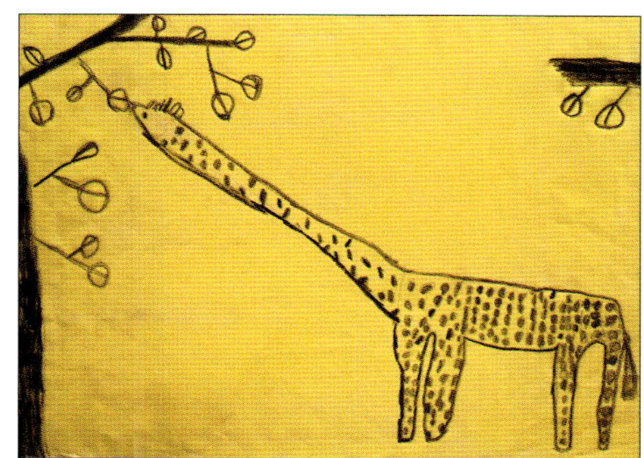

マーティン、５歳

クリストファー、６歳半

パトリシア、６歳 11 か月

ジェニファー、７歳

クリフォード、10 歳

リチャード、15 歳

# 第５章　先史時代アート

# 先史時代アート

## 狩猟採集民から最初の農耕民まで

視覚アートは、書き言葉が確立されるはるか以前に開花した。それどころか、いちばん最初の書き言葉は、図案化した絵の集まりにすぎない。たとえば、アルファベットのＡは、角のある動物の頭をひっくり返した形で、Ｎの起源はヘビである。話し言葉は、当然ながら、書き言葉よりずっと前に現われたが、人間の発話でさえ、視覚アートに先を越された。

### 最古のアート

　知られるかぎり世界最古のアート作品の話をしよう。その昔、アフリカ南部の流れの速い川の岸辺で、好奇心の旺盛な猿人が、水面下から自分を見つめる奇妙な顔を見つけた。川床には小石がたくさんあり、どれも水の流れで表面がすり減ってなめらかになっていたが、この石はちがう。人間の頭のような形で、すべすべした表面にはまぎれもなく顔のパーツが現われている。こちらを見ているような二つの目、ひしゃげた鼻、口、額、それに黒い髪。猿人は小石を手に取り、じっと眺め、自分を見つめるその顔に魅せられた。石に強い感銘を受けたのだ。そこで、住みかの洞窟まではるばる持って帰り、とっておく。小石はそれからずっと洞窟で眠っていたが、300 万年後に化石を掘っていた人類学者に発見された。

　このたぐいまれな石は、今日ではマカパンスガットの小石と名づけられ、知られるかぎり世界最古のアート作品である。猿人がこしらえたという証拠はどこにもないが、住居の洞窟の中にあったのだから、大切なものと考えていたことはまちがいない。世界でいちばん古い小間物、収集品、発掘物である。持ち主は、まだ完全な人間ではない。類人猿と人間の中間の動物のグループに属するアウストラロピテクスだった。

右：300 万年前のマカパンスガットの小石。知られるかぎり世界最古のアート作品。

300 万年も前の出来事なのに、どうしてそんなにはっきり言えるのかというと、地質学的な証拠から、そういうことがあったと考えざるを得ないのである。小石は赤碧玉で、表面が丸みをおびてなめらかだから、水の流れででこぼこがすり減るような場所にあったにちがいない——となると海浜か川床しかない。付近には海などなかったが、大昔には、洞窟からそれほど遠くないところに川が流れていた。1974 年に初めてこの小石について述べた人類学者レイモンド・ダートの推定では、猿人の洞窟からいちばん近い川床は 32 キロ先にあった。その後の研究では、もっと近い 4 キロと考えられたが、この距離にしても、何か物を運ぶにはかなり遠い。

小石が見つかった洞窟では、化石化した骨も発見されたが、岩には小石に似た石がまったく含まれていない。どうして小石が洞窟にあったのかというと、猿人が、食べることもできなければ、何の役にも立たないもの——関心があったと思われるのは、石のなめらかな表面に偶然にできた顔だけ——それをわざわざ遠くから運んできて住みかの洞窟に置いたからとしか考えられない。こんなことが 300 万年前に起こったとはまさに驚くべきで、これまでのところ、私たちの太古の祖先の象徴的な行動が垣間見えたいちばん古い例である。

マカパンスガットの小石は、既成のアート作品と呼んでも差し支えないものを鑑賞する能力が大昔の猿人にあったことを証明しているとしても、作品が実際にどんなふうに作られたのかについては、何も語らない。この証拠を手に入れるには、数十万年前まで時代を進めなければならない。

私たちの祖先が視覚アートにいそしんでいたことを示すいちばん古い証拠の一つが、ザンビアのルサカに近いトウィンリヴァーズの洞窟で見つかった。着色顔料や絵の具をすりつ

上：タンタンのヴィーナス。人間が作ったアート作品としては、知られるかぎり世界最古。50 万年ないし 30 万年前。

ぶす道具である。顔料が使われたのは、身体を装飾するためだったのか、今ではなくなってしまったものに色をつけるためだったのか、よくわからないが、何らかの原始的な視覚アートがはるか昔の 40 万年から 35 万年前にすでに行なわれていたことはまちがいない。

1999 年に考古学者ローレンス・バラムがこの洞窟で茶色、赤、黄、紫、青、ピンクの顔料のかけらを 300 点以上発掘した。かけらの中には、粉にするためにこすられたり、挽かれたりしていた跡を示すものもあった。ということは、私たちの遠い祖先は驚くほどの大昔に、さまざまな顔料をせっせと集め、加工していたことを示している。色の種類はすばらしく多く、大昔のアーティストは盛大な展示会を催すことができ、おそらく特別な儀式や部族の行事にすでにかかわっていたと考えられる。

アート作品自体はというと、毎年のように新しい発見がなされ、年代鑑定技術が向上して、遠い祖先が作ったと思われる太古のアート作品の鑑定に使われている。現在、人間が創作したアート作品で知られるかぎり最古の作品は、「タンタンのヴィーナス」という名の小立像で、ドイツの考古学者ルッツ・フィートラーが 1999 年にモロッコで発見した。50 万年から 30 万年前と推定される地層の中で見つかり、隣には石製手斧があった。小立像は石製で、高さ 6 センチ。頭と首、胴体、脚、腕があり、大まかに人間の姿をかたどっているように見える。手や足、顔、性別を示すものはないが、がっしりした体つきで、首は太く、腕はずんぐりと短い。顔料の痕跡があり、かつては赤く塗られていたと考えられる。

「人間」のような特徴が見られるものは、大体風雨にさらされて偶然にできたと考える批評家でさえ、この像の溝が人間の手で加工されたものであることを認めている。溝の 5 本が「衝突痕」と確認され、人間が何らかの道具を使って作ったことが裏づけられた。「ベレクハット・ラムのヴィーナス」という名のよく似た小像は、中東のゴラン高原で 1986 年に発見された。推定年代はもう少しあとの 28 万年から 25 万年前で、形は「タンタンのヴィーナス」と同様かなり雑である。高さはほんの 3 センチほどで、とがった石で刻まれた溝が 3 本あり、首と腕を形作っている。

上：1986 年にゴラン高原で発見されたベレクハット・ラムのヴィーナス。28 万年ないし 25 万年前。

この大昔の 2 体の小像は、マカパンスガットの小石より一歩先を行っている。小石はまったくの自然の産物であることがほぼ確実だが、小像は注意を引くほどじゅうぶんに人間の形になっていて、溝を彫って少しばかり手が加えられている。それでも、かなり原始的で、人間をかたどった彫像というにはほど遠い。

およそ 20 万年前、あるいはそれよりもっと前に人間が視覚的創作をしていた証拠が、インド中部のダラキ・チャッタン洞窟で発見された。それは、珪岩を彫ったペトログリフで、盃状穴（岩の表面にあけた凹状の小さな丸い穴）と彫りこんだ線で構成されている。盃状穴を作るときに使ったハンマーの石も洞窟の中で見つかっている。このような盃状穴はちょっとした謎で、どんな意味を持っていたのか、今日でもさっぱりわからない。時代はずいぶん長きにわたっているし、場所も全世界に及んでいて、それがどこであれ、大昔のアートと

右：ダラキ・チャッタン洞窟の盃状穴。インド。20 万年前。

してもっともよく見られるものの一つとなっている。穴は数個しかないこともあれば、何百個、ときには何千個のこともあり、水平の岩板や垂直の岩壁だけでなく、岩屋根にまで作られている。何らかの象徴的あるいは儀式的な意味を持っているのは明らかだが、ほんとうは何だったのかは、盃状穴探しの達人でもよくわからない。

盃状穴から装身具に目を転ずると、知られるかぎり最古の装身具は、13 万 2000 年から 9 万 8000 年前の間の時代にさかのぼる。ムシロガイの貝殻に穴を開けて、つなげたもので、イスラエルのエス・スフールで発見された。ムシロガイは巻き貝の一種で、穴の開いた貝殻が発見された地域では見られず、したがって何らかの困難をともなって特別に手に入れられたのだろう。貝殻に糸を通してつなげ、世界で最初の首飾りか腕輪になったのは、想像にかたくない。奇妙なことに、穴の開いたよく似た貝殻が、モロッコ東部（11 万年前の貝殻）やアルジェリア、南アフリカでも見つかっていてる。そんな大昔に首飾りの流行がこんなにも遠くまで広まっているというのは理解しがたいが、そういうことがあったらしい――さもなければ貝殻の首飾りを身につける習慣が、四つのまったくちがう地域で個別に発生したことになる。

人間が絵を描いた最古の証拠は、南アフリカの南端に近いブロンボス洞窟でつい最近発掘された出土品の中にあった。太古の絵描きセットが発見されたのである。ところが、あいにくなことに、これを使って描いた絵は、今のところ見つかっていない。絵描きセットには

右：7万年以上前に岩のかけらに彫られた模様。まず岩の表面をこすってなめらかにし、次に丹念に切り込みを入れて交差模様で装飾した。南アフリカ。

アワビの貝殻が二つあり、赭土から作った絵の具が入っていた。

このパレットの近くでは、赭土を混ぜるための石器だけでなく、成形された骨も見つかっていて、こちらは顔料を塗るときに使われたのかもしれない。発見された道具はおよそ10万年前にさかのぼり、まぎれもなく注目に値するもので、このかなり古い時代に、周到な計画をもとに絵が描かれていたことを物語っている。

ブロンボス洞窟では、絵は失われてしまったが、大昔の人間が作った別の種類のアート作品が生き残っている。作品は、7万7000年から7万年前にさかのぼり、黄土岩の二つのかけらの平らな表面に幾何学的な図形がひっかくように描かれている。現在、知られるかぎりアフリカで最古の文様彫刻である。

下：ネルハの洞窟で発見された世界最古の絵画。スペイン南部。およそ4万2000年前。

もう一つ最近発見された作品は、知られるかぎり世界最古の絵と唱えられて、議論を呼んだが、4万3500年から4万2300年前の間にネアンデルタール人が描いたものである。絵はスペイン南部マラガの東56キロにあるネルハの洞窟で見つかり、鍾乳石に描かれている。ネアンデルタール人は、3万7000年前ころまで、ヨーロッパのこの地域で生き残っていた。そのアートで知られている作品は、装飾のほどこされた石や貝殻のほかには、この絵しかない。絵は赭土で描かれ、驚くほどイルカに似ているが、アザラシと考えられている――ネアンデルタール人はアザラシの肉を食べていた。推定年代は木炭の堆積物から得られたが、その堆積物は絵から10センチしか離れていないところにあり、画家が絵を描くときに使った灯火の燃えかすと考えられた。実際の絵から顔料をほんの少し採取して、もっと正確な年代を鑑定するべきだという声も上がっている。

時代を先に進めると、ヨーロッパ各地で先史時代の女性小立像が数多く見つかっている。中でも「ホーレ・フェルスのヴィーナス」

はもっとも古く、推定年代は4万年から3万5000年前。同じ年代の骨笛がそばで発見され、知られるかぎり世界最古の楽器とされている。このヴィーナス小立像は、現在、知られるかぎり最古のほんとうの人物彫像と言える。自然にできたのではない――全体に彫刻がほどこされ、人間がアートを試みるまったく新しい段階がここに始まると言ってよい。

「ホーレ・フェルスのヴィーナス」は、2008年に考古学者ニコラス・コナードが、ドイツ南西部の洞窟で堆積物の1メートル下から発掘した。高さはおよそ6.5センチしかない。マンモスの牙に彫られ、身体構造の4か所で誇張が見られる。二つの巨大な乳房、大きな臀部、拡大された性器、過剰な皮下脂肪。省略されている部分も3か所あり、足と手と頭部がない。頭は誤って失われたのでなく、つるすための環に変わっている。「ご馳走か腹ぺこか」という文化にちがいない風土で作られていることから、ご馳走と性を称賛しているのは明らかである。故意に頭部が省かれているのは、特定の個人を表わしているのではないことを意味する。一般的な多産の象徴で、妊娠をかなえるお守りとして身につけられていたのだろう。

こうした作品は、先史時代の人間のアートでも、きわめて古い時代の発掘品と言える。300万年前のマカパンスガットの小石から3万5000年前の大昔の彫刻まで、われわれの遠い祖先にとって主要な、新たな営みになっていたと思われる活動の興味深い遺物が、運よく発見されてきた。しかし、これまでに見つかった作品は、巨大な氷山のほんの一角にすぎない。アートの歴史で次に生じたことが、これを裏づけている。

下：ホーレ・フェルスのヴィーナス。ドイツ南西部。4万年ないし3万5000年前。

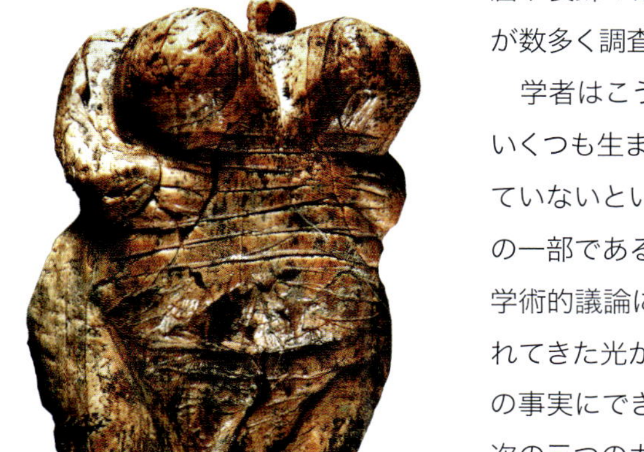

およそ3万5000年前の知られるかぎり最古のヴィーナス像から、およそ5000年前の最初の文明の誕生まで、先史時代アートは3万年という長い間つづいた。この時代のアートに関する発見は、最近、急激に増加している。絵が描かれている洞窟や装飾のほどこされた岩窟住居、太古の埋葬地、原始時代の定住地が数多く調査され、アート作品が微細な点まで説明されている。

学者はこうしたアート作品の意味を論じ、想像をめぐらせた解釈がいくつも生まれてきたが、遠い昔のアートについては、ほとんどわかっていないというのが実情である。研究されているのはその世界のほんの一部であるため、突飛と言ってもいいような解説がなされかねない。学術的議論に関するモリスの法則が脚光を浴びる。「テーマは、当てられてきた光が少ないほど、熱く議論される。」解釈をごくわずかな周知の事実にできるかぎり密着させるために、この時代のアートについて、次の三つのカテゴリーを中心に話を進めよう。持ち運び可能な小立像、洞窟絵、そしてロックアート。

上：持ち運び可能なヴィレンドルフのヴィーナス。2万4000年ないし2万2000年前。

**小立像はおそらく、性ではなく母性の象徴として、女性が女性のために作ったのだろう。求愛ではなく出産を称える視覚的な讃歌と言える。**

### 持ち運び可能な小立像

「ホーレ・フェルスのヴィーナス」は、人間をかたどった最古の彫像として、すでに紹介した。これにつづく数千年の間に作られた先史時代の小型のヴィーナス像は、さらに数百体が、西ヨーロッパからシベリアにかけての地域で慎重に発掘されている。

中でももっとも有名なヴィーナス像「ヴィレンドルフのヴィーナス」は、1908年に考古学者ヨーゼフ・ソンバティがオーストリアで発見した。「ホーレ・フェルスのヴィーナス」より大きく、巧妙に彫られ、2万4000年から2万2000年前に作られたと推定される。高さは11センチ強で、牙ではなく石灰岩でできており、描写はずっと詳細になっている。興味深いのは、使用された石灰岩が地元の産物ではないこと。つまり、小立像は発見場所まで運ばれてきたと考えられる。表面に赭土の痕跡がまだ残っているので、もとは赤く塗られていたにちがいない。

もっと前の時代の「ホーレ・フェルスのヴィーナス」と同様に、乳房と臀部が巨大で、性器が目立ち、皮下脂肪がたっぷりで、足がない。異なるのは、手と頭部があること。両手と異様に細長い前腕を乳房の上にのせている。頭部には顔がなく、髪を手のこんだ型にセットしているのか、それとも何か頭飾りのようなものをかぶっている。「ホーレ・フェルスのヴィーナス」と同様に、顔が完全に省略されているのは、特定の個人を表わしているのでなく、一般的な象徴だったことをうかがわせる。この小立像や、もう少しあとの石器時代の女性小立像はどれも、多産のお守りとして身につけるか、持ち歩かれていたのだろう。

こうした有名な小立像は、それぞれに何百キロも離れたところで見つかっていて、制作年代も1万年以上のへだたりがあるにもかかわらず、体型が驚くほど似ている。どれも丸みをおびて肉づきがよく、単純化され、突き出した乳房や大きな腹、幅の広い臀部、太い腿が強調されている。手、足、顔、頭はしばしば縮められ、省かれてしまうことさえある。時には女性器がはっきり示されていることから、こういった小立像は性的な対象物とも見なされるが、それは視覚的な印象にそぐわない。乳房は、性欲をかきたてる乳房ではなく乳を出す乳房。腿は、年ごろの娘のほっそりした腿ではなく、子どもを産んだ女性の太い腿である。小立像はおそらく、性ではなく

右：レスピューグのヴィーナス。フランス。2万6000年ないし2万4000年前。

母性の象徴として、女性が女性のために作ったのだろう。求愛ではなく出産を称える視覚的な讃歌と言える。

　フランスのピレネー山麓で発見された「レスピューグのヴィーナス」は、大昔の小立像でもっとも際立っている。牙製で、推定年代は2万6000年から2万4000年前。発掘中に大きな損傷を受けた。図版の像は、本来の姿を想像して作り直された複製。先史時代のアーティストは像の体型をいちじるしく変形させており、巨大で垂れ下がった乳房は、腹ぺこの乳児にたっぷり授乳できそうに見える。

　こうした小立像はフランス南西部からシベリア東部にかけての広い地域で発見され、制作された年代も異なるが、どれも驚くほどよく似ている。持ち運んだり、ペンダントにして身につけたりできるほど小さく、高さは最大でも15センチに届かない。つるすための穴が開いている像もある。ほぼすべてに顔がなく、多くが同じ美容師をかかえていたように見える。あるいは同じ帽子屋か。奇妙な模様のある頭飾りの正体をつきとめるのは難しい。しかも、たいていの場合、頭飾りはパーツのない顔の上部にまでかぶせられていて、そのわけを説明するのは、さらにむずかしい。

　女性の体型の様式化がまったく新しいレベルに達しているものもある。イタリア北部で発見された「サヴィニャーノのヴィーナス」は、ふつうは丸い頭部が錐状にとがっている。ところが、豊満な乳房や腹、臀部、腿はどれも原始ヴィーナス像の伝統に従っている。中には、さらに様式化が進んで、女性の体の象徴程度にまで省略されてしまった小立像もある。そうなると、残されているものは、女性の体を暗示するにすぎない。二つの乳房、開いた脚、膨らんだ腹、突き出した臀部といったところ。メッセージは変わっていないが、妊娠のお守りは必要最小限に切りつめられてしまった。これは、作者の手抜きではない。洗練された象徴的な抽象である。現代の彫刻家なら自慢したくなるような洗練された形――しかも、こうした小立像の推定年代はきわめて古い。

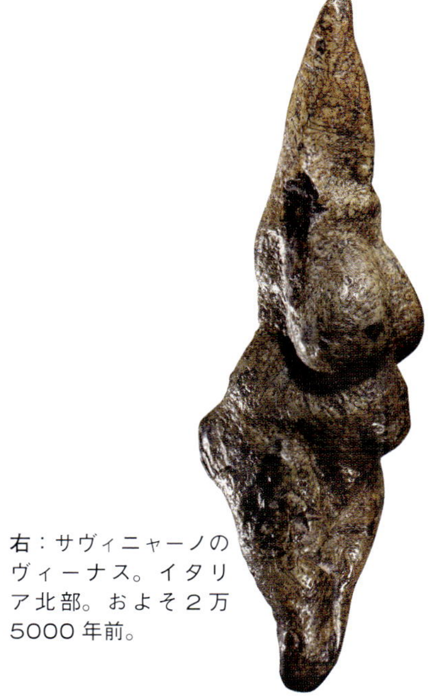
右：サヴィニャーノのヴィーナス。イタリア北部。およそ2万5000年前。

　すばらしいアート作品が「好運のお守り」だったと説明されたら、おもしろくない学者もいるだろう。小立像がたいへんな時代物であることと、そのとてつもない希少価値が畏敬に満ちた雰囲気をかもし出し、もっと重厚な意味を与えるべきだと考える人は少なくない。そこで、小立像は大母神や創造神話の象徴、身の安全の標章、万

右：高度に様式化された女性小立像。マンモス骨製。チェコ共和国、ドルニ・ヴィエストニッツェ。2万2400年前。

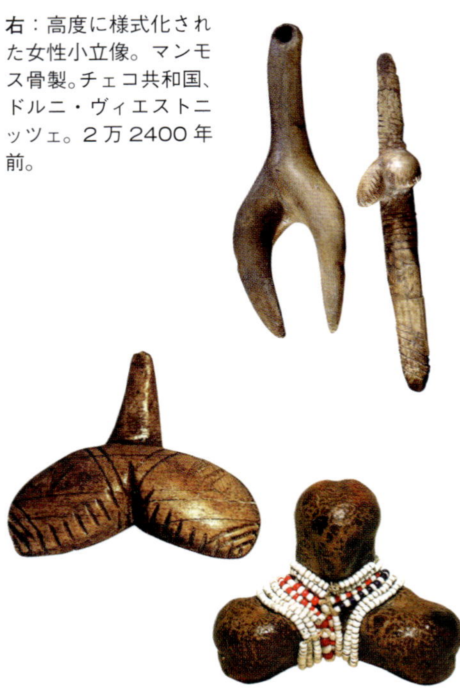

上：高度に様式化された大昔のヴィーナス像（チェコ共和国、ドルニ・ヴィエストニッツェ、2万2400年前）と、トゥルカナ族の少女が使っているヴィーナス像（ケニア、現代、30年前以降）。子どもを望む気持ちには長い歴史がある。

物の母などと言われてきた。ところが、このような重みのある解釈を裏づける証拠は、何一つない。簡単に説明すると、小立像は、赤ちゃんがほしくてたまらない女性が体や衣服につけていた。それは、小立像の現代版が今日でも使われているという事実を見てもわかる。今でも、ケニア北西部のトゥルカナ族の若い女性は、妊娠を望んでいるときに、小立像によく似た「ヴィーナス像」のペンダントを身につけ、願いがかなったら妹にゆずる。好運のお守りは、古代の小立像と同じく、せいぜい乳房と臀部がある程度に簡略化されている。

先史時代の彫像というテーマから離れる前に、重要な点を指摘しておきたい。それは、素材が石や骨だけではなかったということ。ヴィーナス像の一つは、焼成粘土製で、一般に陶芸の最古の作品と考えられている。最初の陶器より1万年以上も昔にさかのぼる。「ドルニ・ヴィエストニッツェのヴィーナス」と名づけられたこの小立像は、1925年に現在のチェコ共和国で発見され、高さがわずか11.5センチで、推定年代は2万9000年から2万5000年前。めずらしい特徴がいくつかある。顔のこまかい部分として、2本の斜線で目を示しており、いかり肩で、形のいい臍（へそ）が目をひく。この臍は観察が行き届いている。細身の女性の臍は縦型、ふくよかな女性では横型で、この臍は体型にふさわしく横型になっている。頭の上にある四つの穴は、おそらく、つるすための何か仕掛けの名残だろう。それ以外の様式は、彫像のヴィーナスととてもよく似ている。

旧石器時代のすばらしい女性小立像を見ると、テーマにかかわりのあるディテールが誇張され、かかわりのないディテールが縮小されるか省略されているという点で、人間のアートがこのきわめて初期の段階にすでにかなり洗練されていることが、はっきりわかる。小立像は妊娠と多産にまつわるため、女性の体でかかわりのある部分がいちじるしく拡大された。ほかの部分は無視されたが、それは手抜きをしたり、手先が不器用だったりしたせいではない。ほぼ同じ時代に洞窟の壁に描かれた絵を見れば、旧石器時代のアーティストが獲物の動物を優美に正確に描いていたことがわかる。したがって、アーティストたちは、現実のモデルにもっと近い正確な小立像を作ろうと思ったら作れただろう。ほんものそっくりの動物の彫像

右：ドルニ・ヴィエストニッツェのヴィーナスは、おそらく世界最古の陶器。

上：ホーレンシュタイン・シュターデルのライオンマン。マンモス牙製。およそ3万2000年前。

が大昔の洞窟にあるのだから、その気になれば、きわめて正確な彫像を作れたことは明らかである。この大昔の段階でさえ、作品に大きな視覚効果を与えるために、アーティストたちは、この通り形に手を加えたり、手直ししたりしていた。あとで部族アートや近代アートを取りあげるとき、同じ手法が使われているのを見ることになるだろう。

いわゆるヴィーナス像は先史時代の彫刻と美的表現としてもっとも興味深いものだが、この太古の時代には、ほかの像も作られていた。動物をかたどった小立像や、いくつかすばらしい獣形神像も見つかっている。中でも、ホーレンシュタイン・シュターデルのライオンマンは最高の小立像と言える。重要なのは高さが29センチもあることで、どこのヴィーナス像よりはるかに背が高く、したがってヴィーナス像の装身用という特殊なカテゴリーに入らない。3万2000年前に作られ、威風堂々としたこの像は、知られるかぎり世界最古の動物形キメラにちがいない。太古のアーティストの想像力をみごとに証明するもので、二つの種を組み合わせて奇抜な怪物が作り出されている。

ライオンマンが与える衝撃は、女性小立像のような誇張や省略に由来するのではなく、ちぐはぐな状況から生じている。人間の頭があるべき場所にライオンの頭がある。頭が故意に逸脱した状況に置かれているため、像は平凡を脱している。このように像や場面の構成要素の自然な配列を乱すのは、視覚的な策略で、あとの時代にきわめてよく使われるようになる。アーティストは状況をひっかきまわして、ミノタウロスやケンタウロスから悪魔や竜にいたるまで、さまざまな怪物を生み出した。

### 洞窟画

「レスピューグのヴィーナス」のような女性小立像が作られていたころ、先史時代の人間のアートに新しい章が書かれようとしていた。やがて、南部フランスの洞窟の壁がすばらしく完成された手法で装飾される。もっと前の時代から顔料が使われていたことはわかっているが、この洞窟画は、顔料が入念に想像力豊かに使われた知られるかぎり最古の作品である。1994年にショーヴェの洞窟で、実に2万5000年も前に描かれた洞窟画が発見され、世間に大きな衝撃を与えた。というのも、壁に描かれた絵は、その１万年後によく見られる様式がすでに始まっていたことが、これで証明されたからである。アートの特定の様式がそんなに長い間つづくというのは、新しい様式が毎年のように現われる今日では理解しがたい。

先史時代のこの時期に絵が描かれた洞窟は、現在では、フランスとスペインで300以上見つかっている。絵の一部しか残っていない洞窟もあるが、絵で豊かに装飾された洞窟もあって、われわれの遠い祖先がこのようなすばらしい技術と情熱でアート作品を作ったのはなぜなのかという数多くの議論を巻き起こしている。フランス南西部のラスコーの洞窟画は、もっとも印象深い。ピカソは初めてこの絵を見たときに、「われわれは何も編み出していないんだ」と悔しそうに語った――「われわれ」とは、自分自身および同時代の人間をさす。洞窟が一般公開されてまもないころに運よく中に入れた人びとにとって、この絵を見るのはまさに屈辱的な体験だった。石器時代の人間がこんな質の高いアート作品を創作できたなんて、とても受け入れられなかったのだ。

ラスコーの洞窟画が発見されてまもないころ、フランスの思想家ジョルジュ・バタイユが『ラスコー――アートの誕生』（*Lascaux, ou la Naissance de l'Art*）という本を書いた。このタイトルはドラマティックだが的がはずれている。ラスコーの洞窟画は、現生人類が手探りで絵を描いた最初の作品ではない。アートの誕生ではない。少なくともアートの青年期と言える。この洞窟の功績は、大昔のアートの小さな一角をきちんと保存してくれたことだろう。洞窟の外で何が起こっていたのかは、知る由もない。アートは盛んだっただろうが、外で作られた作品は、今では跡形もなくなってしまった。まさにその本質により、生き残ることがない。ごくまれに、異常な状況によって時の流れのもたらす惨禍を免れることができた。

それでは、石器時代の狩猟民は、なぜ、いかにして、このように創造力豊かな熟練の画家になったのだろう。これまでにも、想像をめぐらせた説がいくつか唱えられてきたが、どれも筋が通らない。太古のシャーマンが描いたとする説がある。シャーマンが神がかりの状態で洞窟に入り、まじないの儀式を行ない、幻想を絵に描いたという。しかし、洞窟画は、神がかりの状態で描かれた作品ではない。画家は、一生懸命努力して、当の動物の姿を正確に描写しようとし

上：ラスコーの洞窟に描かれた馬。フランス南西部。

ている。それには、自分の行動を意識してコントロールする必要があり、神がかりのような状態から完全に解放されていなければならない。先史時代の画家は、霊的なまじないを唱える預言者ではなく、慎重で勤勉な技術者だった。

洞窟の壁に描かれた絵をくわしく調べると、絵に２種類あることが明らかになる。抽象的な小さい印と動物の大きい図像である。動物は、たがいに近いところに描かれていることがよくあるが、意識的に群れの場面を描いたものではない。配置が構成されているのでなく、動物は並んでいるにすぎない。１頭ずつ独立していて、もう１頭がすぐそばにいても、それは、壁の絵を描ける空間が足りなかったからで、なんと、１頭が前に描かれた１頭の姿を半分消していることさえある。

洞窟画がきわめてめずらしいのは、古代アートや部族アートの中で、これだけが対象を写実的に描こうとしている点にある。画家は誇張もしなければ、形をもてあそぶこともなく、比率をゆがめてもいない。古代アートのほかの形態でよく見られる細工が、まったくほどこされていない。画家は、何かわけがあって、自然をできるかぎり、ありのままに描写しようとしている。作業現場の原始的な状況を考えると、作品を照らす灯火はちらつき、カンヴァスに相当する洞窟の壁はでこぼこで、道具はきわめて粗末だったのだから、まさに驚くべき作品としか言いようがない。

**画家は誇張もしなければ、形をもてあそぶこともなく、比率をゆがめてもいない。古代アートのほかの形態でよく見られる細工が、まったくほどこされていない。**

1930年代に、パーシー・リーズンというオーストラリアの画家が太古の画家の精密な描写に感銘を受けた。自身の作品では細部にあまりにもこだわりすぎるところがあったのだが、スペインのアルタミラの洞窟に描かれた動物を見て、大きな衝撃を受けた。ほかの人はほんものそっくりの描写を話題にしたが、リーズンの見方はちがった。画家の鋭い目で見て、動物の腹がどれも、見る者に向かって前方に押し出されているように描かれていることに気づいた。また、脚は硬直し、足はつま先立ちで、どちらも体重を支えるようにはなっていない。動物は「生き生きしている」のではなく、むしろ、完全に死んでいるのではないかと、ふとひらめいた。動物は、殺されたあと地面に横たわっているところを描かれたのではないか。おそらく画家の部族が狩りで殺したのだろう。リーズンはそのときには知らなかったが、同様の奇妙なつま先立ちの足は、フランスのラスコーなどほかの洞窟に描かれている動物画でもはっきり見られた。

動物の描写は実に正確で、そのため姿勢の細部まで入念に描きこまれていたのだが、絵を調べた考古学者はその重要性を見すごしていた。リーズンは自分の説が正しいことを証明するために、いささか気色の悪い仕事にとりかかった。食肉処理場を訪れて、殺される前とあとの動物の写真を辛抱強く撮ったのである。殺されたばかりの動物が地面に横たわっているところを上から撮影して、現像した写真を見ると、その姿勢は洞窟画の動物の姿勢と完全に一致した。

リーズンは写真と洞窟画についての見解を1939年にロンドンで考古学専門誌に発表した。ところが第二次世界大戦が勃発して、論文はほとんど注目されなかった。ただ、マンモス狩りなど先史時代の人間活動を専門に描いている画家ウィリアム・リデルから反応があった。リデルは、洞窟の画家が目の前で伸びている死んだ動物をモデルにしたというリーズンの説を受け入れられなかった。薄暗い灯火に照らされた洞窟の奥で、そんなことができるはずがない。そうではなく、洞窟の画家は狩りについて行き、目の前で横たわっている動

**右**：アルタミラの洞窟画の野牛。スペイン。

**下**：ラスコーの洞窟画の牝牛。フランス南西部。どちらも、つま先立ちの姿勢で描かれている。

物の死骸を見て、記憶をたよりに絵を描いたのだと言う。

　リデルの説は一つの点で正しい。画家が死んだ野牛をモデルにするために洞窟の中まで引きずっていくなど、およそあり得ない。とはいえ、画家が信じられないほどすばらしい視覚的記憶力を持っていたという説も、同じように信じがたい。リーズンとリデルは、洞窟画が死んだ動物を描いているという点で意見が一致したが、どちらも、絵がどうやってこんなにも正確に描かれたのかというはっきりした理由を見落としていたように思われる。どうして見落としたのか。われわれは、とかく、先史時代の絵がもっぱら洞窟内で描かれていたと考えるからではないか。今日まで残されている絵はすべて、洞窟の奥で保護されている。この点に気を取られて、外の世界で行なわれていたのは狩りだけだったと考えてしまうのだろう。すばらしい洞窟絵を生み出せる社会では、外の世界でも、さまざまな活動をしていたにちがいない。スケッチや素描、ボディペインティング、その他知る由もない多くの活動が行なわれていたことだろう。

大昔の部族が石器を使っていたことや、動物の毛皮で暖かい衣服を作ったからこそ寒さから生き延びたことは、わかっている。また、さまざまな顔料を好きなように使えたこともわかっている。顔料は、実際には、私たちが今日見る洞窟絵に残っている顔料より種類が多かっただろう。もっとも耐久性のある赭土だけが時の試練に耐えた。大きな獲物が仕留められたときに、木炭を取り出して、皮を伸ばして作った「カンヴァス」に動物の輪郭を記録するのは、画家にはお安いご用だったはず。こうしておいて、そのあと岩の表面に詳細な絵を描くなり、洞窟に引きこもるなりすればいい。外に描かれた絵は生き残らなくても、洞窟の中の絵なら、いくつかは生き残る。

**太古の部族民は、洞窟の壁に最高の獲物の姿を描くことによって、勝利を祝い…。**

絵を模写するなんて現代的すぎるとリデルは思ったが、洞窟画家があれほどまで正確に描く方法が、ほかにあるだろうか。これは、画家がこれほど正確な絵を描いた経緯を説明する常識的な解答である。

画家がそのように作品を仕上げたとしても、なお、なぜそこまで苦労をしたのかという疑問が残る。答えの手がかりは、洞窟の壁に描かれた動物の種類にある。動物は、付近で見つかっている動物の骨と一致しない。つまり、太古の人びとがふだん食べていた数多くの動物、とりわけ小動物は重要と考えられず、その姿が洞窟に描かれることなどなかったのだ。捕まえるのが大変で、盛大に祝う理由になるような動物だけが、記念として洞窟の壁に絵を残すにふさわしいと考えられた。画家が好んで描いた動物は、巨大な野牛、荒々しい牡牛（原牛）、足の速い馬、角のあるシカ、鎧を着たサイで、すべて敬意を起こさせるし、またそれだけの価値もあろう。太古の部族民は、洞窟の壁に最高の獲物の姿を描くことによって、勝利を祝い、かつはまた、殺した動物の神々をなだめることができたのだろう。

太古の洞窟絵でもっとも不思議な特徴は、かくも長い間、様式がほとんど変化していないことである。それは、ショーヴェとアルタミラの洞窟に描かれた野牛の姿を見るとよくわかる。ショーヴェの野牛が描かれたのは２万5000年も前で、アルタミラのはわずか１万5000年前。２頭を現代のふたりの画家が描いたとしたら、両者とも同じ美術学校を出ていると言われても、誰もおかしいと思わないだろう。さらに、あとの時代のラスコーやアルタミラの洞窟画家がなぜあれほど巧みに描いたのかもこれで説明できる――その背後には１万年の研鑽があったのだ。

この段階では、洞窟画家はまだ技術の修得中だったが、そんな時代でさえ、大半は自分たちの務めを心得ていて、すぐれた作品を生み出した。洞窟の外の日常生活の様子をなんとかこの目で見ることができれば――さぞかし、すばらしい発見になるだろう。人類の太古の探究ほどじれったい思いに駆られるものはない。

洞窟画に描かれた動物はすべて死んでいると言われても疑問がぬぐえない向きには、完

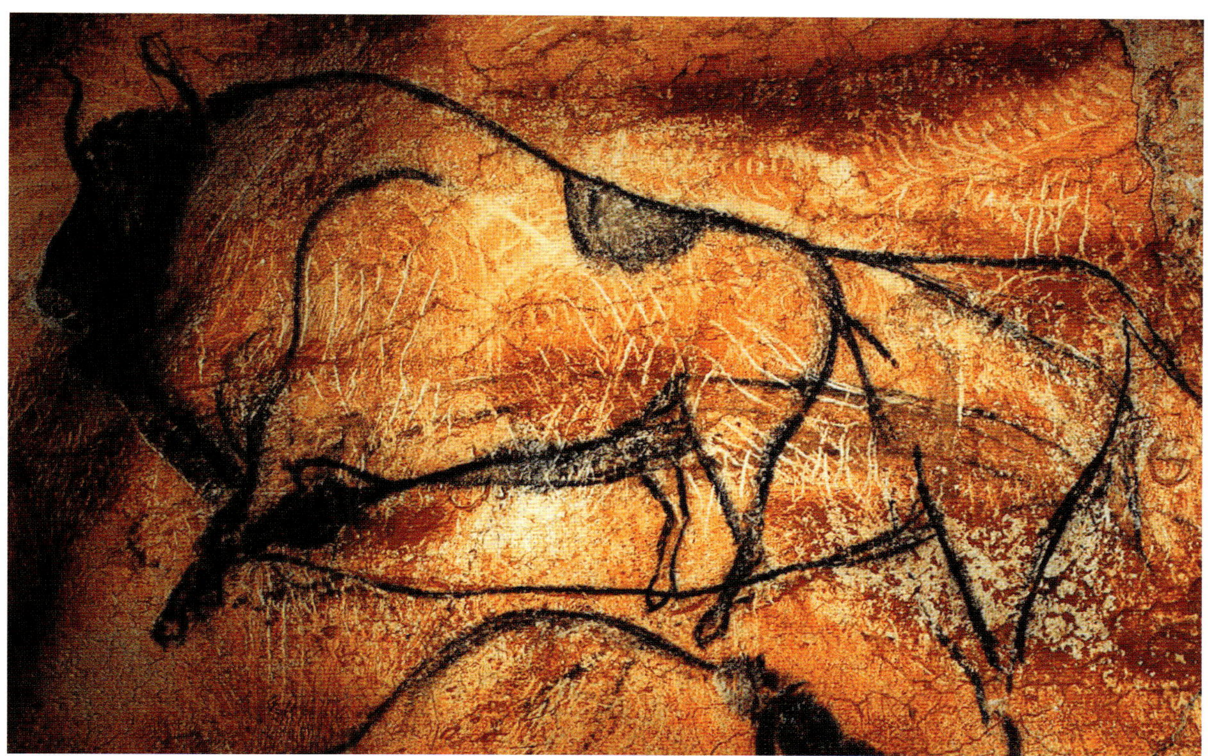

巨大な野牛が描かれた洞窟画２点。

上：２万 5000 年も前にフランスのショーヴェ洞窟で描かれた。

右：わずか１万 5000 年前にスペインのアルタミラ洞窟で描かれた。

**右**：死んで腸が垂れ下がっている野牛。ラスコー洞窟画。

全に死んだ姿で描かれている動物がいることを指摘しておこう。ラスコーの洞窟画では、腸がぶら下がっている野牛が描かれているし、アルタミラでは、野牛が、生きているときには、寝ているときでさえ、決して見られることのないぶざまな姿勢で丸まっている。ショーヴェの洞窟には、口から血を吹き出しているサイの姿がみごとに描かれ、その体には赤い印がいくつもついていて、かなりの重傷を負っていることをうかがわせる。

前に、洞窟の壁に描かれた絵には2種類あると述べた。抽象的な小さい印と動物の大きい図像である。ここまで動物の図像について語ってきたので、印については理解しやすいだろう。動物の絵がどれも殺されたばかりの獲物を描いているのであれば、小さい印は、動物を倒した事件を示していると考えられる。時にはこの描写があからさまで、たとえばラスコーの洞窟画では、矢か槍が馬の体に刺さっているが、槍などの武器が死骸に接して、あるいはそばに描かれている場合もある。もっと謎めいた印は、獲物を捕るために仕掛けた罠を象徴しているのかもしれない。当然ながら、こうした考えは憶測にすぎないが、過去に唱えられた不可解な説よりは受け入れやすい。

ラスコーの洞窟に描かれたある動物は、正体不明で、見る人の頭を悩ませ、結局、架空の動物「一角獣の一種」と呼ばれるようになった。しかし、洞窟画の画家が架空の動物など描くわけがない。筋金入りの写実主義者なのだから。この動物は、不自然なほど長い角が2本頭から生えているように見える。ところが、死骸のそばに描かれた線はすべて槍と考えるなら、槍が2本頭に刺さって死んだ馬であることは明らかである。

先史時代の洞窟画でもっとも注目に値するのは、動物の体のプロポーションが実に正確に描かれていることだろう。先史時代や古代のほかのアートでは、ほぼすべてで、誇張や単純化、様式化が見られる。太古のアーティストは自分にとって重要な面を強調し、ほかの要素は無視した。絵や彫像がモデルの実際の姿とまったく同じに見えなくても、ちっとも気にならなかったらしい。ところが、洞窟の画家はこの点にこだわった。そのわけは、洞窟の壁に描いた動物画が、一般的な象徴ではなく、狩りで仕留めたそれぞれの動物を描いた肖像画のようなものだったからだろう。肖像画となると、どんなものであれモデルに似ていることがつねに重要で、洞窟画でも同じことが言える。洞窟の画家はすばらしい肖像画を描いた。そのみごとな腕前を生み出したのは、巧みな筆さばきで少しの線を使い、動物の体を写実的に描く技術だった。画家はディテールを最小限にとどめ、すばらしく均整のとれた野牛や牡牛、馬をまことに巧妙に描くことができた。

**ロックアート**

先史時代アートの第３のカテゴリーとして取りあげるロックアートは、洞窟画ほど保護されていない。外気にさらされ、したがってありとあらゆる剥離や摩滅が生じる。完全に露出しているロックアートあるいは絵文字がめったに見られないのは当然だが、岩屋根が都合よく張り出して部分的に保護したおかげで、岩に描かれた絵が何年にもわたって残されてきたところも少なくない。岩を削ってかたどられた像はペトログリフと呼ばれ、完全に露出した場所でよく見られる。硬い岩の表面を彫って作られ、やはり何万年も持ちこたえてきた。難点は、正確な年代鑑定がきわめて困難なこと。

今日まで持ちこたえてきたロックアートでもっともみごとな作品は、オーストラリア北西部にある。人類が初めてオーストラリア北部にたどりついたのは、およそ６万年前。そのころでさえ、すでに何らかのアート作品を創作していたことはまちがいない。当地のアートで最古の活動は、おそらくボディペインティングが中心で、現在では失われてしまった。ロックアートについてこれまでに推定されている最古の年代は、今でも熱い議論の的になっている。

人類が初めてオーストラリア北部にたどりついたのは、およそ６万年前。そのころでさえ、すでに何らかのアート作品を創作していたことはまちがいない。

最初にオーストラリアにやってきた人びとは、便利な岩陰を住みかにした。その床から、年代の推定可能な遺物と、たいていの場合、顔料を作るためにしか使われなかったはずの赭土のかけらが発見されている。このかけらを調べて、これまでに得た推定年代は、４万年から１万年前にわたる。岩絵自体を直接調べて得た最古の年代は、３万年から２万5000年前。キンバリー地域では、絵が描かれた岩の破片が埋もれていて、破片はどうやら岩の天井から落ちてきたようで興味深い。破片の年代は４万700年から３万8700年前の間と正確に推定されている。

オーストラリア西部では、線刻画の岩絵が、ロックアート研究者ロバート・ベドナリクの開発した微小腐食損傷分析法という新しい技術を使って、２万6000年前に描かれたと推

上：岩屋根の下に描かれ、高度に様式化されたブラッドショー。オーストラリア北西部。

定されている。オーストラリア南部で発見されたペトログリフの年代鑑定は、何万年もの間刻み目に詰まっていた「砂漠のニス」を分析する方法で行なわれてきた。その結果、きわめて古いおよそ4万年前という年代が得られたが、この数字には異議が唱えられている。

オーストラリアの岩絵のめずらしい特徴は、今日でも、いくつかの地域でアボリジニの部族が描いていることである。西洋人は、アボリジニの岩絵に初めて接したときに、当の画家が部族の複雑な神話を記録し、絵を定期的に修復して記録を鮮明に保っていることを知り、感銘を受けた。世界のこの部分では、岩絵の伝統が継承されていて、伝統は何万年も前の最初の定住者が作った作品にさかのぼると思われる。

作品の様式を調べてみると、西ヨーロッパの洞窟画といちじるしく異なることが、たちまち明らかになる。最古の作品から現代の作品にいたるまで、オーストラリアの岩に描かれたり刻まれたりした絵は、高度に様式化され、ありのままに描こうとする試みがほとんど見られない。最初から、この大陸のアボリジニのアートは、奔放なほど想像力に富み、かつ独創的で、自然の形を誇張あるいは歪曲し、写実的な表現はほとんど顧慮していない。

驚いたことに、もっとも優美で洗練された岩絵は、古い時代に見られる。それにひきかえ、あとの時代の作品は、大胆で、生き生きしていて、ドラマティックではあるが、もっと古い時代の作品が持つ繊細な味わいに欠ける。古い時代の最高の傑作は、オーストラリア北西部キンバリー地域の岩窟住居で見られる。ヴィクトリア朝時代の発見者にちなんで「ブラッドショー」と名づけられ、またアボリジニの名前でグイオングイオンとも呼ばれていて、そ

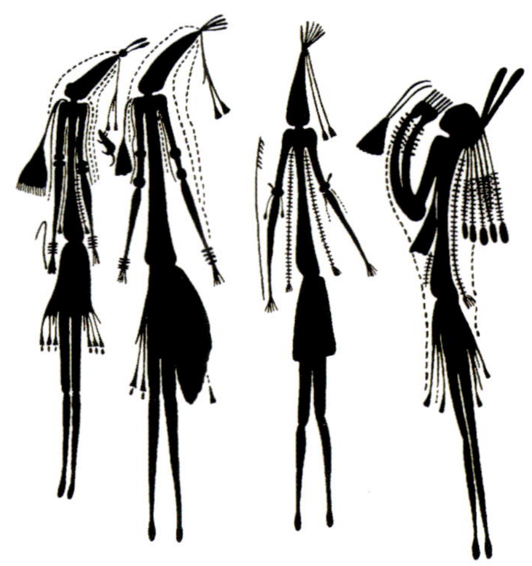

右：腕と腰に凝った飾りをつけているブラッドショー。オーストラリア北西部。

のデザインの独創性は、息をのむほどすばらしい。

こうした作品が、長大な年月を経ていることを考えたら、のちのアボリジニの作品でよく行なわれるような描き直しもされずに、外気にさらされて残っているのは、ちょっとした奇跡と言えるだろう。生き残った秘密は、神経科学者のジャック・ペティグルーが行なった特殊な研究から明らかになった。絵は実質的に化石化していたのだ。絵の具に代わって、顔料で染まった微生物の薄膜ができていた。ワインレッドは黒カビが、サクランボ色は赤いバクテリアが保存した。ほかの国では、生物膜が古いアート作品に損傷を与えることがあるが、ここでは奇跡的に保護する結果になった。

生物膜で保護されていても、4万年もたてば、描かれた絵はたいてい摩耗し、時には鮮明でなくなる。したがって、下の図版は、原画ではなく、人物像の細部のデザインがわかるように入念に描き直したものである。ブラッドショーの人物像は、ほぼすべてがひょろりと背が高く、凝った髪型や頭飾り、そしてきわめて特徴のある房飾りや衣服を身につけている。容姿や服装は、のちの時代のわれわれが知っている典型的なアボリジニとは似ても似つかない。相違があまりにも大きいため、現地で30年にわたって岩絵を研究したグレアム・ウォルシュは、まったく別の人種が描いたという結論を出さざるを得なかった。画家はアボリジニ以前の人種に属し、ずっと前に姿を消したと言う。ところが、この説は現代のアボリジニの土地領有権にかかわるため、政治的にかなり問題があり、大論争を巻き起こした。

論争の成り行きはともあれ、このきわめて古い岩絵のもっとも重要な特徴は、人間の姿を驚くほど優雅に、巧みに、様式化している点にある。ここに見られる美的感覚は高度で、これまた、人類が何万年もの間質の高い絵を描いてきたことをはっきり物語っている。のちのアボリジニの岩絵は、このような洗練されたおもむきに欠けるが、複雑な象徴化でこれを補っている。絵はそれぞれ部族の神話の一場面を表わし、部族民は、岩の表面に描かれた

…このきわめて古い岩絵のもっとも重要な特徴は、人間の姿を驚くほど優雅に、巧みに、様式化している点にある。

右：眠りこけている大昔の人と松明持ちの召使い。オーストラリア、カカドゥ国立公園。

人物像は描かれたその時点から岩の中で独自の生命を持つように考えるのだった。

絵は、ひとたび象徴的な役割をになうと、単純化を免れず、優雅に、あるいは詳細に描こうという情熱は見られなくなる。絵は、標章、つまり、もっと大きな意味のあるメッセージを伝える単なる記号と化す。雑に十字に組んだ木がキリストの磔刑を意味するのと変わらない。最後には、多くが省かれて、抽象的な記号や形にすぎない、速記の略字のような象徴になる。これは世界中で起こっており、そのため、大昔の岩絵を解釈するのがしばしばむずかしく、あるいは不可能になる。

今日でも、地元の部族民が作る象徴的な作品については、当然ながら、作者の話を聞けば、神話や信仰と岩に描く形やパターンとの関連がわかる。とはいえ、そんなときでも何らかの不確実性は免れない。部族民は、記号の意味についてかならずしも真実を語るわけではない。

特定の記号や絵がどんな独自の意味を持つにしろ、その普遍的な意義ははっきりしている。それは、ある場所が一つの部族あるいは文化に属することを示す符牒である。「我ここにありき」とそれは宣言している。その「我」が誰であるかを示すことが重要で、それは、部族の神話や伝説を目に見える形で語るとか、符牒をその製作者と結びつける何らかの方法によって行なわれる。

同じような行為は今日の都市の暗黒街で見られ、ここでは、けばけばしい落書きに特定のギャングのマーク——縄張りの所有を示す小さな符牒——が入れられる。ライバルのギャングは手下の「落書き屋」を送りこんでマークにペンキをかけさせ、侮辱されたギャングは「落書き見張り屋」を派遣して、ライバルの落書き屋が行動におよんでいるところを見つけたら、殺させる。自分のマークを残すのは、人間の昔ながらの関心事で、それが古代現代を問わず大量のアートの創作につながっている。太古のロックアートは、正確な年代鑑定がしばしば困難だが、世界中で見られる。

先史時代の人びとが「自分のマークをつける」特別な方法の一つに手形がある。自分の手を岩の表面にのせ、手に向けて着色顔料を口から吐くか吹きつけるかしたあと、手をどけると岩の表面に輪郭が残る。手形は、フランスやオーストラリア、アルゼンチンなど、それぞれに遠く離れた古代の遺跡で見られる。最古の手形は、およそ3万年前にさかのぼる。アルゼンチンのパタゴニア地方の手形は、1万3000年から9000年前の間に作られた。ここでは、空洞の骨を管の代わりにして、手に顔料を吹きつけていた。白や黄色、オレンジ色、赤の顔料を口に含み、唾液と混ぜ、骨の管を通して吹きつけたのだろう。興味深いことに、たいていの場合、左手が描かれているので、右手で管を持っていたことが明らかになる。

**右**：洞窟の岩に残された先史時代の手形。アルゼンチン、パタゴニア。

こんな大昔でさえ、人類は圧倒的に右利きだった。

さらに、手形を入念に測定したところ、作者が女性だった場合が少なくないと言われている。したがって、先史時代の絵の多くは、これまでの推測とは逆に、男性ではなく女性が描いたと考えられる。北アメリカのユタ州では、土着のパレオインディアンが、人物を描いた巨大なロックアートで昔ながらの縄張りに符牒を残している。ホースシューキャニオンの大画廊と呼ばれる岩肌は、幅 61 メートル、高さが 4.5 メートルもあり、4000 年から 1500 年前の間に、略図のような人物像が描かれた。このロックアートはきわめて印象的で、見物人がまるで小びとのように見える。

アフリカでは、サハラ砂漠の端にあるタッシリのフレスコ画が有名である。奥地にあり、気候が乾燥しているおかげで、今日まで残っているのだが、その数はなんと 1 万 5000 点にのぼり、制作年代は 1 万 5000 年から 2000 年前までにわたる。カバやキリンなど、はるか昔にこの地域から姿を消した動物も少なからず描かれている。

さらに北に目を転ずると、マリのドゴン族は 3 年ごとに特別な儀式によって、若い男性に割礼をほどこしている。儀式が行なわれる岩窟の壁は、面やトカゲ、神話に登場する神や人間を描いた絵で埋めつくされ、少年たちの試練のために厳粛な雰囲気をかもし出している。絵は、アフリカの女性は見ることを許されず、何千年にもわたって色を塗り直され、描

下：先史時代にホースシューキャニオンの大画廊に延々と描かれた巨大な群像。パレオインディアンのアートには人体の高度な様式化と純化が見られる。アメリカ、ユタ州。

**右**：割礼が行なわれる岩窟の壁に描かれた象徴的なモティーフ。割礼を受けた少年がそれぞれに自分の象徴を描き加える。マリ共和国、ドゴン族。

き加えられてきた。オーストラリアのアボリジニの作品と同じく、これまた先史時代アートの伝統が現代まで継承されている一例である。

ペトログリフは、岩絵とくらべると、作る時間ははるかにかかるが、あとあとまで残る時間もはるかに長い。線刻をほどこされた岩は世界中で見られ、線刻画は、制作に多大な労力を要するため、岩絵よりさらに様式的に単純化されている。絵は、意味不明な直線の記号や象徴以上の何ものでもないことが少なくない。ペトログリフを作るときに発達した単純化はしばしば極端になり、描かれているテーマは、部族の人に説明してもらわなければ、推測するしかない。

ここまでの話をまとめると、先史時代のアート作品が世界各地で数多く見られるのは、都市が誕生する前の時代のアーティストが創作の大きな衝動を持っていた証拠と言える。作品は、ていねいに彫られて好運のお守りとして身につけられたり、ちらちら揺れる灯火に照らされながら洞窟の壁に描かれたり、野外の高い岩壁に登って描かれたり、いつまでも残る彫刻を作るために硬い岩の表面をせっせと削って苦心惨憺して形づくられたりした。日用品は原始的で、技術は稚拙だっただろうが、アート作品はこうした不備を乗りこえて輝いている。アートは、太古の人びとにとって、日々の生活で重要な営みの中心に位置づけられていたのである。

アートがこのように重要な役割をになったのは、なぜだろう。その答えを、考古学者のポール・バーンは一つのセンテンスに要約している。ロックアートでは、「個々のアートのひらめきが、さらに広範な思考の何らかの系統と結びつき、伝えるべきメッセージを持って

いる――それは、署名、所有、警告、激励、境界線、記念、物語、神話、比喩である。」コミュニケーションの機能がまさに創作の原動力だったのだろうが、特筆すべきはその実践の手法である。太古のメッセージは、幾度となく、今日でさえも、視覚的にも審美的にも魅力のある手法で記録されている。太古のアートは、神話の細部や部族の歴史など知らなくても楽しめる。印や象徴は、どんなに謎めいていても、それとはかかわりなく私たちの目に訴えるものを持っている。まるで、人間という種は、どんな生活環境にあろうと、アートがなくては生きていけないかのようだ。

まるで、人間という種は、どんな生活環境にあろうと、アートがなくては生きていけないかのようだ。

### 新石器時代のアート

長年にわたる狩猟生活は、人類を育て、その過程でアートを生み出したが、およそ1万2000年前にその幕を閉じた。狩猟に代わって農耕が行なわれるようになる。この変化は、食用植物の採集方法の改善とともに始まった。今や食用植物は栽培されるようになり、初めて、作物が実った。作物に引き寄せられた動物は、囲いの中に入れられ、必要に応じて食用として殺された。やがて、動物も、飼いならされ、管理され、特別に繁殖されるにいたる。

放浪していた狩猟民は、新しい食糧供給体制を維持するために、定住する必要が出てきた。農耕民となって一か所で暮らし、土地を占有し、集落を作る。最初の集落は簡素な丸い小屋の集まりだったが、およそ1万年前には、最初の長方形の家が建てられ、部屋がもうけられ、葬式が行なわれていた。さらにおよそ8000年前に陶器が考案され、食糧が効率よく調理されるようになった。

この新石器と呼ばれる時代は、金属の発見とともに、およそ6000年前に終わった。銅器時代が到来し、つづいて青銅器時代、最後に鉄器時代が訪れる。新たな発展とともに、小さな集落は大きく複雑になっていった。村は町になり、都市生活が始まり、大きな古代文明の誕生をもたらして、専門家が活躍し、ありとあらゆる新しい形態のアートが開花する。しかし、この重要な段階にたどりつく前の1万2000年から6000年前までの間に原始農耕時代があり、このときに人間のアートは大きな変化をとげた。洞窟や岩の表面は見捨てられ、新しい建物の壁が使われる。陶器の表面が、絵を描いたり切り込みを入れたりするアート作品の新しい素材になる。編み物や織物の技術の発達とともに、衣服にアートとしてのデザインをほどこす道が開けた。建築技術が向上するにつれて、建築アートも花開いた。

原始的な迷信に磨きがかかって宗教という複雑な信念体系が生まれ、人びとは定住生活のおかげで、新たに考え出された超自然の諸力にそれ専用の住まいを与えることができた。知られるかぎり最古の神殿は、およそ1万1500年前にトルコ南東部のギョベクリ・テペに建てられた。いくつかの建築段階を経て、9500年から8000年前の間には、巨大な石

**左上**：狩りの場面を描いた線刻のロックアート。アメリカ、ユタ州、ナインマイルキャニオン。

**左**：溶岩に彫られた3000点のプアコ・ペトログリフの一部。ハワイ島。

柱が立てられる。このような大昔の時代としては驚くべきことに、柱にさまざまな動物の浮き彫りがほどこされていて、ライオンや牛、イノシシ、キツネ、ガゼル、ロバ、ヘビなどの動物や、アリやサソリ、そしてサギやガチョウ、ハゲワシなどの鳥の姿が見られる。

現在のトルコ南東部にこの石造建造物が存在することは、狩猟生活から農耕生活への移行が、人間のアートにいかにすみやかに影響を与えたかを物語っている。「神殿」は実際には、神聖な場所というより、地域の人びとの住居だったのかもしれないという説もあるが、アートに関するかぎり、どちらでも変わりはない。私たちが目のあたりにしているのは、アートを表現する新しい媒体――建築物――の誕生である。1万年前から現在にいたるまでのどの時代を見ても、純粋に機能だけを追求した建物はめったにない。きわめて簡素な個人用の住居でさえ、実用性の域を超えて、美的なデザインや装飾が少しはほどこされている。神や王、領主といった重要人物にかかわる場所では、美的な要素は、高い地位を誇示するものとして、さらに重要になる。

トルコには、新石器時代の並はずれた集落がもう一つある。それはチャタルヒュユクの遺跡で、住居がいかにすみやかに新しいアートの背景になったかを物語っている。遺跡は7400年から6200年前にさかのぼり、長方形の家の一群に5000人から8000人が住んでいた。神殿などの主要な建造物はないが、ふつうの住居の壁に絵や浮き彫りの装飾がほどこされているものがある。

チャタルヒュユクの壁の一つには、体長1メートルを超えるヒョウが2頭向かい合って浮き彫りになっている。その石膏仕上げと彩色は40回も重ねられており、長年にわたって、高く評価されていたことがわかる。近東の野生のヒョウは、現在、絶滅の危機に瀕しているが、

**下左**：知られるかぎり世界最古の神殿。トルコ、ギョベクリ・テペ。

**下右**：神殿の柱に彫られた浮き彫りの像。トルコ、ギョベクリ・テペ。

**右**：穀物貯蔵庫で発見された女性小立像。猫を２匹従えている。トルコ南部、チャタルヒュユク。

チャタルヒュユクが栄えた時代にはこの地域でよく見られ、農耕民が飼っていた家畜にとって深刻な脅威だったにちがいない。浮き彫りのヒョウの脚と尾の位置から判断すると、モデルは死んで地面に横たわっている――おそらく古代都市の住民はそういう姿のヒョウを見たかったのだろう。

別の壁にも、巨大な赤い牡牛が、太古の洞窟画と同じように死んだ姿で描かれている。舌はだらしなく垂れ下がり、脚はもはや体重を支えていない。はるかに小さい 20 人以上の人間と 3 頭の馬に取り囲まれ、人間は活発に動きまわり、赤い人もいれば黒い人もいる。チャタルヒュユクで発見された小立像はおもに動物だったが、もっと古い前期旧石器時代のヴィーナス像を思わせる「太った女性」の像も多数あった。発掘者はチャタルヒュユクの小立像に「地母神」と名づけたが、いちばん有名な小立像は、穀類を守るかのように食糧貯蔵庫の中に置かれていた。これには特別な意味がありそうだ。この大切な役目を手伝うために、大きな猫が２匹そばにつき従っている。猫は母神を守るヒョウと考えられてきたが、実際には、おそらく特大の家猫だろう。家猫は、大昔の定住地で厄介者だったネズミの天敵である。先頃、近くのキプロス島で 9500 年前の猫の墓が発掘されたが、そのころには、チャタルヒュユクで猫が害獣駆除に駆り出されて、貴重な食料を守っていたことは、じゅうぶんに考えられる。こうした女性小立像は、母神とはほど遠い。妊娠をかなえるために女性が身につけた旧石器時代の「好運のお守り」の子孫と考えられる。この新しい像は、作物と結びついていて、豊かさのもう一つの形態――豊作――をかなえるための好運のお守りだったのだろう。たっぷりついた皮下脂肪は、「太った女性」が過去にこの仕事を立派

**右**：多産の像。シリア北東部、テル・ハラフ。

**右中央**：およそ 3000 年前の守護像。イラン北東部、アムラシュ。

**右奥**：現代の麦わらの乙女。イングランド。

になしとげたことをうかがわせる。

この手の持ち運び可能な小立像は、東ヨーロッパと中東の多数の国で出土している。トルコとの国境に近いシリアのテル・ハラフでは、座っている女性をかたどった陶器の小像が数多く発見された。小像は 8500 年から 7500 年前に作られ、大きな乳房を抱えこむような姿をしている。頭部はディテールがない。作者はこうした歪曲を取り入れて、人像を非人格化した豊饒の象徴にかたどっている。というわけで、女性の小像は、子どもの誕生についても、また豊作についても、願いをかなえるお守りとして使われてきたのではないかと思われる。

お守りとして「太った女性」の小立像を作る伝統は、その後、数千年つづく。イラン北西部のアムラシュでよく似た像が発見され、制作はおよそ 3000 年前と推定される。もっと古い小立像と同様に、腿と臀部が強調され、体のほかの特徴は無視されている。太ってはいても、もっと前の旧石器時代の小立像と異なり、妊娠しているようにはとても見えない。これは、部族の狩猟が農耕に変わったときに、小立像が妊娠ではなく豊作をかなえる新しい役割をになった、という説の裏づけになる。

この伝統は、麦わらを編んだ人形という形態で現代まで受け継がれている。人形は麦わらの乙女とも呼ばれ、収穫が終わったときに最後まで残っていた麦で作られる。農夫は人形を家に持ち帰り、翌年の春まで大切にとっておく。春になって畑に返すと、人形の霊が新たにまかれた種に宿り、次の収穫を守ると言い伝えられている。

麦わら人形の話から、新石器時代の「太った女性」の役割がわかるだろう。「太った女性」を説明するときに「母神信仰」という言葉を使うと印象的に聞こえるが、実際には、これまでに発見されたこの時代の「太った女性」の像で、印象的なほど大きいものは1体しかない。この像は、マルタ島のタルシーン神殿で発見され、無傷で残っていたら、高さ2.5メートルという驚くべき大きさだっただろう。およそ5000年前に作られ、スカートをはいているが、それでも太い腿がはっきり見てとれる。少なくとも、4万年も前に作られた小さなヴィーナス像のお守りが、ついに本格的な地母神信仰の伝統になって開花したかのように思える。新たに切り開かれた農耕地の豊饒を重視するこのありがたい信仰は、新石器時代の間つづいた。ところが、すぐれた武器になる金属が発見されるとともに、神はあいにくな性転換を行なう。人びとを守る地母神は姿を変え、雷鳴を轟かす父なる神になった。

原始時代の農耕が成功したおかげで人口が増加し、やがて、戦争を始められるほど男手が余ってきた。男性のプライドにかけて、ますます大きく快適な居住地が求められ、村は町に、町は都市になった。困ったことに、男性の虐殺が日常的に行なわれ、嬉しいこと

右：先史時代の「太った女性」像の下半身。等身大以上の大きさで、保存されている像はこれしかない。マルタ島、タルシーン神殿。

に、男性の競争から最初の文明が発達した。このドラマティックな展開とともに、人間のアートは急速に飛躍して表現の新しい段階に入る。これは、どのように発生したのだろう。都市が発展するとともに、専門の工芸職人が登場し、職人はとてつもなく巧みな宝石細工や衣装、装飾品、家具、彫刻、絵画、建造物を生み出した。アートの庇護者が誕生し、庇護者の自負心が、視覚アートを、比喩的にも実質的にも、新たな高みに押し上げた。

**巨石群**

人間のアートの新たな開花に先立って、とくに触れておくべき奇妙な現象が出現する。この現象を納得のいくように説明した人は、まだ誰もいないが、あまりにも特異なので見すごすわけにいかない。人間が巨大な石に執着するのは、およそ 7000 年前にポルトガルで始まったらしい。巨石群は、フランスでは 6800 年前にはすでに出現していた。そのほかの地域では、マルタ島で 6400 年前、コルシカ島、イングランド、ウェールズで 6000 年前、アイルランドで 5700 年前、スペイン、サルディニア島、シチリア島、ベルギー、ドイツで 5500 年前、オランダ、デンマーク、スウェーデンで 5400 年前、スコットランドで 5000

**右**：カルナック巨石群の謎めいた列石。フランス北西部、ブルターニュ。

年前、イタリアで 4500 年前である。

いちばん有名な巨石群といえば、まちがいなくイングランドのウィルトシャー州にあるストーンヘンジだが、立石がもっとも多く集中して見つかっているのは、フランスのブルターニュ地方のカルナックで、その数は 3000 個以上にのぼり、多くが延々と平行に並んでいる。その一つメネク列石では、およそ 1100 個の巨石が 11 列に並んでいて、儀式の通路のようなものを形成し、今では失われてしまった巨石の円形神殿までつづいているようにも見える。

巨石は頑丈で壊れにくいため、今日でも、このアート形態は、大昔の人間が何か並はずれたことをしでかそうとした証として残っている。巨大な遺跡が実際にはどんな役割をになっていたにしろ――またこの先われわれが知ることは決してないだろうが―― 一つ、厳然たる事実がある。それは、巨石群を作った大昔の農耕社会は、このようなものがなくても、ちっとも困らなかったということ。それにもかかわらず、建造には、想像を絶する労力が費やされた。いちばん背の高い建造物の一つ、ストーンヘンジの巨石には、重さが 7 トン近く、225 キロの道のりを運ばれた石もある。ほかにも、さらに大きい 40 トン近い石が 40 キロ離れたところから運ばれている。

もっとも複雑な巨石遺跡は、地中海の小島、マルタ島とゴゾ島にある。巨石神殿の平面図は、太古の「太った女性」像の形によく似ている。神殿に入るのは、あたかも母なる大地の胎内に入っていくようなものである。ハイポジウムと呼ばれる巨石神殿は、中でもいちばんめずらしく、およそ5000年前にマルタ島の地下に作られた。建造するときには、地面より低いところで作業したため、建設者は地下にもぐらなければならなかったので、巨石のファサードを岩盤から掘り出すことになった。つまり、神殿の設計がこの人たちにはゆるがせにできないものとなっていて、地下でもそれを踏襲しなければならなかったのである。

女性が眠っている姿をかたどった太古の小像が、ハイポジウムの神殿で見つかった。知られるかぎり唯一のものである。この女性が大昔のドラッグ文化を表現していると考えるのは、あながち突飛でもないだろう。地下神殿の壁で、土しか入っていない空洞がいくつか見つかっていて、幻覚作用のあるキノコが栽培されていた証拠になっている。ハイポジウムでは7000人分の人骨が見つかり、近くのゴゾ島にあるシャーラの地下神殿のストーンサークルでは、人骨20万個が発見された。それとは対照的に、地上の大神殿には人骨がなく、生け贄の動物の骨しか見つかっていない。マルタ島とゴゾ島の巨石建造物は、重要

下：地下の巨石神殿ハイポジウム。マルタ島。

**右**：ハイポジウムで発見された横たわる女性のめずらしい像。マルタ島。

な祭りや儀式が執り行なわれる地上の神殿か、神殿付近の地中に埋もれた大規模な墓地のどちらかだったと考えられる。ほかの地域の巨石群でも、儀式と埋葬の二重の役割があてはまるように思われる。マルタ島の神殿と同様に、おもに埋葬をつかさどる建造物と儀式をつかさどる建造物が別になっているところもあれば、二つの役割が結びつけられ、儀式場で埋葬を行なったところもある。

マルタ島の巨石群で発見された小立像は、どれも太った女性をかたどっていた。男性は、像が見つかっていないことで、かえってその存在が目立っている。マルタ諸島では、少なくとも巨石時代の世界は、明らかに女性崇拝が支配的だった。それも、驚くほどふくよかな腿を持つ女性への崇拝である。

マルタ島の神殿の表面は、すべてがストーンヘンジの神殿のように飾り気がなかったわけではない。渦巻き模様の浮き彫りや動物の彫像で巧みに装飾された神殿もある。ここでもまた、まわりの世界をできるかぎり非日常的にしようと情熱を注いだ太古の文化を目のあたりにする。巨大な石を動かすとか、地下に穴を掘る、表面を飾る、像を作るなど、こういった活動は、すべて太古の人びとの平凡な日常生活とはまったく相反する。またしても、われわれは、進化の物語全体を見まわしても、ほかでは聞いたことのないふるまいをする人間という種に出会う。このとてつもない動物は、想像を絶するほどみごとだが何の役にも立たないものを作り出すために、巨大な石を遠くから引きずってくる。この想像力豊かな動物は、壮大なものを作ること、何の変哲もない岩を途方もない建造物に変身させることに、大きな満足を感じる。

浮き彫りは世界各地の巨石で見られ、単なる装飾にすぎないのか、それとも何かを象徴しているのか、数多くの議論が交わされてきた。渦巻きや菱形、波線、半円形などのモティーフがとりわけ気に入られていて、少なからぬ地域で抽象模様の一大勢力を形成し、人間や動物の模様を押しのけているように思われる。このことから、抽象模様は象徴的なメッセージを伝えていると考えられるが、どんなメッセージだったのかは知る由もない。大昔の模様は、種類が限定されてはいても、みごとな装飾以上のものと考える必要はないと思う人もいるだろう。しかし、アイルランドのニューグランジ遺跡の巨石にほどこされた線刻をよく見ると、微妙に規則性を欠く構成は、単なる視覚的なパターンのくり返しではない何かをほのめかしているような気がする。5000年前にこの特別な切り込み模様を作った人びとが、われわれに一つの話を語ろうとしているように思える。どんな話なのかわからないのは、まことにじれったい。

巨石群を作った人びとの世界は奇妙で、技術は稚拙でも建築は意欲に満ちている。新石器時代の農耕民は、簡単な道具しかなくても壮大な構造物を作ろうと心に決めて、限られた手段をはるかに超える方法で自己表現しようとする人間の決意を、ここでも示している。洞窟画を描いた先輩と同様に、アートの遺産を残し、遺産は人びとの生活のほかのあらゆる面にまさり、今日までなんとか生き延びている。

先史時代のアートによく見られ、一見すると抽象的な模様の持っている意味を知る重要な手がかりがある。現代のオーストラリアのアボリジニが描いた樹皮絵画である。アボリジ

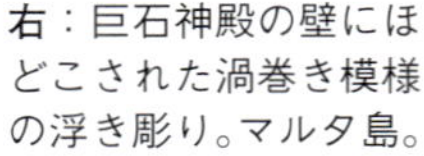

**右**：巨石神殿の壁にほどこされた渦巻き模様の浮き彫り。マルタ島。

ニの画家たちは、今日まで生き延びてきた昔ながらの伝統に従って絵を描いている。こういう特殊な状況にあることから、われわれは、画家とじかに話をして、描いた模様の意味を尋ねることができる。すると、驚くべき事実が明らかになる。われわれの目にはまるっきり抽象的な模様が、実は、アボリジニにとって、象徴としてもっとも重要な意味を持っているのである——むしろ動物や人間の絵のほうが、装飾を豊かにするおまけと考えられている。ある模様は、われわれの目にはまったく抽象的に見えるかもしれないが、アボリジニの画家によると、その土地の特色、たとえば泥や草、木の杭、苗木、川床、流水、丸太、魚の罠などを表わしている。このようなことは、画家が 5000 年前に世を去っていたら、われわれには思いもよらなかっただろう。大昔の巨石群や岩肌に描かれ、抽象的に見える模様には、決して先入観を持たないようにしなくてはならない。

**右**：およそ 5000 年前に巨石に彫られた模様。アイルランド、ニューグランジ遺跡。

# 第６章　部族アート

# 部族アート

## 部族社会が作る像

上：体全体が二つの乳房だけになってしまったバンバラ族の木彫像。

部族社会は、現代では急速に姿を消しているが、最近まで存続しているものもまだあって、そのアートをくわしく研究することはじゅうぶん可能である。昔の写真家は、世界の果ての奥地までかさばるカメラを持ちこんで、そこで目にした装飾や儀式を記録し、昔の探検家は、小像や儀式にまつわるアート作品を持ち帰った。今では、その人たちが訪れた文化のほとんどが、もっと文明の進んだ社会と接触して堕落してしまった。まだ持ちこたえている文化も少しはあるが、近代化の波にさらされている。

部族の伝統の衰退が広まり、部族アートは役割が変化するにつれて弱体化している。部族の人びとは、作品を買い集める外国の収集家のことなどおよそ斟酌せず、注文された分だけ作って、さっさと売る。儀式で使うアート作品を制作するためにつぎこまれていた多大な努力は、もうどこにも見られない。したがって、部族アートの本質を理解するには、商業化が進む前に入手された古い作品を調べる必要がある。おもに19世紀から20世紀初頭にかけて人類学者が集めた大昔の作品を見ると、一般的な特徴が浮かび上がる。

#### 頭部と体の歪曲

どこの部族でも、作品のほぼすべてに、自然の形を故意に変えるという特徴が見られる。人物像では、特別な関心のある体の部分が強調されて、ほかの部分は無視され、実際の均衡はまったく考慮されない。部族のアーティストにとって頭が重要なら作品に頭が三つあったり、乳房が重要なら体のほかの部分は無視されたりする。マリのバンバラ族の木彫像には、体型の極端な歪曲が見られる。一般的には、誇張はそれほど極端ではない――体のパーツは一通りそろっているが、比率が変えられている。コートジボワールのバウレ族の女性木彫像は、腕や脚、手、足、乳房、臍(へそ)はあっても、頭が体全体に対してやたらと大きい。現実の世界では、人間の頭の長さは身長の８分の１だが、バウレ族のこの木彫像では３分の1。つまり、頭がしかるべき大きさの２倍以上もある。

**頭でっかちの像は、世界中のどこでも、大半の部族アートに見られる。**

このタイプの歪曲は、作者が体のどの部分に関心があるかにもとづいていて、少なからぬ部族で見られる。人間は顔を見て相手を認識するため、顔は体のパーツの中でつねに優先される。肖像を正確に描こうとするアーティストは抑制をきかせて、顔の大きさを体の大きさに対して正しく保つだろうが、部族のアーティストはどんな学説にもとらわれず、自分の好きなように作る。頭でっかちの像は、世界中のどこでも、大半の部族アートに見られる。像の頭を大きくするという現象は、遠く離れた六つの地域の小型人物像を無作為に選んで測定したところ、世界中の部族で発生していることが即座に明らかになった。それぞの頭の長さが身長の何パーセントにあたるかを計算したところ、小像が実物の人間とまったく同じ比率で作られているなら、頭の長さは身長の12.5パーセントになるはずだが、どれ一つとして、この数字に近くさえなかった。

表の人物像18体では、身長に対する頭の長さの平均は30パーセントになる。つまり、部族の小像の頭は、全世界的なジャンルとして眺めた場合、体に対して２倍半も大きすぎることになる。これが、世界各地の、アートの面でたがいに影響を与えるはずのない、まったく異なる六つの地域で見られるのは、驚くべき現象と言える。

頭が体のパーツでもっとも重要と考えられるのとまったく同様に、目は顔でもっとも重要なパーツと考えられることがあり、同じように不相応に拡大される。中央アフリカのベンバ族は、前と後ろに顔がある兜(かぶと)の面を作り、目をやたらと大きくするため、顔のほかのパーツはないも同然となる。

上：バウレ族の頭でっかちな女性像。コートジボワール。

**地域別、部族別の人物像の身長に対する頭の長さの割合**

| アフリカ | | インドネシア | | ニュージーランド | |
|---|---|---|---|---|---|
| セヌフォ族 | 34% | チモール | 28% | マオリ族 | 37% |
| ムムイエ族 | 35% | スンバ族 | 25% | マオリ族 | 38% |
| バカ族 | 37% | スンバ族 | 28% | マオリ族 | 40% |
| **マダガスカル** | | **ニューギニア** | | **北アメリカ** | |
| サカラヴァ族 | 23% | ウォセラ族 | 29% | ホピ族 | 25% |
| サカラヴァ族 | 26% | セピック族 | 30% | ホピ族 | 31% |
| サカラヴァ族 | 26% | セピック族 | 29% | ホピ族 | 25% |

このような極端な歪曲が見られるのは、一つの部族に限らない。パプアニューギニアの沖にあるニューブリテン島でも行なわれている。この島のバイニン族の男性は、誕生や成年式、死者の供養などの特別な機会に、二つの巨大な目がじっと見つめているような大きな面をかぶり、儀式の踊りを踊る。面は、樹皮布や竹、木の葉で作られていて愛嬌があるが、ファイアーダンスの儀式でたった一度だけ使ったら捨てられてしまう。デザインの細部は、アフリカのベンバ族の面と大きく異なるが、部族の美学に見られる原則に従っている。つまり、現実の比率を無視して、重要と思う要素を強調する。目の幅は、実際の人間では顔の幅の 20 パーセントだが、ベンバ族とバイニン族の面ではおよそ 50 パーセントで、2 倍半に拡大されている。拡大されて、まばたきせずににらんでいる目は、面に劇的な効果を与える。

**上左**：マオリ族の女性小像。頭の長さは身長の 43 パーセント。ニュージーランド。

**上右**：ホピ族のカチナ人形。頭の長さは身長の 40 パーセント。北アメリカ。

**右**：大きすぎる目をつけた面。中央アフリカ、ベンバ族。

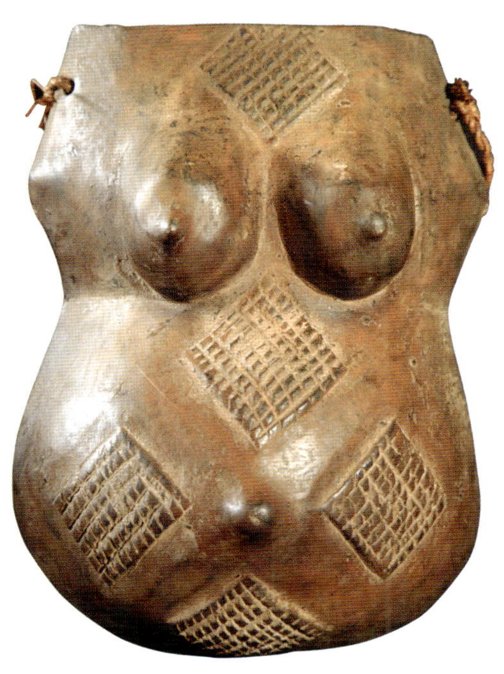

上：目の面。ニューギニア沖、ニューブリテン島、バイニン族。

下：多産を祈願する像。頭部と四肢がない。東アフリカ、タンザニア、マコンデ族。

タンザニアのマコンデ族は、ある種の儀式で多産を象徴する小像を使い、小像はいちじるしく省略されて母性を示す要所だけになった。乳をたっぷり含んだ乳房と妊娠して膨らんだ腹。体のそのほかのパーツは、頭さえ、省かれている。

これだけ例をあげれば、部族アートの基本原理を示すのにじゅうぶんだろう。体のいくつかのパーツを極端に強調して、ほかのパーツを目立たなくすることが、イメージを強化する方法として容認されている。消去方式――重要でない要素を目立たなくする方法――には２段階あり、大きさの縮小と全面的な削除。強化方式――重要な要素を極端に強調する方法――では、たいていは、実際の大きさの３倍以下におさえられている。もちろん、もっと大きくすることもできるが、それでは像がゆがんで、何を表わしているのかわからなくなってしまう。頭を実際の大きさの 20 倍にしたら、人間の完全な像ではなく、ちっぽけな付属物がついた面に見えるだろう。

部族アートの作品には、特定の部位の歪曲に加えて、全体に形が直線的であるという特徴と、ディテールの削除も見られる。脚の線や胴体のくびれ、首筋、指の輪郭は、どれも平らにならされている。人物像の全体的な体つきは、たいてい平均的な体型よりすらりとしていて、先史時代のヴィーナス小立像とは正反対である。

部族アートの人物像は、このように全体の輪郭にでこぼこがなく、ほっそりしているため、独特の姿をしている。その姿のせいで、ほかのアート形態の人物像とおもむきが異なり、たとえあまりよく知られていない部族の作品でも、部族アートであることが即座にわかる。筋肉の盛り上がりや瘤（こぶ）、皮下脂肪はアイロンをかけたようにのされて、人体が幾何学的に描写されている。フォルムのこの単純化は、20 世紀初頭のアヴァンギャルドのアーティストに大きな影響を与え、キュビスムや抽象主義への道を開いた。

### 身体装飾

今日でも、多くの部族が、持ち運び可能なアート作品を創作するだけでなく、部族の祭りや儀式を行なうときに身体を装飾する昔ながらの伝統も守っている。生身の人間の体を歪曲するのは（これから見ていくように、不可能ではないが）、像の場合よりはるかにむずかしい。その結果、別の種類の改造が好まれ、新しい法則が生まれる――歪曲ではなく増強、誇張ではなく純化と言ってよい。生身の頭や顔にあざやかな純色の強烈な模様を入れて、頭や顔を目立たせるのがそれで、もっとも顕著な例はニューギニア島のパプアの部族に見られる。

オーストラリアでは、アボリジニのボディペインティングが、現代ではあまり見られなくなったとはいえ、今でも特定の地域で行なわれている。こちらは、北の隣人のパプア人ほど派手ではない。おもに白と黒の強い対比が強調され、それに黄土色が加わる。アフリカのたいていのフェイスペインティングも同様である。スーダンのヌバ族には厳しい掟があり、使える色や模様が年齢層ごとに定められている。少年は赤と白を使ってもよいが、黒は、成年式を迎えて年長者の集団に入るまで待たなければならない。したがって、黒い模様は地位の証になる。男たちには黒い線の並べ方にそれぞれの好みがあり、変わった模様や対称的でない模様もある。

**生身の頭や顔にあざやかな純色の強烈な模様を入れて、顔を目立たせる。**

スーダンの東、エチオピア南西部の奥地では、ムルシ族が、やはり基本的に黒と白のフェイスペインティングを行なっている。部族の女性はさらなる装飾として、下唇をいちじるしく引き延ばす。していることは、部族の木彫師が視覚的な誇張の法則に従って小像のいくつかの部分をしかるべき大きさより大きくするのとまったく同じなのだが、この場合、自分の肉を使う。つまり、ディスプレイの技法として視覚的なパターンと色の強調を取り入れるのはもとより、痛ましくも、視覚的誇張の法則にも従おうとしているわけである。

**右**：驚くほど多様な顔の装飾。ニューギニア。

唇を引き延ばすのは容易ではない。少女が十五、六歳になったら、年長の女性が下唇に穴を開け、傷口が閉じないように木の釘を入れる。釘を何回も取り替えて穴を少しずつ大きくし、最後には大きな丸い皿をはめて、下唇を異様なまでに引き延ばす。少女が成長すれば皿にも絵が描かれてボディペインティングを追加する形になり、成人女性の見た目の印象が倍増される。ムルシ族の社会では、女性は、唇にはめた皿が大きいほど、社会的な地位が高い。

部族社会では、木彫や面、ボディペインティングに加えて、しばしば首飾りやペンダント、腕輪、イヤリング、指輪などの装身具で自己表現する。装身具が主要なアート表現になっている部族もあるだろう。

ミャンマーの山岳地帯に住むカヤン族の支族、パダウン族の間では、女性は幼いときから真鍮の首輪をはめる。輪の数は5個から始まり、毎年増やされていく。成人の女性がはめている輪の数は、たいてい20個から30個だが、最終的な目標は32個——めったに達成されない偉業である。パダウン族は真鍮の輪を腕と脚にもはめるので、成人の女性は合計すると23キロから27キロの真鍮をいつも持ち歩いていることになる。こんな厄介な荷物があっても、長い距離を歩いたり畑仕事をしたりしなければならない。奇妙なことに、自分自身を歩くアート作品にしてきたと言ってもいいだろう。装身具で苦しめられながら、体が耐えられるかぎりの最高の視覚的ディスプレイを強いられているわけだ。

パダウン族の女性の首輪は、ドラマティックなディスプレイ要素を加えるだけでなく、首の装飾としてはめずらしく、誇張という美の法則にも従っている。女性の首が、正常をはる

**右**：アボリジニの伝統的な身体装飾。オーストラリア。

**右奥**：装飾の施された皿を唇にはめた女性。エチオピア、ムルシ族。

かに超えて伸ばされ、途方もない長さになっている。成人女性の首が成人男性の首より長くてほっそりしているのは、人間の基本的な性別的特徴である。パダウン族の首輪はこの相違を誇張して、女性を超女性的に見せている。

東アフリカでは、ケニアのマサイ族、サンブル族、レンディーレ族、トゥルカナ族の女性が、やはり、ずしりと重い装身具をつける。大きな首飾りを、手に入れられるかぎり、身につけられるかぎり、たくさん首にかけている。サンブル族の女性は、重ねた首飾りの上に顎が乗っているほどにならなければじゅうぶんではないらしい。パダウン族の女性と同様、首飾りを見せびらかしたいという衝動が原因で、かなり不快な思いをしているにちがいない。しかし、「アートのためなら、苦しみも何のその」という言葉もある。

ボディアートには、苦痛のもとになると思われるものが少なくない。そしてその苦痛に進んで耐えようとする人がいることは、こういった視覚的ディスプレイが重く見られている明らかな証拠となる。部族にはそれぞれの特色があるように思われる。西アフリカのガンビアに住むフラニ族の女性は、誰の金のイヤリングがいちばん大きいかを競っているらしい。

**右**：首と脚に飾りをつけたパダウン族の女性。ミャンマー。

右：重い首飾りをつけて誇らしげなサンブル族の女性。ケニア。

下：フラニ族の女性のイヤリング。西アフリカ、ガンビア。

イヤリングの大きさと重さは半端でなく、身につけていて快適なはずがないが、ここでもまた、女性たちはアートのための苦しみを楽しんでいるように見える。その姿が物語るのは、アートは、真剣に取り組めば、簡単には作り出せないという原理。本気でやれば、アートは困難で、厳しく、ときには苦痛さえもともなう。そこまで行かなければ、取るに足りない娯楽で、子どもの遊びとえらぶところはない。

アートによる苦痛がいちばんはっきり見られるディスプレイは、皮膚をアート作品の「カンヴァス」代わりに使う部族が行なっている。このアートには、瘢痕文身（はんこんぶんしん）と刺青の２種類がある。いずれの方法でも、自分の体をアート作品に変身させ、アートに奉仕するためなら長時間の苦痛もいとわない覚悟ができていることを、いつまでも誇示することができる。図柄は、印象的にするために、できるかぎり複雑で凝っていなければならない。こうなると、アートは勇気の勲章と言ってもいい。

部族アートの際立った特徴は、単純な機能を果たすものを作るときでさえ、実際に使うときにはまったく必要のないほど、見た目を美しくしたいという衝動が強く働いていることである。これは、驚くほど原始的な生活をしている部族でさえ見られる。ケニアの奥地に住むトゥルカナ族は、中央アフリカの灼熱にさらされていて、衣服をほとんど、あるいはまったく身につけない。それでも、女性は革製の小さな腰布で下腹部を覆う。隠すために身につけるものなのだから、飾りなど一切必要ないはずだが、この「たしなみのスカート」

右：スルマ族の瘢痕文身。エチオピア。

右奥：マオリ族の伝統的な顔の刺青。ニュージーランド。

の小ぎれにさえ、アートの衝動が働いて、丹念な装飾がつけ加えられる。めったに見られない西洋の衣服のちょっとした残りものはとりわけ貴重で、ところきらわず取り入れられる。その結果、一つおもしろい例として、腰布にファスナーをいくつもつけたものがある。

上：ファスナーで装飾をほどこされた腰布。ケニア、トゥルカナ族。

## 三つの特徴

部族アートには、全体として、人間のアート活動に見られる三つの基本的な特徴がある。第１の特徴は、人の体や顔などを表現する場合、ありのままに正確に描く必要がないこと。それどころか、いくつかの要素を誇張したり省略したりして、形を好きなように単純化する。

第２の特徴は、身体装飾のある形態が何らかの形で社会的なメッセージと結びつけられると、装飾はたちまち過剰になり、痛みをともなうほど極端になること。アートは、地位を誇示する競争のしもべになり下がってしまったときには、飾る対象の体を実際に傷つけるようになりかねない。考古学者のポール・バーンがロックアートについて述べた言葉を思い出す。「アートの個々の着想は、より広範な何らかの思想体系と関連し、伝えるべきメッセージを持つ……」

第３の特徴は、ファスナーで飾りたてられた腰布が示しているように、人間は、ありきたりの持ち物に何らかの装飾を加えずにいられないこと――食うや食わずの極貧の生活をしているときでさえそうである。そこには、特別な思想体系も、伝えるべき文化的なメッセージも、仲間を感心させる地位の誇示もない。これぞ芸術のための芸術。単純にして明快。あるものを、機能的な必要性を超えて魅力的に、すばらしくしたいという人間の基本的な欲求を反映している。

中でもきわめて非凡なのは、美を追求するささやかなふるまいが、この上なく殺伐とした環境でも顔をのぞかせていることである。下の写真に写っているのはトゥルカナ族の一家で、よく見ると、ケニア奥地の荒涼とした悲惨な環境で暮らし、住居は、小枝を折って作った掘っ立て小屋に動物の皮をかぶせただけ。それにもかかわらず、ふたりの男性は、たった1着しかない服を着て、手間をいとわず髪に白い羽根をさして身を飾っている。このような極貧のさなかにあってさえ、人はそれぞれ何かしら美的なふるまいを見せ、アートを求めずにいられないという、深く根を張った本質を、またもや明らかにするのである。

**右**：極貧の生活をしていても、身体装飾をいとわないトゥルカナ族の人びと。

# 第 7 章　古代アート

# 古代アート

## 文明化された芸術の誕生

人類の生活手段が狩猟から農耕に移るにつれて劇的な変化が起きた。食料が豊富になり定住者が増えるにしたがい、集落は規模が拡大して村になり、村は繁栄する町になり、町は大都市になった。最初の文明の誕生とともに、アートは劇的な展開を迎える。部族のリーダーたちが、祭りや儀式の間だけ、束の間のアート活動で満足していたのに対して、新しい支配者は永続的にみずからの強大な力を示したがるようになったのである。

### 新しいアート形式

ほぼすべての古代文明において、このように永続的な権力を誇示する方法は建造物にアート的表現をほどこすことで行なわれた。何十万年もの間、人類は小さな円形の小屋に、鳥が巣作りをするようにして暮らしてきた。その後、居住空間が箱のような長方形の小屋に進化すると、箱をもう一つつなげることが可能になる。こうして、部屋という概念が生まれた。階級の低い人びとの場合、家はその形が残る。つまり、単純で機能的で、箱のようなユニットの集合である。上層階級の場合は、居住ユニットは下層のものよりずっと壮大にならざるを得ない。みずからの新しい権力を誇示できるものが必要だからである。神王（神の力を持つとされる王）やファラオ、大君主や皇帝の場合、建物はアート作品でなければならなくなった。こういった大建造物は住む場所を用意するだけではなく、新しいリーダーが増大しつづける都市部の上層部族を支配するために、みずからの高い地位を示すものでもあったのだ。

> 神王やファラオ、大君主や皇帝の場合、建物はアート作品でなければならなくなった。

その目的達成のために、新しいアート形式が生み出された――建築術である。建築家の

上：方形の壁のある古代の家。トルコ南部チャタルヒュユク遺跡。

仕事は単純な住居を王にふさわしい壮麗なものにすること。それには三つの方法が取られた。建物を必要以上に大きくし、設計に細心の注意を払い、そして装飾を豪華にほどこすのである。支配者の宮殿や将軍の要塞、神殿、偉大な人物の墓は、古代文明のそれぞれに現われて、その文明を特色づけるものとなった新しいアート形式である。建築家は通常の建物に列柱やアーチ、レリーフ、彩色した壁、彫刻などを加えることで、非日常的な建造物に仕立てた。

古代エジプトについて重要なのは、大建造物のさまざまな要素を切り離そうとしないことである。古代エジプトの建造物は現代の美術館のようなアート作品を収納する入れ物ではなく、それ自体がアートになっている。建物のデザイン、レリーフ、彩色された壁面や彫像、すべてが一体となって通常では考えられないような空間を作り出す。宮殿であれ、神殿や墓であれ、アートを「収納する」ものではなく、「それ自体」がアートだった。

このような新しい巨大アートを生み出すためには、恐ろしいほどの労力が必要で、その仕事をこなすアーティストはひとりの人間ではなく、あらゆる階層の個人の集合体でなければならない。その頂点にいるのがパトロン、すなわち、皇帝や王、あるいはファラオである。パトロンはその作品をどんな形にするかという点に全体的な影響力を行使する。パトロンの意向は建築家に伝えられ、建築家はその意向に添うように設計する。その設計図に従って、技術者や画家、彫刻家が監督の指揮のもとに仕事をする。装飾のない壁が立ち上げられると、画家が絵やヒエログリフを描き加える。石工は描かれた図を元に、手間のかかるレリーフに取りかかる。レリーフが彫り上がると、画家がふたたび呼ばれて、顔料で彩色する。

大神殿は儀式を行なう場所として使われてはじめてアート作品として完成されたと言える。儀式は音楽、歌、踊り、香といった別のアート形式をもたらす。今日、われわれはアートに対して、別個の要素として向き合う傾向がある――視覚アートは美術館で、音楽の演奏はコンサートホールで、と。しかし、古代エジプト人にとって、それらはすべてが結びついていた。そのため、エジプト人個々のアーティストについてはほとんどわかっていない。エジプト版レンブラントもダ・ヴィンチもいない。というより、そのような人物は実在したはずだが、神殿や墓の造営に携わった大勢のひとりとして、名前が埋もれてしまったと思われる。

唯一の例外はセネンムトで、女性ファラオのハトシェプスト女王のための壮大な葬祭殿を設計したすぐれた人物である。この神殿は、異論はあるものの、エジプト全土の建築アートのなかでもっとも優美な作品の一つと言えよう。セネンムトはファラオのひそかな愛人に

上：ハトホル神殿の精緻な装飾がほどこされた表面。エジプト、デンデラ。

上：女神イシス（左）とネフェルタリ女王（右）の壁画の断片。ねじれ画法の例。足、脚、胴体、顔は側面が、胸、腕、頭飾りは正面が描かれている。

なって権力を得たため、この設計に果たした役割がわかっている。彼は女王の大神殿の敷地内に自身の墓を造ることすら許されていた。その墓に入ると、上を見よ、という指示があって、見上げると天井には星座が描かれている。エジプト最古の天体図である。セネンムトは優秀な建築家で、よき愛人であるのに加え、優秀な天文学者でもあったと思われる。

### スタイルの一貫性

このような大規模アート作品を創造するのにはチームワークが必要で、幾分はそのおかげもあって、古代エジプトのアートにはスタイルに一貫性がある。派手で、個人主義的傾向の強いアーティストは、パトロン——権力を持つ新興大領主たち——が、途方もない規模のアート作品を要求する文化では力量を発揮できなかった。その作品は神々を喜ばせるための神聖な儀式、あるいは王族の墓に用いられるものだった。実は、古代エジプトのアートに見られる唯一のスタイルの変化はまさに最上部からきているように見える——そして、程度の差こそあれ、簡素さが好まれている。神殿の中には、たとえばデンデラのそれなど、建物のどこをとってもレリーフで覆われているものがある。しかし、ギザの大ピラミッドの表面は（当初は）磨かれたなめらかな白い石灰岩で作られ、装飾はほどこされていなかった。こういったピラミッドはそのまばゆいばかりの白い表面が失われる前、エジプトの平原に、かつて創造されたミニマルアートの最大のものとして立っていたのだろう。それはデンデラ神殿の精緻な装飾をほどこした表面とは強い対比をなすものだった。

このちがいを別にすれば、エジプトの装飾には何世紀もつづく注目すべき一貫したスタイルが見られる。エジプトのアート作品はどれもすぐにそれとわかる。この一貫性は、対象物の表現方法やシンボルカラーの使い方に関していくつかの決まりが導入されていることからくる。

人物像はできる限り体を示すことが重要と考えられていたらしい。平面に三次元の物体を描くことは難しいが、この問題はねじれ画法を用いることで解決できる。足と顔は横向きに、胴体と腕は正面から見たように描かれている。このため人物像は妙に硬い感じを与えているが、両脚と両腕を見せることができる。究極のねじりは

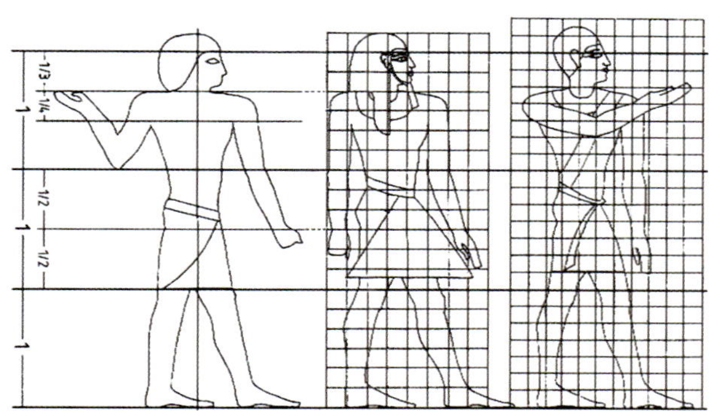

上：人物像を描くためのエジプトの方眼。ジョン・レゴンによる図解。

何かの頭飾りを正面から見せようとするときに起こり、正面から見た頭飾りの下に横顔が描かれている。

エジプトの画家たちが助けとしたものの一つは方眼である。基礎になっているのはロイヤル・キュービット（人間の前腕の長さ）という建築家が使う寸法で、測定用の棒に印がつけられている。その棒を使えば人体のさまざまな部分を測り、そこから割り出した比率をくり返し使うことが可能になる。こうして、画家は人物像を厳密に規格化することができるようになった。

古代エジプトの人物像は、プロポーションはまずまず自然なものになっているが、像の大きさは実際とは異なり、社会的重要度に関係している。そのため、ファラオであるラムセス２世座像のそばに立つ愛妻ネフェルタリ王妃像は、ファラオの膝にも届かない。これはアート的誇張の特殊なケースである。体全体をほかの像とくらべて大きくしており、子どものアートや部族アートに見られる、たとえば頭を大きくするといった体の一部だけを拡大するのとは異なる。

画家が人物像を描く際には、守らなければならない細かなきまりがいろいろあった。子ど

二つの巨大な像はファラオ、ラムセス２世と、それよりずっと小さい妻、ネフェルタリ王妃。

**右**：アブシンベル神殿のラムセス２世像と隣に立つネフェルタリ王妃像。

**右奥**：ネフェルタリ王妃の背後に立つラムセス２世像。カルナックのアメン神殿。

**どこでも宗教がアートと密接に結びつくようになると、得てしてアートは硬直化し、変化に乏しいものになりがちである。**

もを表わすヒエログリフは指を口に当て、跪いた姿にする。重要人物の像を制作する場合、子どもであれば、そういう姿勢にしなければならない。その像にいかなる子どもらしい面を描くことも要求されない。ステレオタイプのしぐさはそれだけで必要なことをすべて語っているからである。

エジプトのアートにおいては、絵画と筆記は実のところ密接につながっている——エジプト語ではどちらも同じ言葉である。絵に描かれた像は象徴化された結果、簡単にした形は特定の音や文字あるいは単語を表わすようになった。これらの絵文字の総体が、きっちり形のきまった単位からなる書き言葉を構成する。この単位をヒエログリフという。この絵言語の存在は、古代エジプトのアーティストが作品に加えることのできるヴァリエーションの程度をきびしく制限した。エジプトのアーティストは、個々のヒエログリフをもっと優雅に、あるいは気軽に使って、作品の性格にさまざまな変化を持たせるぐらいのことはできたが、全体として見た目のスタイルは不動だった。

古代エジプト人のアートは、文字通り何千年もの間統一されたスタイルを保ってきた。それはできることとできないことに関して厳密なきまりがあったからである。前述のように、エジプトのアートがずっと続いたのは、華々しい個人の力ではなく、軍隊式と言ってもいいほどの規律正しさで働く職人たちのチームワークによる作品だったことに起因する。軍隊が制服を好むように、エジプトのアートも統一性を好んだ。エジプトの統治者はつねに何よりも安定を求め、それがアートにも反映された。そして、作品のほとんどが人間よりも神に向けたものだったため、新しい要素は最小限にとどめられている。どこでも宗教がアートと密接に結びつくようになると、得てしてアートは硬直化し、変化に乏しいものになりがちである。そのことがナイルの川岸に繁栄した古代人の信じられないほど野心的なアート活動にも起きた。

神殿や墓のような大規模なアート作品の対象となったのはエジプトの民衆ではなく、神や死者だったが、生身の人間がまったく無視されていたわけではない。エリートも一般の人間もともに体を飾る小さなアート作品に熱中した。上流社会では手間のかかる衣装や宝飾品、さらには化粧品が高度に発達し、多くの新しい技術が使われ

下：ハトシェプスト神殿の壁に描かれたヒエログリフ。エジプト、ルクソール。

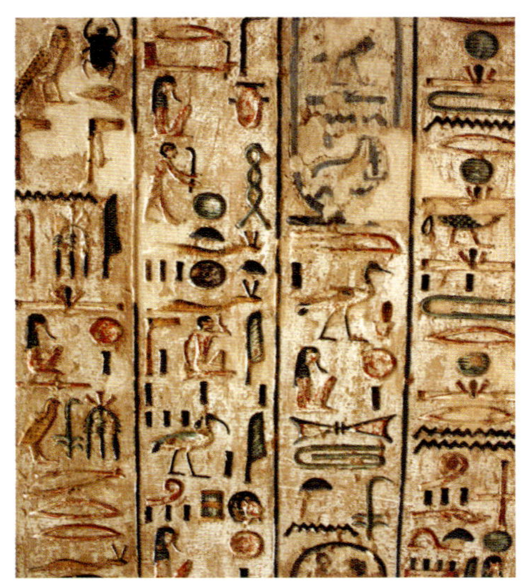

上：エジプト古王国時代の精緻なトルコ石の首飾り。

上：ツタンカーメンの墓から出土した胸飾り。ハヤブサの頭には太陽の円盤がのっている。

た。そこに男女の区別はなく、宝飾品を身につければ悪霊から身を守れるという理由づけがあった。とくに耳飾りは悪霊を寄せつけず、耳の穴から侵入するのを防ぐと信じられていた。

都合のいいことに、宝飾品が美しければ美しいほどうまく悪霊を追い払うことができた。こうして、ほかの多くの場合と同じく、超自然的な目的を持つことでアートは盛んになった。たとえば、金（きん）が人気を集めたのは、ただその清らかさが好まれただけではなく、神々の肉体や太陽の炎、そして永遠の命（決して色あせないもの）を表わしていたからでもある。体のあらゆる部分が飾り立てられた。耳飾りや指輪、首飾り、ブローチ、腕輪に加え、足首飾りや帯状の髪飾り、ヘアバンド（頭バンド）まであった。これらの装飾品は生存中だけでなく、死後も身につけられたため、何千年にもわたる墓の盗掘を招いた。

### 新しい視覚アート

およそ 2000 年前、エジプトがローマに滅ぼされると、エジプト

**右**：ファイユームで見つかった、生前の姿に生き写しの肖像画。多数あるうちの３枚。2000 年前の古代エジプトで描かれたもの。

**下**：型通りの堅苦しいセクメト女神像。エジプト。

**下右**：生きているようなアルテミス女神。ギリシア。

のアートの人体描写に設けられていた初期のころの制限がゆるくなった。ローマの影響のもと、驚くべき肖像画が現われるようになる。個人のミイラの肖像として発見されたもので、美術史上、もっとも初期の「モダニズム」と評されている。画家特有の技術で創作されたごまかしのない肖像画で、その人物の生前の姿そのままを示している点で現代風とも言える。これまでにそのような絵が 1000 点以上発掘されている。

カイロの南、およそ 80 キロのファイユームで見つかった実物大の肖像画はそれぞれ薄い木板に描かれた。その後、板はミイラの顔の上に置かれ、包装布に挟みこまれて固定されたので、棺の中のミイラを見たとき、あたかも中にいる当人をまっすぐのぞきこんでいるかのような感じになる。この手の肖像画はほかに例がなく、その後ふたたび現われるのは 1000 年以上も経ってからである。

偉大なエジプト人の時代が終わるころ、地中海の反対側では、ギリシアやローマの文明が花開き始めていた。彼らの視覚アートはまったく違う。最盛期の古代ギリシア人にとって、洗練された自然主義的な様式はふつうのことだった。エジプトのアートの型にはまった堅苦しさは、人体をきびしく統制するのではなく、そのありのままを称える、流れるような生き生きとした様式に変わった。女神像の一つはあまりに生命力にあふれているので、「その像を見た男は誰もがキスをしたくなる」と言われた。それこそ人体を写し取るギリシア人彫刻家の技術だった。

古代ギリシアがアートに対してこのような向き合い方をしたのには三つの理由がある。一つは宗教的な理由、もう一つは政治的理由、そして三つめは技術的な理由である。重要な宗教的変化は神々をどう見るかにかかわってくる。エジプト人と違って、ギリシア人は自分たちの神々を人間の形に視覚化したため、人体はエジプトよりも尊ばれるようになった。政治的には、古代ギリシアでは個々の人間の長所が賛美された結果、アーティストは大いに尊敬の念をもって扱われるようになった。一流のアーティストは有名になり、プラクシテレス、リュシッポス、レオカレスなどは今日でも名前が知られている。技術的には、石を相手にする代わりに、大理石に彫刻したり、ブロンズで制作したりできるという大きな利点があった。これらの新しい素材は、人体の微妙なカーブを細部まで正確に描写するのに適していた。

この影響は、古代ギリシアのアーティストが何よりも洗練のルールをまったく新しいレベルへ向けたことにつながった。彼らが取り入れた精妙さや鋭い感覚はそれまで続いていた何よりも――さらに言えば、その後に続く多くのものよりも――すぐれていた。

残念ながら、ギリシア製のオリジナル作品は今では失われ、ローマで作られた複製でしか知ることができない。ローマのアートそのものは基本的にギリシアの模倣である。ローマ人はすばらしいアートを生み出す才能に恵まれていたが、印象的な組織力や軍事技術があるにもかかわらず、アートの面では驚くほど革新性に欠けていた。建築デザインですら、しっかりギリシアの伝統に寄りかかっていた。建築家は古代エジプト同様、引き続きギリシアやローマでも盛んに活躍した。古代ギリシアでもっとも需要があったのは巨大神殿の建造である。これらの建物のデザインには多大な技巧が注がれ、細部にいたるまで正確なプロポー

下：ギリシア、アテナイの現在のパルテノン神殿（左）と、アメリカ、ナッシュビルで建造された実物大のレプリカ（右）。

上：ローマ時代の円形劇場。フランス南部、アルル。

上右：ローマ皇帝ティトゥスの凱旋門。

下：オデュッセウスとセイレーンが描かれたギリシアの赤絵式壺。

ションを算定するのに計り知れない配慮がなされた結果、完成した建造物は重要なアート作品となった。その影響は大きく、2000 年以上経っても、ヨーロッパやアメリカの重要な公共建造物は古代ギリシアのデザインをもとに造られている。

おもしろいことに、近代になって模倣された建築物は、そのもととなった古代建築の重要な一面を無視している――それは明るい色彩である。古代神殿の遺跡に見られる歳月を重ねた石は神殿としっかり結びついているため、仕上げには装飾されていない石が使われていたと受け取られてしまった。これらの建造物を赤、白、青――パルテノン神殿本来の色――に彩色するのは間違いのように感じられる。

古代ローマの建築家は広い領域で仕事をしていた。神殿の造営に加え、宮殿、野外劇場、円形劇場、戦車競走用の円形広場、凱旋門、公共浴場、大邸宅など多くの需要があった。

屋内に関しては、ギリシア人やローマ人はアーティストとしての欲求を満たすための別の方法を見出していた。ギリシアでは、壺絵が古くから盛んに作られ、極度に特殊化され、かつ高度な技術を要するため、一流の壺絵画家は名前で知られるようになった。今日でも 250 人以上の名がわかっており、作品もおよそ6万点が残って

上：ギリシアの黒絵式壺。画家エクセキアスが描いた、アキレスとアイアースがボードゲームをしている絵。

下：人の飛びこむ姿が描かれた、紀元前 5 世紀のパエストゥムの墓。ギリシア。

下右：クレタ島クノッソスの壁に描かれた海の景色。紀元前 2 千年紀。

いる。

壺絵にはおもに二つの様式がある。初期の黒絵式と後期の赤絵式である。黒絵式ではエクセキアスが最高の画家と言われる。黒絵式壺にも赤絵式壺にも神話上の場面が描かれることが多い。赤絵式壺の一つにはオデュッセウスが、セイレーンの誘惑から身を守ろうと、船の帆柱に体を縛りつけた有名な絵が描かれている。

古代ギリシアでは精緻な壁画も描かれている。宗教上の抑制を解かれたこれらのフレスコ画には日常生活の場面が描かれており、古代文明の住民について多くのことを教えてくれる。残念ながら、長い時間を生き延びたものはわずかしかないが、幸いなことに紀元前 5 世紀にさかのぼるギリシアのパエストゥムの墓のフレスコ画は驚くほど良好な状態で残っている。1968 年に発見された墓の大きな平らな蓋の下側には、高い飛びこみ台から飛びこんでいる男性の姿が優美ながら抑制された筆致で描かれている。ごくあっさり言えば、その墓には飛びこみ競技者が埋葬されている。しかし、象徴主義を好む向きは、死者が生から死へ大きな飛びこみをしていると解釈することもできよう。

墓の周囲の壁は男性ばかりが集まって酒盛りをしている情景である。男たちはテーブルの上方にある寝椅子にもたれている。ぶどう酒を飲みながら、ゆったりと音楽や歌を楽しんでいる様子がうかが

える。この主題は墓の装飾としてはおかしいほどふさわしくないし、宗教的な精神性からはこれ以上ないほど離れている。紀元前 470 年にさかのぼるこのめずらしい墓は、ギリシアのフレスコ画がそっくり残っている唯一のものである。

テラ島のアクロティリで発見され、大がかりな修復がなされたフレスコ画には若いボクサーとアンテロープ（羚羊）、そしてクレタ島のクノッソス出土のものにはイルカ、魚、ウニが描かれている。これらのフレスコ画は紀元前 2 千年紀の初期ミノア文明に属する。ここでも主題はおごそかで神秘的というより、親しみやすく、装飾的になっている。

非宗教的なフレスコ画の伝統はローマ時代にも続いている。紀元 79 年の大規模な火山

下：ポンペイの秘儀荘のフレスコ画。進行中の宗教儀式が描かれている（紀元 79 年）。

上：色彩豊かな町の風景が描かれたローマ時代の金持ちの寝室。ボスコレアーレ、シュニストル荘。

下：ネニッヒの屋敷に描かれた剣闘士の戦い。ローマ時代のモザイク画。ドイツ。紀元３世紀。

の噴火によって、ポンペイとヘルクラネウムの装飾壁画はしっかり保存されてきた。この二つの海沿いの保養地は、富裕階級が魅惑的な別荘で休暇をすごす場所で、酒場やレストラン、劇場や演武場、さらには円形劇場や広場があり、たいそうにぎわっていた。

住民が陽気に楽しんでいた休暇はヴェスヴィオ山の噴火によって無残にも中断され、人びとは６メートルもの熱い火山灰と軽石で突然窒息死した。残ったフレスコ画は2000年前の富裕層の暮らしぶりについて多くのものを語ってくれる。壮大な景色が描かれているものがあるかと思えば、小鳥が集まる庭園が描かれているものもある。ポンペイのヴィッラ・デ・ミステリ（秘儀荘）の一室の壁には何かの秘儀の情景が十ほど描かれており、その中には秘密のカルトに引き入れられる裸の少女に儀式上のむち打ちが行なわれている絵もある。前ページの図版に見られるように、小さな人物像が何か呪文を読み上げ、カルトのメンバーのひとりが儀式道具をのせた大きな円盤を運んでいる。

町の情景や風景の絵もポンペイではじめて描かれた革新的なものである。ボスコレアーレ近くのシュニストル荘の、裕福なローマ人の寝室の壁には豊かな色彩でぜいたくな都市の建築物が描かれている。このような情景は人物像の背景としてはそれほど目新しいものではないが、作品の主題として建築物や風景を取り上げることは近代的な考えで、注目に値する。ポンペイのフレスコ画には町の様子や、海の景色、あるいは自然の風景を主題とした絵がいくつもあるが、そういったものはその後何世紀もの間現われていない。来たるべきローマ帝国の滅亡は、ヨーロッパの視覚アートの発展に途方もなく不幸な影響をもたらした。

ローマ人は絵画で壁を覆うことに満足せず、その上を歩きさえした。ローマの建造物の床は驚くほど精巧なモザイクで彩られている。おきまりの伝説や神話に登場する人物が描かれているが、アーティストたちはそれよりも周囲の自然界にいっそうの魅力を感じていたらしい。モザイク画は超自然的世界より現実世界を描いたもののほうが生き生きとしている。イスラエルのロドで発見された巨大なモザイク画の中央パネルには、おそらくローマのコロセウム（円形闘技場）に送られる運命にあるさまざまな野生動物――ライオン、雌ライオン、キリン、ゾウ、サイ、トラ、アフリカスイギュウなど――

が描かれている。ポンペイのモザイク画には漁師の獲物——タコ、イカ、ロブスター、エビ、ウナギ、カレイ、サメ、ヒメジ、その他さまざまな魚——が描かれている。ほかにも日常生活のいろいろな場面、たとえば戦車競走、剣闘士の戦いや肉体鍛錬の様子などを見ることができる。人気のある主題は剣闘士や戦車の御者などで、当時、彼らは危険な競技の大スターだった。オリンピックに女性が参加することを禁じていたギリシアと違い、ローマ人はビキニ姿の女性アスリートが円盤を投げたり、重量挙げをしたり、徒競走や球技をするのを見て大いに楽しんだらしい。

### 大規模なアート作品

古代文明は極東でも栄えていた。増え続ける住民を強力な支配者が統率していた土地では大規模な事業が行なわれた。なかでも強い印象を与えるのは秦の皇帝陵である。紀元前

下：秦の始皇帝陵の8000体からなるテラコッタ製の地下軍隊。中国、西安。紀元前210年。

3 世紀に建造され、等身大のテラコッタでできた大勢の地下軍隊に守られている。ここはかつて試みられたアート作品のなかでも最大のものの一つで、建造には 70 万人が加わった。並の墓と比べると、「並外れた」という言葉がまるでふさわしくないほどに思われる。

**…そこで皇帝はアーティストに命じて、8000 人以上の兵士、120 頭の騎馬用の馬、520 頭の戦車用の馬と 130 台の戦車からなるテラコッタ製の軍隊を作らせた。**

この墓を造ったのは中華帝国を確立した人物で、中央集権制、法律、書き言葉、公式通貨、標準度量衡を導入した。また、死出の旅路に同行して世話をする何百人にものぼる召使いを生きたまま墓に埋葬する祖先から続く習慣を改めてもいる。以前の支配者なら自分の死後、従者をいっしょに埋葬することを主張したにちがいない。これは生前の主人を従者たちが――できるかぎり主人の命を永らえさせるため――しっかり世話をすることを確実にはするが、同時に人的資源の恐るべき浪費でもある。それを避けるため、秦の皇帝は本物の従者の代わりに、等身大のテラコッタ（素焼き粘土）像を置くという新しい考えを抱いた。しかし､皇帝を支える従者が数百人ではじゅうぶんとは言えない。そこで皇帝はアーティストに命じて、8000 人以上の兵士、120 頭の騎馬用の馬、520 頭の戦車用の馬と 130 台の戦車からなるテラコッタ製の軍隊を作らせた。すべて埋葬される主人を守るためのもので、同じ像を作ってはならない。それぞれの兵士の顔は個人が特定できるものでなくてはならない。これらの兵士は実際の軍隊の代理である。皇帝を取り巻く環境を完成させるために、テラコッタ製の役人や曲芸師、怪力男や音楽家まで作られている。

この埋葬への賢明な取り組みには皮肉な面がある。この貴重なアート作品は、場所を秘密にする必要があるので、軍隊全体を地下に埋めなければならない。この陵を設計した上級技術者は絶対に口外しないように、皇帝とともに壁の中へ閉じこめられる運命にあった。この巨大なアート作品の規模は、埋められた軍隊が、皇帝の円錐状の陵から 1.5 キロのところで発見されたほどである。墓室を囲む地下全体は発掘されないままになっている。室そのものには侵入者を殺すための地雷が仕掛けられ、その広さはフットボール場ほどの封印されたスペースであると考えられている。内部には流れる水銀の川があり、天井は天体で装飾され、また、室の周囲には宝物の詰まった宮殿や塔があるとも言われる。

アート作品として、秦の皇帝陵は誇張のルールを特殊な形で示している。個々の像はそれほど誇張されてはいない――体は意図的にゆがめられることもなく、均整がとれている。個々の像において唯一誇張と言えるのは、軍隊の階級が上の像はわずかに大きく作られていることで、将軍像が一番大きい。しかし、日常を非日常に変える手段として実際に誇張しているのは、個々の像ではなくその規模の大きさである。秦はまさに数そのもので誇張を示している。

ここで古代エジプトと比較するのは興味深い。秦の将軍と同じく、ファラオのラムセス２世像は周囲の像よりも大きい。また、ギザのピラミッドは、形はシンプルだが、その大きさで日常性を脱している。今日でもこれと同じ戦略が見られるのは、ある現代アーティストが作っている巨大な作品で、ただその大きさを非日常的にすることで、質の欠陥を補っている。

上：イラクのウルにある大ジッグラト。紀元前21世紀に建造され、以来、部分的修復がなされてきた。

作品を誇張して非日常的なものにする手段として、規模を大きくして印象づけることは、ほかの古代文明にも見られる特徴である。古代中近東のジッグラト（ピラミッド型神殿）や、南アジアの広大な寺院群、あるいは中央アメリカのアステカ族やマヤ族の畏怖の念を抱かせる血塗られたピラミッドはすべてその大きさが見る者に衝撃をあたえる。

古代文明の時代には、巨大なアート作品に加えて、数え切れないほどのもっと小さくて持ち運びのできる工芸品も作られた。装飾用の華やかなものもあれば、富を見せつけるもの、さらには迷信、とくに死と死後の世界に関わる迷信を納得させるものもあった。誇張と純化のルールはこれらの作品の多くにはっきり見て取れる。人物や動物を描写するとき、アーティストは重要な要素を大きくし、その他を縮小した。そして生物の微妙な輪郭線は、しばし

下：壕を巡らせたヒンドゥー教の寺院複合体。カンボジア、アンコールワット。

上：テオティワカンの巨大な太陽神殿。紀元前 100 年に建造が開始された。メキシコ。

ばなめらかで、基本的な幾何学的形態に単純化されている。

エジプトやギリシア、ローマといった大帝国およびその他の古代世界の文明が崩壊すると、それぞれのアートも姿を消した。世界の大きな部分が寒々とした、暗い局面に入り、視覚アートは最低のレベルにまで落ちこんだ。このような状況は、ごくゆっくりと、暗黒時代から新しい文明が生まれるまで数世紀にわたって続く。そうなってようやく人間の創造性の次なる大局面が花開くことになる。

エジプトやギリシア、ローマといった大帝国…の文明が崩壊すると、それぞれのアートも姿を消した。

# 第 8 章　伝統芸術

# 伝統芸術

## 聖なる場所からサロンへ

エジプト、ギリシア、ローマといった古代文明が崩壊したのち、ヨーロッパはキリスト教がアートを支配する暗黒時代に入った。知識人にとって唯一の視覚作品は、修道院の壁の背後に見出されることになる。そこでは美しい挿絵が入った写本や高度に様式化された宗教画が、神の栄光をこの上なく輝かしいものとするために描かれていた。彫像はおもに聖母と十字架上のキリストに限られていた。本格的な絵画は事実上姿を消した。

ヨーロッパでアートが復活し始めたのは 14 世紀になってからである。少数のイタリア人彫刻家や画家が創作のためのインスピレーションの源を求めて、古代ギリシアやローマに目を向けるようになった。ピサの彫刻家ピサーノやフィレンツェの画家ジョットはもっと生体に近い自然な姿をした作品を生み出し始めた。これはヨーロッパにおける表現アート復活の出発点で、次世紀にはそうした動きはますます強くなっていく。主題はなおも宗教色の強いものだったが、人物像は現実に即した３次元としてとらえられ、卓越した技術で描かれ彫られるようになった。中世の無名のアーティストたちに代わって、巨匠と呼ばれる人びと――ボッティチェリ、ウッチェロ、ミケランジェロ、ダ･ヴィンチ、ラファエロ、ティツィアーノ、ティントレットが登場する。彼らの非凡な才能はその後何世紀にもわたってアートに影響をおよぼすが、それに匹敵する才能はめったに現われなかった。

15 世紀から 19 世紀にかけて、ヨーロッパのアートでは主題を写実的に描く方法が引き続き支配的だった。なかにはもっと抑制されたものや、派手なものなど、時折は変化があった。細かな部分まで正確に描いたものや、もう少し気取って誇張されたものもあった。しかし、本質的には、この時期のあらゆる美術の基本として自然主義的で、3 次元的に見える手法を重視する傾向が続いた。

しかし数世紀が経つうちに、主題の範囲がしだいに広がっていく。初期のころには、教会の権力や影響力、さらには後援体制が残っていたため、宗教的なものや神話的場面が優位を占めていた。肖像画も早くから描かれ、続く500年の間、画家にとってのおもな収入源となっていた。風景、室内、静物などものちには主題として受け入れられるようになった。動物や農民の生活場面も同様である。

このように主題の範囲がしだいに増えるにつれ、ヨーロッパの伝統的な再現描写芸術はゆるぎないものに思われた。サロンを訪れるアート愛好家、新しい肖像画を注文する君主、自邸を飾るためにもう一枚の風景画の制作を依頼する大地主、お気に入りの馬の姿を永遠にとどめておきたいスポーツ愛好家――こうしたパトロンの誰も、20世紀の視覚アートの世界でどういったことが起こるか、夢にも想像できなかったに違いない。しかし、審美的な激変が起こるこの世紀へ移る前に、7世紀終わりから19世紀末にかけての伝統的、再現描写芸術の展開を追ってみることが重要だろう。

### 教会の支配

8世紀には、西ヨーロッパの各地に修道院が建てられ、知的なアート活動の中心になっていった。修道院での生活には、壁の外の野蛮な世界からの精神的隠棲以上のものがあった。それは思索する人間が、物質面を支えてくれる暮らし方を見つけるための一つの解決でもあった。この時期の最大のアート作品――挿絵入り写本――は修道院で企画、制作された。中でももっとも有名な『ケルズの書』は、今日でもアイルランドアートの傑作とみなされている。

下：マタイ、マルコ、ルカ、ヨハネのシンボル。『ケルズの書』より。

この書にはマタイ、マルコ、ルカ、ヨハネの福音書が収められており、ここに示したページには四つのシンボルが描かれている。マタイは人間、マルコはライオン、ヨハネはワシ、ルカは雄牛である。挿絵とその周囲の幾何学模様による過剰なまでの装飾と複雑さは、中世の装飾写本でこれに勝るものはほとんどない。伝統的なキリスト教の人物像や情景は明るい色彩の、華麗で絡み合った模様で縁取られている。

この写本を制作したアーティストは挿絵がテキストよりも重要だと考えていると言われてきた。紙面全体の体裁を向上させるために、テキストが犠牲になることもあった。紙面のデザインを損なわないように格別の努力が払われ、写本の美しさがつねに実用面よりも優先された。『ケルズの書』は基本的にアート作品であることを第一にし、聖書は二の次にされている。修道院のアーティストは決してそうは認めないだろうが、美的センスに――取りつかれたように――圧倒されてしまったというのが実情だろう。

このころの大発明の一つはページである。書物ならページにテキストを書くことは今では当然のように思われているが、このような提示の仕方が始まったのは比較的新しい。これによって挿絵画家は、きっちりと規定された長方形の限られたスペースで仕事をすることになる。作品がページの四辺で枠取りされているようなもので、画家はバランスがよく整った制作ができる。挿絵画家は、それをくり返す形で外枠の内側に内枠をもうけて、そこに絵を描いた。そして内枠が度を超した装飾の対象となっていく。こうしたスタイルはその後数世紀にわたって続き、修道士たちは閉ざされた修道院の壁の背後にある隔絶された筆写室で制作に精を出した。

9世紀に起こったもう一つのすばらしい革新は絵物語のためにコマ割りを使ったことである。834年から843年にかけて、フランスのトゥールで制作された『グランヴァルの聖書』には、アダムとエヴァの物語が、読み書きのできない者でも理解できるように描かれている。水平方向に細長い四つの枠内に、アダムとエヴァの創造から、ふたりがエデンの園から追放されるまでの八つの場面が順次描かれている。テキストはそれぞれの枠の上方にあるが、どうでもいいような役目に追いやられている。視覚アートが、書かれた言葉を圧倒している。

下：『グランヴァルの聖書』（834-43年）に描かれた「エデンの園」。

9世紀には、あらゆるアートが教会に支配されていた。聖母子の像をはじめ、聖杯や十字架、祭壇背後の飾りといった黄金製品が数多く制作された。

10世紀のヨーロッパアートは、思いがけない源からの圧力の下で生まれた。イスラムである。この世紀にスペインで、注目すべきアート様式の融合が起こる。ムスリムの統治下では、スペインの教会はムスリム様式の抽象的幾何学図形をむりやり取り入れさせられたのではないかと思われるかもしれないが、そういうことはなかった。ムスリムの統治者たちはこの点に関しては驚くほど寛容で、その結果、興味深いハイブリッドアート様式が生まれた。スペインのキリスト教社会はみずからのキリスト教的表現を保持し続ける一方で、同時にアラビア文化を取り入れていったのである。ある地域では、キリスト教徒はそれぞれの教会や修道士を残しておくことを許され、そこで描かれた絵画にはキリスト教の主題とイスラム様式の装飾が混ざり合っている。この組み合わせはめざましい結果をもたらし、内容はキリスト教的でありながら、当時のほかのどのアートよりもはるかにイスラム的雰囲気を持つ情景を生み出すことになった。このようなスペインの修道士のひとり、リエバナのベアトゥスが著した黙示録の注釈書は『ベアトゥス黙示録』として知られるようになり、そこからいくつかの彩色写本が作られた。

こうしたイスラムの影響が、10 世紀の修道院で生み出されたすべての宗教アートにおよんだと言うのは誤りである。ほかの時期にも言えることだが、修道士たちは規範となる図像を大量に制作して、ますます典型的なキリスト教的情景を生み出した。しかし、例外につい

下：リエバナのベアトゥスによる『黙示録注釈書』に描かれた収穫の情景。11 世紀。

スペインのキリスト教社会はみずからのキリスト教的表現を保持し続ける一方で、同時にアラビア文化を取り入れていったのである。

UBI REGES TERRE
BESTIA ET DRACONE
ADORANT.
HÆC BESTIA
ASCENDIT DE

左：ドラゴンと怪物。『ベアトゥスのファクンドゥス写本』より。1047 年。

ても述べねばならない。彼らこそ、この世紀に独特の性格を与え、厳格な宗教上の規範や規則に縛られながらも、人間の頭脳の強烈な創造精神がいかにその捌け口を見出すかを如実に示しているのである。

11 世紀が幕を開けても、『ベアトゥス写本』は高度な技術を駆使して作られ続けた。1047 年にはファクンドゥスによって、異国風な色彩と想像力豊かな図像が描かれ、そのピークを迎える。キリスト教の聖人たちはあたかもアラビアンナイトの世界に移されたかのよう。七つの頭を持つドラゴンや獣といった怪物が登場する悪夢のようなドラマになっている。イスラム教徒に迫害されていたスペインのキリスト教徒は黙示録のシンボルを転用してひそかに楽しんでいた。怪物はムスリムの指導者になぞらえられ、その敗北は、イスラムの支配からの解放のシンボルになった。

12 世紀においてもっとも印象的な芸術上の成果の一つは、ヴェネツィアの潟にあるトルチェッロ島のサンタ・マリア・アッスンタ聖堂の西壁に見ることができる。ここの大きなモザイク画は聖書の「最後の審判」 を描いている。このすばらしい作品の制作に取り組んだビザンティンの画家たちは地獄の部分を明らかに楽しんで描いている。地獄を描くことはいつの時代でも天国の描写よりもアーティストには魅力があったらしい。

12 世紀には、ビザンティンの画家たちは大いにもてはやされ、モザイク画は 2 度目の黄金時代を迎えた――しかし、今度は床よりも壁面に用いられるほうが多かった。ヨーロッパの大修道院や大聖堂は競って印象的な絵画装飾をほどこすようになり、ビザンティンの

上：サンタ・マリア・アッスンタ聖堂のモザイクで描かれた地獄。12 世紀。イタリア、ヴェネツィア。

右：サンタ・マリア・アッスンタ聖堂の「最後の審判」のモザイク。

右：モンレアーレ大聖堂後陣のモザイク画。12 世紀。シチリア島パレルモ近郊。

職人は引く手あまたという状態だった。12 世紀の大規模なモザイクは、シチリア島のパレルモ近郊にあるモンレアーレ大聖堂でも見ることができる。壁はくまなく聖書の図像で覆われていて、その面積はおよそ 6315 平方メートル以上にもおよび、1 億枚以上のモザイク片と 2000 キログラムを超える純金が使われたと推定されている。これは､大きくて複雑で、細かく、しかも難しく、さらに途方もない費用と膨大な時間がかかったように表現することで、作品を並外れたものと感じさせる明らかな事例である。この大聖堂の装飾壁面は、制作するにしても、重要なアート作品としての大きなインパクトをあたえる点にしても、並の住居とは対極にある。

### つづく伝統

彩色写本の伝統はつづき、この単調な作業に従事する修道士たちがしだいに想像力を働かせて聖書の場面を表現するようになったことは明らかである。たとえば、彼らは視覚的主題としてイナゴの大発生を目に見える主題として取り上げることに夢中になる。イナゴの生態構造などろくに知らないから、かえって想像力を自由に働かせることができる。人物や樹木のように、もう少し詳しくわかっている場合でも、自己流のイメージを様式化することを好んだ――その課程ですばらしい絵画が創り出された。

このときまでに見られた芸術上の奇妙な欠陥の一つは、人物像になんの感情も見られず、表情もまったく描かれていないことである。祈りを捧げていようと、争っていようと、生きたまま焼かれていようと、誰もが無表情に描かれている。最初に深い精神性を作品に加えた 13 世紀の画家はイタリアの巨匠ドゥッチョである。その作品にはなおかつてのこわばりがいくらか見えるが、彼は高度な技術によって感情の奥深さを加えることができた。ドゥッチョの描く聖母には硬さがあるかもしれないが、幼子イエスを腕に抱く姿には荘厳な慈悲心があふれているように見える。この作品は、それ以前のほとんどの作品をしのぐ新しい技量で描かれており、美術史において突然の飛躍をとげたものと言えるだろう。

数世紀にわたる高度に様式化された宗教アートは自然な取り組み方へと道を譲り始める。人物の描き方は、まさに写実的になろうとするところだった。とはいえ宗教画が突然消えるわけではない。たとえば、ロシアのイコンは 19 世紀まで古い伝統にのっとって描かれていた。しかし、人間が生み出すアートの歴史は新たな局面を迎えつつあり、外的世界をそれまでよりはるかに正確に描写することに焦点が移っていった。

### 新しい自然主義

14 世紀初めに、状況は新たな劇的進展を見せ、それまでより自然な情景を創作しようと

右：ドゥッチョ『マエスタ（荘厳の聖母）』（部分）。13 世紀。イタリア。

彼の描く聖母には硬さがあるかもしれないが、幼子イエスを腕に抱く姿には荘厳な慈悲心があふれているように見える。

する動きに拍車がかかった。その中心人物は「生き生きとした現実感」を描き出すと言われたジョットである。彼の作品はヨーロッパのアートにおけるルネサンスの出発点と称えられ、ギリシアやローマの真に迫った古典的人物像への関心を復活させたと言われる。人物像には深みと陰影が加わり、描かれている情景にふさわしい姿勢をとるようになった。一部表情が乏しいものもなくはないが、それ以外は描かれているできごとの雰囲気に添うドラマティックな表情をしている。風景画では平坦さが薄れ、遠近法が取り入れられた。ジョットは、「自然に従って」絵をデザインしたと言われる。

**人物像には深みと陰影が加わり、描かれている情景にふさわしい姿勢をとるようになった。**

ジョットの作品は技巧的絵画の新たな頂点を示しており、平坦で硬直した、形式的人物像を描いた先人たちはそれ以上うまくはとても描けなかった、と言われてきた。しかし、それは当たらない。彼以前の画家たちがジョットに肩を並べることができたかどうかはっきりしたことはわからない。なぜなら、彼らは生身の人間より象徴的なキリストや聖人像を好む宗教界の考えにどっぷり浸かっていたからである。ジョットを先人よりも技術的にすぐれているとみなすのはまちがっている。大胆だったとは言えるかもしれない。

とはいえ、ジョットはそれ以前のきまりに一つの譲歩をしている。つまり、重要な聖人に関して自然主義的手法を用いてはいるが、相変わらず頭に金色の光輪を描いているのであ

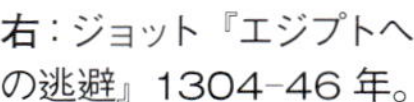

**右**：ジョット『エジプトへの逃避』1304-46年。

る。ほんとうは省きたくても、そこまで踏みこむのは行き過ぎで、省けばやっかいなことになっていたのだろうと推測される。『エジプトへの逃避』は、光輪がないものを想像すれば、旅する家族という家庭的な情景になってしまう。

ジョットが自然な表情や姿勢、あるいは身振り——厳密に観察したボディーランゲージ——を取り入れたことは重要な革新で、その後のアートのあり方に大きなインパクトを与えた。ジョットの後を着実に追いかけたのは同じイタリア人の画家、シモーネ・マルティーニで、彼の描く人物像はさらに自然な表情をしている。その作品には絶望や恐怖を表わすしかめ面、肩をすくめる様子や身振りが描かれている。また、構図にも細心の配慮がなされ、リズミカルなバランス感はそれ以前の画家のどの作品よりもすぐれている。『バルコニーから落ちる子どもの奇跡』では、あたかもカメラでその場面を速写したかのように、動きが空中で止まっている。聖アウグスティヌスが子どもを救おうと天から舞い降りているが、その子は壊れたバルコニーから落ちる途中でまだ地面には達していない。

純粋に創造性について言えば、15 世紀は伝統芸術の歴史でもっとも豊かな時代だった。ルネサンスの最盛期である。イタリアには、若き天才マザッチョがいた。いたましくも 27 歳で毒殺されたが、生きていればダ・ヴィンチの好敵手になっていただろう。ほかに重要な名前をあげれば、ボッティチェリ、ウッチェロ、そしてダ・ヴィンチがいる。ドイツでは、デューラーとホルバインが活躍していた。オランダでは、ファン･エイク、ボス、メムリンク、

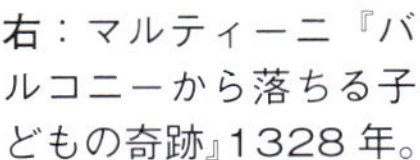

**右**：マルティーニ『バルコニーから落ちる子どもの奇跡』1328 年。

右：マザッチョ『貢ぎの銭』1427年、フィレンツェ。

ファン・デル・ヴァイデン。ほかにも同じようにすぐれた画家が百人はいた。

これらの巨匠の中で、もっとも革新的な仕事をしたのが、若きフィレンツェ人、マザッチョである。短い生涯で、作品の中に科学的に計算された消失点という考えを取り入れ、はじめて真の遠近法（透視画法）を生み出した。また、人物に適切な陰影をつけ、光源を一つに絞ったのもマザッチョが最初である。フィレンツェのブランカッチ礼拝堂の壁画装飾を描いた際、人物に当たる光があたかも建物の一つの高窓から降り注ぐように、全員に陰影をつけた。この結果、それまでの装飾壁画には見られなかった人物の統一感が生まれている。彼はまた、遠ざかるにつれ色彩が薄くなるという考えを取り入れ、遠景にいる人物より前景の人物の色を濃くしている。こうした色の使い方によって、遠近感が強くなっている。現実に、空気中の見えない湿気やほこりによって、遠くに行くほどものの姿は色あせて見えるからである。

**純粋に創造性について言えば、15世紀は伝統芸術の歴史でもっとも豊かな時代だった。ルネサンスの最盛期である。**

ところで、マザッチョは、傾いた光輪を巧みに取り入れてもいる。それによって光輪があまり目立たなくなり、何か平らなかぶりもの

のように見える効果を生んでいる。こうした革新的手法により、彼の絵はそれまでのものより現実的に見えるようになった。ダ・ヴィンチが技法を学びにマザッチョの作品を研究しに行ったことは、若きマザッチョの優秀さを物語っている。『モナ・リザ』ははじめて空気遠近法を用いて描かれた絵の一つと言われるが、この視覚トリックはダ・ヴィンチがマザッチョの技法を研究することで学んだものである――実際は１世紀近く前から使われていた。

この時期に同じように遠近法に熱心に取り組んでいたイタリア人画家パオロ・ウッチェロは野外劇の情景を好んで描いた。しかし、そうした主題が典型的なルネサンスの画家のスタイルとかけ離れていたとはいえ、彼が遠近法について数学的分析を行なっていたことは新しい傾向と軌を一にしていた。

ウッチェロのもっとも有名な作品は、フィレンツェ軍とシエナ軍による『サン・ロマーノの戦い』の大混乱の様子を描いたものである。ウッチェロは自身、戦場での混乱を描き出す難題と向き合いつつ、同時に、見る者の視覚に訴える構図を提示する。1470年に制作された最後の作品『森での狩り』は、もっとも露骨に遠近法が駆使されている。画面は細心の注意を払って構成されているので、この作品を見れば、そのことに気づかずにはいられない。画面に奥行きがあり、狩りが行なわれている森のはるか奥のほうまで見えるような

**下右**：ウッチェロ『サン・ロマーノの戦い』1450-56年。

感じがある。たとえこの時期のヨーロッパのアートとしては多少原始的なおもむきがあるにしても、『狩り』がその注目すべき色使いや独創性によって、15 世紀の傑作であることに変わりはない。

　ウッチェロのどちらかといえば個人的な世界観と著しく対照的に、1 世代後のイタリアの巨匠、サンドロ・ボッティチェリはマザッチョの先駆的仕事を数段前進させている。ボッティチェリはすばらしく洗練されたルネサンス絵画を生み出したため、それ以前の作品をはるか後方に置き去りにしてしまった。彼の作品は技術的に洗練されすぎていて、見るのが心苦しいほどである。傑出した技量にもかかわらず、人気は長続きせず、死後はほとんど忘れ去られていた。ふたたび生前の名声がよみがえったのは、19 世紀になって、

下：ウッチェロ『森での狩り』1470 年。

たとえこの時期のヨーロッパのアートとしては多少原始的なおもむきがあるにしても、『狩り』がその注目すべき色使いや独創性によって、15 世紀の傑作であることに変わりはない。

**右**：ボッティチェリ『受胎告知』1480 年代。

ラファエル前派に再発見されてからである。ボッティチェリほどの紛れもない技量をそなえた芸術家が、かくも短期間のうちに名声を急降下させようとは、むしろこの時代の豊かさを物語るものかもしれない。

ボッティチェリより 7 歳年下のレオナルド・ダ・ヴィンチは画家、彫刻家、デザイナー、図案家、建築家、音楽家、科学者、理論家、数学者、エンジニア、発明家、解剖学者、地質学者、地図制作者、天文学者、植物学者、著述家だった。史上もっとも有名な絵画『モナ・リザ』を描いていながら、生涯の仕事を通して、完成された絵画はわずか 15 点しか現存していない。いくつかは新しいテクニックで試したものの失敗に終わったために破棄された。しかし、作品数が少ないほんとうの理由は、始めた仕事を終えることができないのがいわば持病だったからにほかならない。ダ・ヴィンチは世界一の遅筆家で、しょっちゅう、しかも長い間物事を先延ばしにしたので、作品がわずかでも残っていることが奇跡なのである。

『白貂を抱く貴婦人』からはダ・ヴィンチの革新的手法のいくつかがうかがえる。第一に、伝統的なテンペラ絵の具ではなく、油絵の具を使っていること。油絵の具はオランダから

右：ダ・ヴィンチ
『白貂を抱く貴婦人』
1488 − 90 年。

イタリアに入ってきたばかりで、ダ・ヴィンチはいつものように早速新しい技法を試してみた。（フレスコ画の大作『最後の晩餐』にこの技法を試みた結果は大失敗で、絵は描き終わるのとほぼ同時に剥落し始めた。）

ダ・ヴィンチはまた、モデルに新奇な姿勢をとらせることも取り入れた。『白貂を抱く貴婦人』では、モデルの体と頭はてんでにそっぽを向いている。このように頭が片方へねじれていることで、モデルがあたかも何かを、あるいは誰かを見るために振り向いたところ、といった臨場感が感じられる。片手は貂をただ抱いているのではなく、首をなでている途中ととらえられている――これまた凍結した瞬間の一例である。画家はモデルの目に小さなハイライトを加えて、生き生きと輝いているように見せている。さらに肌に繊細な陰影をほどこして、肖像画に実物らしさを加えているのも工夫の一つである。

イタリアの外に目を転じると、15 世紀美術のもう一つの重要な中心地オランダでは、かなり以前から油絵の具が使われていた。もっとも初期に活躍したフランドル派の巨匠のひとり、ヤン・ファン・エイクの精緻な画法はダ・ヴィンチのそれにも匹敵するが、人物像はダ・

上：ファン・エイク『アルノルフィーニ夫妻像』1434 年。

…ボスには、この上なく風変わりな幻想を解き放つために、通常の抑制や良識の押しつけを無視する勇気があった。

ヴィンチよりもわずかに動きがぎこちなく、実物らしさにも欠ける。もっとも有名な作品、『アルノルフィーニ夫妻像』は奥の鏡にアルノルフィーニと夫人の姿が映っていることでよく知られている。

フランドル派絵画はその後、進取の気性に富んだ次世代の巨匠が現われてふたたび活気づくことになる。1450 年生まれのその人物はヒエロニムス・ボスである。ボスの私生活については何もわからないが、巨大な三連祭壇画は、怪物や肉体的苦痛に取りつかれた暗い想念をうかがわせる。現実世界や、味気なくも受け入れられている宗教的情景を描く義務から解放されて、ボスは言い表わせない苦痛や屈辱の感情を悪夢のファンタジーとして描き始めた。ハープの弦に突き刺さった裸の男、ネズミの尾を持つ怪物たちの輪に飲みこまれる鎧甲をつけた騎士——これらはボスの最高傑作、皮肉にも『快楽の園』として知られる三連祭壇画の右側パネルに情愛こめて描かれた恐怖のほんの 2 例にすぎない。

ボスの怪物たちは、既知の動物の細部と、それにふさわしくない体の部分の組み合わせでできている。その結果、邪悪な人類にできる限りの苦痛と辱めを与えることに余念のない、残忍な敵意を抱く生き物の集合が創り出された。これは伝統芸術にはかつてまったく見られなかったものだが、つねに表面下に潜んでいる想像力の可能性を生き生きと示している。どういうわけか、ボスには、この上なく風変わりな幻想を解き放つために、通常の抑制や良識の押しつけを無視する勇気があった。

ルネサンスは 16 世紀初頭に最高潮に達する。その栄光の絶頂を示すのは 1508 年から 1512 年にかけてミケランジェロの手になるローマのシスティーナ礼拝堂天井画である。ミケランジェロは木製の足場のてっぺんに横たわって、465 平方メートルにおよぶ聖書の場面を完成させた。幅 13 メートル、奥行き 40 メートルの傑作は、もともとは十二使徒だけを描くはずだったが、ミケランジェロが教皇に好きにさせてくれるように頼み、その結果、343 人もの人物像が描かれたのである。

天井画に続くもう一つの大作『最後の審判』は礼拝堂の祭壇壁に描かれている。この二つめの仕事を始めたのは 1535 年、完成は 1541 年である。評判はよくなかった。ある枢機卿は、神聖な場所で裸体を「恥知らずにも人目にさらしている」のはみだらであると

右：『快楽の園』に描かれたボスの想像する地獄。描き始めたのは1490年。

して、撤去を要求した。みっともないものがふさわしいのは居酒屋だけだと非難した。

これに対してミケランジェロは、最後の審判の日には人間は平等の立場にあることを示そうとしたもので、裸体はいかなる地位もはぎ取った状態である、と弁明している。結局、フレスコ画ははぎ取られなかったが、裸の人物像の陰部はこの仕事のために特別に雇われたミケランジェロの弟子によって見えないように加筆された。

## 農民と肖像画

16 世紀のイタリアには、ルネサンスの伝統を受け継ぐ重要な画家がほかにも多数いた。ティツィアーノ、チェリーニ、ティントレット、ヴェロネーゼの名があげられる。さらに北方のネーデルラントでは、ブリューゲルと呼ばれる画家一族が以前よりも親しみやすい農民の暮らしの場面に注目するようになっていた。従来、農民は脇役か見物人としては描かれていたが、構図の中心的位置を占めることはなかったから、これはまさに主題の抜本的

**右**：ミケランジェロ『最後の審判』システィーナ礼拝堂。1535-41年。

右:ブリューゲル(父)『農民の婚宴』1566年。

進展だった。

一族の長老、ピーテル・ブリューゲルはルネサンス美術を学びにイタリアへ行ったが、主題があまりに高尚で、日常生活からかけ離れていることを知ると、ネーデルラントに戻り、ふつうの人びとが日々の勤めに励んでいる情景を主題にした一連の絵を描き始めた。その結果、日常生活の視覚的記録としての再現芸術の新たな夜明けを告げることになった。それ以前は日常を記録しているのは肖像画だけで、ほかの絵画はほとんどが宗教的主題を扱っており、教会の後援を受けていた。ブリューゲルの作品は一つとして教会のために描かれてはいない。それどころか、何点かは反カトリック的だったので、死の床で、妻にそれらを焼き捨てるように命じたほどである。

(ブリューゲルは)日常生活の視覚的記録としての再現芸術の新たな夜明けを告げることになった。

ブリューゲルはその時代としては並外れた存在だった。教訓的な話はまったく語らず、倫理的判断も一切せず、善も悪も見ず、英雄も悪党も描かなかった。彼は人間のありさまを冷静に観察した。主題の人物が勤勉であろうと酔いつぶれていようと、体が不自由であろうと踊り手であろうと、複雑に構成された場面の中で、誰もが同じように慈愛に満ちた心づかいで扱われている。

イタリア・ルネサンスの高尚で宗教的な主題に反旗を翻したもうひとりの16世紀の画家は、風変わりなイタリア人アルチンボルドである。彼の描く肖像画は美術史においてほかに類を見ない。アルチンボルドは誰からも影響を受けず、誰にも影響をおよぼさなかったように思われる。奇怪な肖像画『ローマの四季の神、ウェルトゥムヌスに扮した神聖ローマ帝

上：アルチンボルド『ウェルトゥムヌス（皇帝ルドルフ２世）』1591 年。

右：グリューネヴァルト『聖アントニウスの誘惑』のパネル。イーゼンハイム祭壇画、1516 年。

国皇帝ルドルフ２世』には彼の奇人ぶりが集約されている。ルドルフ２世はさまざまな果物や野菜を入念に配置して描かれている。ほかにもアルチンボルドの肖像画には、書物や動植物でできた頭が登場する。どの作品も、そういったものが巧みに組み合わされていて、遠くからは人間の肖像画を見ているような印象を受けるが、近づいてよく見れば、何で構成されているのかがはっきりわかる。

アルチンボルドがなぜこうした奇妙なファンタジーに熱中したのかはわからないが、パトロンたちには驚くほど人気があったことはまちがいない。このような風変わりな幻想的構成の作品がふたたび浮上するのは、シュルレアリストが登場する 20 世紀を待たねばならない。16 世紀におけるアルチンボルドの成功は、いつの時代にも人間の遊び心が芸術の表面下で煮えたぎっていることを示している。

16 世紀のドイツでは、宗教画家マティアス・グリューネヴァルト

も想像力を思う存分働かせている。傑作『イーゼンハイム祭壇画』の一角に描いた聖アントニウスを苦しめる怪物は、ボスといい勝負である。この世紀に活躍したこれまたドイツ人の画家、ハンス・ホルバインは細部まで描きこまれた肖像画で名高いが、作品の一つでは、奇想天外な思いつきに抗うことができなかったことがよくわかる。ふたりの大使の肖像画の下辺に、不可解なゆがんだ物体が目立つように描かれている。片側の極端な角度から間近で見ると、ようやく何なのかがはっきりする。大使たちの足下に訳ありげに置かれているのは頭蓋骨である。アナモルフォーシス（ゆがんだ画像を角度を変えて見ることで物体が正常に見えるように描くこと）による著しいゆがみが巧みに使われている。これもまた表現はかくあるべしという拘束衣で動きがとれない伝統芸術の表層下に、しばしば底流として存在する創造的想像力の一例である。

### ゆがんだ視覚、あるいはスタイルか？

同じく16世紀ドイツのルーカス・クラナハ（父）は異常に引き伸ばされた人物像、とくに長く誇張された脚で広く知られる。なぜ人体のプロポーションをゆがめたいという気持ち

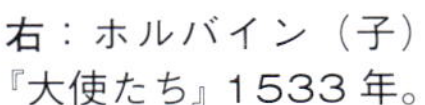

**右**：ホルバイン（子）『大使たち』1533年。

になったのか、その点についてはさまざまな議論がなされてきた。もうひとりの16世紀の画家、スペインではニックネームで知られるクレタ島生まれのエル・グレコ（スペイン語で「ギリシア人」）も議論の的になっていた。主題は紛れもなく伝統的でありながら、奇妙にデフォルメされた人物像はクラナハよりもっと引き伸ばされ、異常と言ってもよい。エル・グレコも学界ではさまざまに議論が分かれている。

この点については二つの相反する見解がある。一つは、ふたりとも乱視という重度の目の障害のせいで、物がゆがんで見えたのではないか、というもの。言い換えれば、ひょろ長い人物像も正常に見えていたということである。それに対して、ゆがみを単なるスタイルだという意見もある。論争の大部分は、ふたりのうち、ゆがみの度合いが極端なエル・グレコに集中している。彼の絵を乱視矯正用の特殊なレンズを通して見ればまさに正常なプロポーションになる。これは彼の乱視説を裏付けることになる。次に、エル・グレコの誇張は年をとるにつれひどくなるので、年とともに視力が衰えたことを示している、という意見がある。さらに、モデルがあるときは、人物像の引き伸ばしがないが、想像で描く人物像にはあると指摘されてもいる。これは理屈は通っている。エル・グレコの視力がゆがんでいたとすれば、モデルに見たものと描かれたものは一致するだろう。

### 光と影の芸術

17世紀のイタリアでもっとも注目すべき画家はカラヴァッジョである。不作法で、乱暴で、

**右**：クラナハの引き伸ばされたヴィーナス像。1530年。

**右奥**：エル・グレコの異常に引き伸ばされた聖ヨセフ像。1597-59年。

けんかっ早く向こう見ずな若者は、剣を置いて、絵筆を取り上げたとき、やっとその天才を発揮し始めた。そうなってからも、聖母マリアのモデルとして売春婦を雇ったり、使徒たちをふつうの労働者階級の男として描いたりと、問題行動を起こしている。決闘をして、剣で人を殺したため、ローマへ逃げなければならなくなった。

**カラヴァッジョについて真実、並外れているのは、けんかの合間に、よくぞ心を鎮めてカンヴァスに向かうだけの時間があった、という点である。**

カラヴァッジョについて真実、並外れているのは、けんかの合間に、よくぞ心を鎮めてカンヴァスに向かうだけの時間があった、という点である。作品は宗教的主題に集中しているが、誇張された光と陰——とくに後者——を取り入れながら、自然主義的スタイルで描いている。38 歳で死去したカラヴァッジョの嵐のような精神は、桁外れの才能を持つ人物をこの世から奪ってしまった。

カラヴァッジョは 17 世紀のごく初期に活躍した。つづく時代のもっともすばらしい芸術は北方のネーデルラントに見出される。そこでレンブラント、ルーベンス、ハルス、ファン・ダイク、フェルメールなどの天才が花開く。カラヴァッジョ同様、レンブラントも深刻な性格上の欠陥を持っていた。彼の場合、自制できない暴力ではなく、自制できない浪費が破滅のもとになった。

稀代の浪費家と言えるレンブラントはアムステルダム随一の多作と人気を誇る肖像画家として、注文は殺到したにもかかわらず、破産している。屋敷も高価な所有物もすべて一

右：カラヴァッジョ『エマオの晩餐』1601 年。

連の強制競売によって売り払われた。のちには、妻の死後、なにがしかの急を要する金を作るために、墓石さえも売り払っている。

それほどの欠陥があり、乱脈な私生活を送った男が、17 世紀最高の絵画を残してくれたのは驚くべきことに思える。もともと茶目っ気のある創造精神が、多かれ少なかれ、宗教的抑制、あるいは自制に強く反発する破滅的性向といとも簡単に結びついたかのような感がある。

特別な委託作品を別にして、レンブラントは自身の顔に忍び寄る老化に取りつかれるようになり、1620 年代から 1660 年代にかけて、80 枚を超える自画像を描いた。カラヴァッジョ同様、彼もまた、暗くてぼんやりした背景の前にいる人体におよぼす光の効果に魅了された。そのため、一部の人たちにとっては、容赦ない陰気な画家に見えたが、別の人びとにとってはその作品は肌合いや顔の詳細な造り、あるいは表情などの微妙な点に目をじっと注ぎたくなるものとなっている。

レンブラントがアムステルダムで活躍しているころ、少し南方のアントウェルペンでは、ピーテル・パウル・ルーベンスが斯界を牛耳っていた。若き日にイタリアを訪れて強い影響を受け、北ヨーロッパの写実主義と、南方の崇高な古典的主題とを結びつけるようになった。その結果、神話や聖書のできごととみごとに組み合わせた躍動感あふれる肉体を数多く描いた。

右：レンブラント。年を取っていく様子を描いた 80 枚以上にのぼる自画像の 1 枚。

**…創造精神が、多かれ少なかれ、宗教的抑制、あるいは自制に強く反発する破滅的性向といとも簡単に結びついた…。**

上：フェルメール『牛乳を注ぐ女』1660年。

上右：ベラスケス『教皇インノケンティウス10世』1650年。

次世代のヤン・フェルメールはルーベンスの壮大さに完全に背を向け、レンブラントの厳粛な色調をも拒んだ。フェルメールの絵はふつうの人びとに焦点を当て、もっと明るい色を、とくに青と黄色を多用した。聖書の場面はなくなり、神話的ドラマは忘れ去られ、重要人物はモデルとして登場しなくなった。彼は果敢に金持ちや有名人の保護を求めず、死んだときに家族に遺したのは借金の山だけだった。ここには描きたいものにすべてを捧げるために、世俗的見返りを捨てた人間がいる。

フェルメールの非凡な才能は、工房の高窓からモデルに降り注ぐ光の扱い方に見られる。つつましい主題が一瞬の時間のうちにとらえられていて、それ以前の画家の作品が突如、わざとらしく古くさいものに見えてくる。

低地帯で活躍したこれらの画家に匹敵する17世紀スペインの肖像画家はディエゴ・ベラスケスである。彼はフェリペ4世のお気に入りで、宮廷画家に任命されている。ベラスケスは王の肖像画を40回も描いた――王はベラスケス以外には一度もモデルになっていない。王はまた、画家の工房の鍵を持っていて、ほぼ毎日通っては画家の仕事ぶりを見守った。ベラスケスを史上最高の肖像画家と考える人びとがいて、20世紀には、フランシス・ベーコンが、ベラスケスの手になる教皇の肖像画を元にした長いシリーズ物を描いている。

## 静物と風景

17世紀初頭、オランダ絵画固有の写実主義は特殊な表現形式を見出した――静物画である。並外れた技量を備えた数人の画家が、テーブルに配置された日々使うありふれたものをもっとも実物らしく描けるのは誰か、と競うようになった。写実性を高めるため、題材にされた対象物はたいてい食後のおもむきのある「乱雑さ」が出るように配置された。まさに近代のカラー写真に匹敵する技量で描かれたのである。

静物画は基本的に中流階級上層向きのアートである。17 世紀には、新たな都市中流階級が成長し、経済力を持ち、優雅さを増す居宅の壁にかける絵をほしがるようになっていた。大いに人気を博したのは花の絵だが、この分野の技術的な頂点を示すのは卓上を構成した作品である。食べ物、飲み物、ナイフやスプーン、陶磁器、食卓用リネン、その他さまざまな装飾品がその主題になった。宗教用具や神話上のドラマ、歴史的できごと、人物像はまったく姿を消した。その代わりにチーズ、ナッツ、フルーツ、ミートパイ、エビ・カニ類、パンやワインが描かれた。快楽主義者はこれらの絵を、気持ちよく食べることができる自分たちの幸運を称えていると見たし、信心深い人は大食が罪であることをきびしくいましめていると見ることができた。

17 世紀は、宗教画がまったく姿を消したわけではないが、肖像画と静物画が盛んに描かれた時代だった。そして､その作品の完成度はほかの世紀にはめったに見られないほど高い。都市や町の有力な中産階級がしだいに増えて、新しいパトロンとなり、それが作品の主題に影響力をおよぼすのは避けられないところだった。

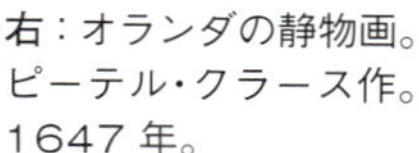

**右**：オランダの静物画。ピーテル・クラース作。1647 年。

17 世紀に熱心に取り上げられるようになったもう一つの世俗的な絵画形式は風景である。都市に住む裕福なオランダ人の広々とした家には、田舎の情景が好んで飾られたが、純粋な風景画はめったになかった。むしろそれを背景として、氷上でスケートをしたり、浜辺を散歩したりする人物像が小さく描かれたものがふつうだった。

**都市や町の有力な中産階級がしだいに増えて、新しいパトロンとなり、それが作品の主題に影響力をおよぼすのは避けられないところだった。**

独立したジャンルとしての風景画の発展に重要な役割を果たしたのはフランス人画家ニコラス・プッサンである。彼はローマで仕事をするのを好み、そこで古典的な題材に影響を受けた。風景はそうした絵の背景として登場していたが、前景に持ってくるに値すると考えたのはプッサンである。しかし、それを自然主義的な手法で行なうところまでは、踏みこめなかった。彼が描いた風景画は田園風の素朴というより、荘重なものだった。プッサンは画面構成のどこかに小さな人物像を入れるという誘惑にはめったに抵抗しなかった。

### 新しいパトロン

ヨーロッパ絵画は、新しいことには抵抗しがちな強大な組織、アカデミーから多大な影響を受けていた。伝統的な考えに染まったアカデミー会員は、宗教や神話、あるいは寓話や歴史を主題とするほうが、肖像画や日常の情景、風景、静物を描

右：プッサン『聖ヤコブのいる風景』1640年。

いたものより優れていると考えていた。しかし、こうした見方は、18 世紀ヨーロッパの社会構造に劇的な変化が起こると、当然ながら受け入れられなくなる。新たに金持ちになった地主たちは自分の家族や、私有地、大邸宅、風景や家畜の絵を求めた。このような新しいパトロンに応えて、画家はますます世俗的主題へ関心を寄せるようになり、宗教的主題や古典的主題からは離れていった。

イングランドでは、トマス・ゲインズバラやジョシュア・レノルズが、このような新しいパトロンが切望する絵を描いた。こうした画家の顧客は、時としてゲインズバラの『アンドルーズ夫妻』のように、すばらしい領地と、そこに家族の肖像画をも描かせるという、二重の見返りを得ている。新婚のアンドルーズ夫妻は領地内でリラックスした様子でポーズをとっている。こうした裕福な地主たちは、一般人にすぎないが、この作品を注文することができたのである。

ヴェネツィアの画家カナレットは北ヨーロッパの上流階級の間で流行していたグランドツアー（大旅行）から大きな恩恵を受けた。現に、カナレットの技術的にすぐれた作品は故郷のイタリアより、イングランドで人気を博している。しかしあいにくなことに、求められるままに作品を量産し始めるにつれ、その商業的成功は陰っていった。彼の新しい作品があまりに機械的なので、ある批評家から偽者の作ではないかとクレームをつけられ、公開の場で描いて自作であることを証明しなくてはならない羽目にもなった。

下：ゲインズバラ『アンドルーズ夫妻』1750 年。

上：カナレット『フランス大使の到着』1740年。ヴェネツィア。

フランスでは、革命で首がごろごろ転がり始める前、ロマンティックな作品を描く３人の画家が活躍していた。フラゴナール、ブーシェ、ワトーは一連の、魅力的だが退廃的なヌードや理想化され芝居がかった衣装をまとう作品で上流階級の閨房（けいぼう）を飾った。これらの快楽主義的で浅薄な作品はそれより数世紀前の宗教画とはこれ以上ないというほどかけ離れていた。実際、それらの作品は品位にもとるぎりぎりの瀬戸際にあったので、批評家の中には怒りをぶつける者もいた。しかし、それもろくに効き目はない。宮廷依頼の作品だったからだ。軽薄で露骨にエロティックなものにはちがいないが、パトロンが守っていた。

この分野の典型的な作品、フランソワ・ブーシェの『ルイーズ・オミュルフィ』はルイ15世の愛妾のひとり、魅力的なアイルランド人女性、オミュルフィの裸体画である。彼女は13歳でカサノヴァに誘惑されて、裸体画のモデルとなっていた。その絵を見た国王はいたく興味をそそられ、若い愛人にしたうえで、その自分用の肖像画をブーシェに描かせた。

18世紀の裕福なパトロンは大邸宅やヴェネツィアの運河やフランス宮廷の閨房の絵を好んだが、この世紀にはこうした絵画がかえりみない別のもっとむさ苦しい面もあった。それをウィリアム・ホガースの絵がとらえることになる。活気あるロンドンを描いた彼の絵画や

上：ブーシェ『ルイーズ・オミュルフィ』1752年。

版画は、イギリスの政治や都会生活、あるいは社会道徳にまつわる自己満足をことごとく打ち壊すものだった。ホガースの冷徹な視覚に訴える風刺は、当時の都会のむかつくような不正や節度を超えた堕落を痛切に感じさせる。

### 視覚上の新機軸

19世紀初めの革命的風景画家、非凡なJ・M・W（ジョゼフ・マロード・ウィリアム）・ターナーは光の効果を極限まで追い求めた。嵐の海がどれほどすさまじく見えるのか、みずから体験するために、体を船のマストにくくりつけさせたといわれる。死に臨んでの言葉は「太陽は神だ」というものだった。彼は陽光、火、雨、風、霧、嵐、そして荒々しい海に魅了されていた。年齢を重ねるにしたがって、彼の絵はディテールが減り続け、ついには光と靄以外ほとんど何もなくなってしまった。

後期の作品に見られる自由でかすんだような質感は、それ以前の伝統的な絵画を称賛し

ていた批評家たちを困惑させた。ターナーは狂気に陥ったという噂が流れた。母親は精神科病院で最後を迎えたが、ターナー自身、ますます偏屈になり、晩年、チェルシーで愛人ソフィア・ブートと暮らしていたときには、退役した提督を装っていた。ヴィクトリア女王は、なぜターナーにナイトの爵位を授けないのかと問われ、彼が狂気に取りつかれているようだからと答えている。真相がどうであれ、晩年の作品に見られる細部を無視する冒険的な試みは、視覚の抽象性という点で、同時代からほぼ１世紀先を行っていたという事実を物語っている。その意味で、歴史上もっとも革新的なアーティストのひとりと位置づけられる。

**…晩年の作品に見られる細部を無視する冒険的な試みは、視覚の抽象性という点で、同時代からほぼ１世紀先を行っていた…**

イングランドの外に目を向けると、19 世紀の視覚的創造の中心はフランスだった。アングル、コロー、クールベ、ドーミエ、ドラクロアといった主要な画家たちが中心的存在となりつつあった。フランス革命によって、画家が自分たちを取り巻く世界の視覚的インパクトにもっと直接的に反応するまったく新しい局面が用意されたのである。この動きに同調しなかったのが新古典主義のアングルで、かたくなに自分は「よき主義の保護者であり、革新者ではない」と主張していた。彼を批判する者は、過去から収奪していると非難し、それに対してアングルは、彼らは私の名声を抹殺する悪党だと怒りをあらわに反論した。彼の主題は寓意に富んだもので、技術的には擬古典主義だったかもしれないが、裸体画は革命前の閨房画家に負けず劣らずエロティ

左：ホガース『放蕩一代記』の居酒屋の場面。1734 年。

右：ターナー『国会議事堂の火事』1834 年。

ックである。

　アングルには好敵手がいた――ウジェーヌ・ドラクロアである。アングルの作品が人為的に整えられたポーズをともなったものであるのと同じくらいドラクロアのそれは自然の動きに満ちあふれている。彼の描く情景は生き生きと息づいていて、画面からその場の匂いを嗅ぎ、音を聞くこともできようかと思われるばかり。その力強い筆使いは、画面に豊かで鮮烈な感覚をもたらし、人物像はほとんどつねに、激しい動きの一瞬を切り取ったように静止したところが描かれている。たとえ、国王の愛人たちの虐殺の場面であろうと、大暴動や馬同士の荒々しい戦いの情景であろうと、渦巻くような画面構成はダイナミックな力に満ちている。彼は見る者が、そこに描かれている刺激的なできごとの一部になったように感じることを望んだ。そのためにはいくらでも細部を犠牲にする覚悟があった。それはアングルの主張とはことごとく対立する姿勢である。

上：アングル『アンジェリカを救出するルッジェーロ』1819年。

　アングルの古典主義とドラクロアのロマン主義の戦いは、やがて美術界に新しい革命が到来するとともに歴史の中へ消えていく――まじめな観点からふつうの人びとを描こうとする写実主義者による革命である。これは様式よりも主題の革命と言ってよい。たしかに、こ

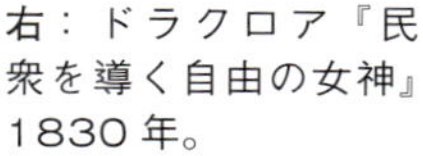

右：ドラクロア『民衆を導く自由の女神』1830年。

**ドラクロアの描く情景は生き生きと息づいていて、画面からその場の匂いを嗅ぎ、音を聞くこともできようかと思われるばかり。その力強い筆使いは、画面に豊かで鮮烈な感覚をもたらし…**

れよりはるか以前にブリューゲルたちは農民の営みを描いているが、登場する男女はそれほどまじめにとらえられてはいない。その人たちは「労働の尊さ」とはまったく無縁である。それとは対照的に、フランスの画家、ジャン＝フランソワ・ミレーは農民たちにまったく違う光をあてる。彼らは骨折って働き、畑を耕し、作物を取り入れる。批評家の中には、社会主義者のプロパガンダを描いているとしてミレーを攻撃する者もいたが、農民は痛ましいほどの真剣さの中に、重要な新しいメッセージ「平等」を伝えている。

### 絵画への新しい取り組み

19 世紀絵画の主要人物はフランス人のエドワール・マネである。彼の作品は 19 世紀初めのリアリズムとその後の印象派の重要な架け橋と見ることができる。印象派の画家はマネを自分たちの活動の父とみなしているが、マネ自身は彼らとともに出品することも、そのグループの正式会員になることもつねに拒んでいた。

マネは自身を写実主義画家とみなしていたが、絵の具の塗り方には大きな違いがあった。細心の注意を払ったきちょうめんな筆使いはなくなり、ゆるさが目立つ。その点に、権威あ

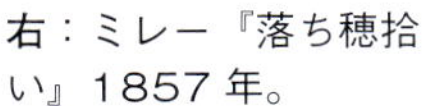

右：ミレー『落ち穂拾い』1857 年。

る批評家たちは、なぜ最後までしっかり描かないのかと反感を持った。この自由な筆使いは、どのようにマークがなされているのかが見る者によくわかって、若い画家たちの興味をそそった。それは新しい技術革新の出発点となり、印象派の画家たちのさらにゆるやかな絵の具使いへとつながっていく。

マネの作品はパリに住む人びとの日常生活が主題になっている。その点で、彼は写実主義者であり、人びとが仕事をしたり、バーやカフェでくつろいだりする様子を描いている。時には会話をしているところや、一杯やっているところをとらえ、構図は形式張らず、自然で、人物は別の人物の陰で半分しか描かれていなかったり、カンヴァスの端で顔が切れてしまっていたりする。これはマネの作品の持つ別の側面で、印象派の画家たちに大きな影響を与えることになる。

1874 年、モネやシスレー、ピカソ、ドガ、ルノワールといったパリで活動する小グループが新しい手法で描いた作品を合同で展示した。モネの作品のうちの一点に『印象』とタイトルがつけられていた。会場を訪れた批評家が、たしかにその作品から印象を受けたと冷ややかに言い放ったうえで、「なんとまあぞんざいで気ままな仕事であることか！　描きかけの壁紙のほうが、あの海の風景よりよっぽど完成されている」とつけ加えた。批評家は侮辱の意味をこめて「印象派」と呼んだが、それは逆効果になった。彼らのさわやかな、すっきりとした、ほかとは違う描き方はしだいに支持者の関心を呼び、その動きは絵画への新しい取り組み方にはずみをつけて、20 世紀の大変動の先触れとなるにいたる。

印象派の画家はいくつかの異なる技法を用いている。絵の具をぼってりと厚く、短い筆使いで塗り、細部は無視する。色は混ぜずに別々に塗る。それぞれの色を融合させるのは

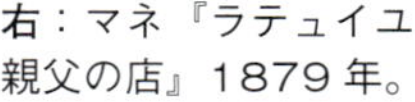

**右**：マネ『ラテュイユ親父の店』1879 年。

右：モネ『印象、日の出』1872 年。

鑑賞者の目である。また、一瞬の姿をとらえるために、すばやく描かなければならない。仕事はスタジオ内でなく、戸外でする。黒と灰色は使わず、暗い色は補色から作り出す。絵の具の乾きを待たずに色を重ねて、意図的に輪郭をぼやかす。黄昏時の影やきらめく陽光、反射する光といった光の状態がとくに重要とされる。影は空の反射から、青で描かれる。

この新しい技法による結果は大美術サロンの伝統に慣れた人びとを驚かせた。多くの人にとって、印象派の作品は枠を外れたとんでもないもので、いい加減な寄せ集めに思えた。しかし、彼らはへこたれなかった。グループにはおよそ 12 人が参加しているが、注目に値する画家が数人いる。クロード・モネは新しいスタイルのもっとも極端な唱道者と言えるかもしれない。作品のいくつかは絵の具の小さな点の集合とほとんど変わらないように見える。

### ポスト印象派

印象派の画家たちは組織としては、1874 年から 1886 年までにパリで 8 回の展覧会を開いた。その後、19 世紀の最後になって、ポスト印象派として知られるようになる新しいグループが生まれた。主要メンバーにはポール・ゴーギャン、フィンセント・ファン・ゴッホ、ポール・セザンヌ、ジョルジュ・スーラがいる。もっともはっきりした発展は、印象派の筆使いを技術的に洗練させた点描法と呼ばれる描き方を生み出したことだろう。それはスーラとシニャックが創り出したスタイルで、絵の具を短く塗る印象派の手法を、ただの点にまで小さくしている。それぞれの点の色は違うが、離れて見ると、点が混ざって大きな形が現われる。スーラは光と色彩の性質に関する科学的理論に興味を持つようになり、補色や光彩、網膜残像効果の実験を行なっている。

ファン・ゴッホは反対の方向へ進んだ。絵の具の塗り方を微細な点にまで小さくしてしまうのではなく、もっとはっきりと目に見える力強い筆使いをするようになった。それは生涯、ますます強くなり、最後には絵の具をカンヴァスにたたきつけるようにして塗るほどだった。ファン・ゴッホの作品は印象派のそれとも異なり、対象を一段と強く、目立つようにするためにしばしば黒い絵の具で輪郭を描いている。その作品の多くには苦悶の風情が漂っている。自身の苦しみに満ちた性格の反映である。

作品がどれほどすばらしいにせよ、ゴッホ自身は快活な、愉快な人間だったようには思えない。ゴッホがアルルにいたときに、彼に絵の具を売った若い女性、ジャンヌ・コールマンから聞いた話では、ゴッホは「不潔で下品で、酒臭いし、いやな感じ」だったそうだ。そのうえ、売春宿でとっぴなセックスからしか喜びを得られなかったといわれる。しかし、彼

下：スーラ『グランド・ジャット島のセーヌ川』1888 年。

上：ファン・ゴッホ『カラスのいる麦畑』1890 年。

は、鬱々と世を送りながら力強い芸術作品を生み出すという矛盾した面を持つ人間のひとりだった。

ファン・ゴッホの友人、ポール・ゴーギャンも鬱病に悩まされ、自殺未遂を起こしている。ゴーギャンは南太平洋での滞在を、若い地元の少女たちとの交渉のせいで梅毒持ちの酔っ払いとして終えた。マルキーズ諸島長官を侮辱したあと、投獄の判決を下されるが、服役する前にモルヒネの飲み過ぎで死亡した。ここでもまた、疑いもなく不愉快な人間が重要な美術作品を生み出したというパラドクスの例を見ることができる。

**ゴッホの作品の多くには苦悶の風情が漂っている。自身の苦しみに満ちた性格の反映である。**

ゴーギャンの絵は印象派のはるか先を行く。印象派の作品を見たことで、伝統的制約から解き放たれたのかもしれないが、その後は原始的なスタイルへと独自の道を進んだ。そこで描かれている対象の特徴とはほとんど関係のない明るい色彩が道理を無視して使われている。犬は明るいオレンジ色、大地は赤、黄色、紫、緑。画面は深みがなく、細部はざっと描かれている。ゴーギャンの描く現地の暮らしはシンボルと、不思議な、息のつまるような雰囲気に満ちている。明るい色彩と生き生きとした描写にもかかわらず、その作品にはきれいさがまったくない。制作当時、彼の作品は革命的で、世紀末のパリ美術界にやってくる画家たちに大きなインパクトを与えることになる。

もうひとりのポスト印象派の巨匠、ポール・セザンヌはまったく違う個性の持ち主で、ファン・ゴッホやゴーギャンにくらべて、問題になるようなことはずっと少なかった。裕福で敬虔なセザンヌの最大の葛藤は、制作時に自らに課す要求に関するものだった。構成にわ

右：ゴーギャン『笑い話（アレアレアの種）』1892年。

ずか1か所を追加するのに数時間を費やし、1枚の静物画を完成させるまでには100回以上も作業を重ねたといわれる。それは自分に相矛盾する要求を突きつけるからだった。つまり、眼前の自然を観察したままに提示すると同時に、そこに潜んでいる抽象的な構造をも明らかにするということで、抽象化がほんのわずかだと単なる自然の模倣になってしまうし、あまりに抽象化すれば、自然との触れ合いが失われる。セザンヌは自然の姿の表面下にある幾何学的形体を描こうとした。有名な話として、彼は「自然を円筒形や球体や円錐形で扱う」ことを望んだと言う。しかし、そうすることによって、自然の情景を単純で、直接的に観察する目が失われることは望まなかった。

抽象化がほんのわずかだと単なる自然の模倣になってしまうし、あまりに抽象化すれば、自然との触れ合いが失われる。

そのような微妙なバランスを保つためには、ひとえに長期間、集中するしかなかった。次世紀の美術界に彼がもたらしたインパクトは計り知れない。彼が用いた色彩の調子と細やかな筆使いは、20世紀最初の重要な運動——キュビスム——の分析的傾向の出発点ととらえることができる。そこから美術界はセザンヌが想像すらできなかったはるか先の、自然形体の抽象化へと突き進んでいく。

### 新しいアートの形式

19世紀にはアートの外観を変える重要な影響が二つあったと明

**右**：セザンヌ『フランソワ・ゾラ・ダム』1878年。

言できる。第1はパトロンが、それまでの教会や王室から隆盛を誇る新興中産階級に移ったこと。第2は絵画制作に新たな科学技術が開発され、筆や絵の具の代わりに化学的方法が使われるようになったこと。写真によるアート、つまりは写真術である。始まりはささやかなものだったが、このまったく新しいアート形式は、しだいにできごとや場所、人や事物を記録する役割を肩代わりするようになっていった。

再現描写芸術は数世紀の間、この社会的義務を担わされてきた。そして、人間の手が絵筆を用いて発展させてきた輝かしい技術は、視覚の歴史で驚くばかりの成果をあげ、そこから多くのものを学ぶことができた。白黒写真が思いのこもった美しさに欠けていることは、科学的正確さが埋め合わせになる。現存する最古の写真は1827年までさかのぼる。発明の才に恵まれたフランスの資産家ジョセフ・ニエプスが、書斎の窓から屋外の離れ家を撮った写真は、露出時間が8時間、画像はぼんやりしているが、それがスタートだった。

フランス人画家ジャック・ダゲールが次の一歩を踏み出し、1839年に、ダゲレオタイプを公表した。彼の写真はユニークなポジティブ画像で、きわめてこわれやすかった。露出時間は30分まで短縮され、その後の数年間に徐々に短くなっていく。しかし、1850年代半ばにはイギリス人科学者ウィリアム・フォックス・タルボットがすでにダゲールの先を行っていた。

フォックス・タルボットは1830年代に、本人が言うところの「フォトジェニック・ドロー

上：世界初の写真。ジョセフ・ニエプス撮影。1827年。

イング」を開発していた。1839年には「フォトジェニック・ドローイングによるアート、あるいは、画家の筆を借りずに自然物を描く方法」という長ったらしい論文を発表する。1841年には、「カロタイプ」と称する世界初のネガポジ式の現像方式を開発し、1枚のネガ（陰画）から多数のポジ（陽画）を作り出すことを可能にした。露出時間は今や1分ないし2分に短縮され、写真による肖像画が誕生する。もっとも、モデルの頭を完全に固定しておくために、クランプ（留め具）がなくてはならなかった。

1870年代には印画紙に焼きつける安くて速い技術が開発され、1888年にはアメリカで、曲げやすいロール・フィルムを使った世界初のコダックカメラが登場した。その結果、ついに簡単に写真を撮ることができるようになった。20世紀には、科学的画像は急速に勢いを増し、歴史を視覚的に記録するという重要な役目を手描きの絵画から奪っていった。白黒写真は微妙な色合いを写し出すカラー写真へと発展し、ついで映画やビデオなどが生み出された。世界はもはや王族や戦闘について知るために絵画を研究する必要はなくなった――映画やテレビ画面で見るようになったのである。

このような進展がもたらしたインパクトは、19世紀最後の10年間の絵画にすでに表われ始めていた。印象派の画家たちは写真の役割が大きくなっていることにじゅうぶん気づいていて、その影響を受けて、彼らは世界を新しい方法で描く実験にとりかかることにしたのである。新しい世紀の出発点で活躍する画家たちの関心が伝統芸術の再現描写と制約を離れ、視覚イメージ創出のためのまったく新しい実験に向かうようになるのは時間の問題だった。

14世紀から19世紀にかけての伝統絵画をざっと見てきたが、そこで明らかなのは、私が唱えるアートの八つのルールのあるものがほかよりも明確に表われているということである。パトロンの要求を満たすために画家が受けるプレッシャーは、視覚表現の実験にきびしい制約をかける。もっとも影響をこうむるのは誇張と純化のルールである。宗教的情景を描く際も、外的世界の視覚記録を作り出す場合も、伝統的な画家は大げさな誇張はどのようなものでも避けなければならなかった。色彩を強調したり、形を純化したりすることも最低限にとどめなければならなかった。

極端な例をあげれば、オランダの静物画においてはこうした抑制がほとんど全体におよび、その結果、描かれている対象は実物と見まがうほどだった。そのようなすばらしい作品について何が並外れているかといえば、それは画家の想像力あふれる創造性ではなく、傑出した技量が示されていることである。しかし、ここにも、私が唱えるほかのルールのほとんどが働いている。微妙な構成上のコントロールは作用しているし、オランダの静物画に描かれている多数の題材はこの上なく注意深く配置されている。これらの作品におけるバランスと視覚リズムも慎重に考慮されている。しかも、それぞれの静物画は最適な不均質性のルールに従って細部まで注意深く描かれている。構成はつねに、「単純すぎ」と「複雑すぎ」の間で完璧に均整を保っている。あっさりしすぎてもいなければ、凝りすぎてもいない。これらの絵を鑑賞する喜びは、一つにはこのような両極端の間の微妙なバランスに対する反応にある。

さらに、個々の対象物を描く息をのむほどの正確さは、画家がイメージの洗練のルールに従っていることを示している。そしてそれぞれの作品が一般的な静物画の主題をわずかに変化させているのは、テーマのヴァリエーションのルールに従っていると言えよう。

**…新しい世紀の出発点で活躍する画家たちの関心が伝統芸術の再現描写と制約を離れ、視覚イメージ創出のためのまったく新しい実験に向かうようになった。**

再現描写芸術についてのそのほかの、もっと順応性のある例に関しては、誇張と純化の抑制はそれほど極端ではないことが多い。たとえば、肖像画では対象のよい面をいくらか誇張したり、悪い面を減じたりするかもしれない。神話や宗教上の情景を描く際は作品のインパクトを強めるために、それらのイメージを強調するかもしれない。風景画家の多くは、みずからの視覚上の好みに合わせて、風景を再配置する。そしてアートの歴史におけるこの局面の終わりに向けて、強調された色彩と形による実験が舞台に登場し始める。

画家のおもな責務の一つが外的世界を記録することである場合、私が提唱するアートの基本ルールはなおもはっきりと示されている。視覚による歴史の記録者としての重荷は、画家を、もっぱら技術の熟練や視覚上の物まねにかかわるたんなる機械に変えるものではない。彼らは子どもアーティストや部族アーティストや近代アーティストが知らない束縛にさらされることがあるかもしれないが、たとえそうであっても、自分に課せられた制限の中で、遠い昔からの、創造したいという衝動になおも従うべく努力するのである。

# 第９章　近代アート

# 近代アート

## ポストフォトグラフィックアート

近代アート——20世紀のアート——を表わすのにもっともふさわしい言葉はポストフォトグラフィックアートだろう。19世紀の終わりにかけて、外的世界を直接記録するには、絵筆の代わりに化学物質を使った科学的手段で行なえることがはっきりしてきた。カメラに取って代わられたこの変化を無視する画家も少数いて、伝統芸術は20世紀もずっと続いたが、この時点から、伝統芸術が担う役目は副次的なものになっていった。主な役目は新しい自己表現の道を求める実験的アーティストが担うようになる。いまや記録する責務は従来の画家の肩から取り除かれたのである。

**…全体として見ると、20世紀アートはスタイルと短命な運動の混沌たる集合である。**

このような新しい自由にともなう問題は、どの道を進むべきかをアーティストに示す法則がないということである。何がやりたくないかはわかっているが、それだけ。自由とは、好きな方向にはどこでも行けるが、道しるべが何もない砂漠のようなものである。その結果、全体として見ると、20世紀アートはスタイルと短命な運動の混沌たる集合である。少数のアーティストがまとまってグループを作り、何かほかと違うことをやろうとし、自分たちに名前をつけ、収集家が反応してくれることを期待する。美術史家によれば、1900年から2000年の間に81ものグループ、あるいは「〜主義」を数えることができた。

21世紀になって、それらのグループを振り返ってみると、小さな理論上のちがいを無視すれば、五つの大きなトレンドがあることがわかる。そのトレンドは、それぞれの仕方で伝統芸術のルールから外れている。要約すると：

幾何学的アート——自然界からの退却
有機的アート——自然界の歪曲
非合理的アート——論理的世界からの退却
ポップアート——伝統的主題への反抗
イベントアート——伝統的技法への反抗

これら五つのトレンドに加え、従来の伝統をあきらめないアーティストがいる。
スーパーリアリストアート——カメラとの競合、である。

これらの競合するトレンドはかつてないほどの選択肢の多様性をもたらした。加えて、20 世紀には芸術のパトロンが教会や王室から個人収集家や公共美術館へ移るという大きな変動があった。従来の美術館のほかに、もっぱら新しい作品に関心を寄せるモダンアートの美術館が加わり、広く一般大衆がじかに近代アートを経験できる場を提供している。そうでない場合は、リトグラフ（石版画）や安価なカラー複製画、ポスター、葉書、イラスト入り美術書などで作品に接することができる。

このような動きによって、以前よりも美術に触れやすくはなったものの、別の意味では手が届きにくくなった面もある。現代のアーティストはあまりに深く実験に入れこんでいるので、一般大衆にとっては最近の作品を受け入れがたく感じることがしばしばある。21 世紀の今日ではなんら論争にならないと思える近代アートの作品も、はじめてお目見えしたときには、気が触れた人間やペテン師の作品だと見られていた。新しいスタイルの近代アートがすぐに認められることはめったになく、もっとも革新的なアーティストの多くは生活にも困った。今日のオークションで何百万ドルという値段で売られる絵は、画家が食うや食わずの暮らしの中で描いたものである。このことは、それまでのようなパトロンからの支援を受けない 20 世紀の多くのアーティストが、いかに熱い情熱を抱いてアートに献身しているかをよく物語っている。彼らは日々の暮らしの中で、実行するのがどれほど困難であろうと、探求するときめたヴィジョンを持っていた。そしてこれもまた、抑えきれない創造力の発揮を希求する人間の衝動を示している。

**現代のアーティストはあまりに深く実験に入れこんでいるので、一般大衆にとっては最近の作品を受け入れがたく感じることがしばしばある。**

### 幾何学的アート——自然界からの撤退

1900 年から現在にいたるまで、いつも自然物の表層下の構造を探ろうとするアーティストがいた。彼らはあらゆるものの細部や有機的不規則性の下に、基調をなすシンプルな幾何学的図形を見出した。セザンヌはその当初から「自然を円筒形や球形や円錐形でとらえたい」と述べている。一見したところ、自然を大ざっぱで、粗雑にとらえようというこの動きは、賢明ではないように思えるが、そうではないことが、あるめずらしい医療事象で説明することができる。

幼児期に失明した中年男性が新しい外科手術で視力を取り戻した。目を開けたとき、外科医に何が見えるかと聞かれ、彼はこう答えた。「光っている、動いている、色が見える、何もかもごちゃごちゃ、わけがわからない、ぼんやりして……光と影がごった返しになっている。」男性は一定の形を認めるようになるまで、とてもつらい思いをした。まず初めは構成線と呼べるものを見分けることだった。それは幾何学的なコントラストのある場所、視線を集中することのできる何物かである。それからはどんどん形や線を識別し、ついには壁に触れずに廊下を歩けるまでになった。言い換えると、彼は視覚世界の基本的な幾何学的形状を使い、きちんと手順を踏んで見ることを覚えたのである。したがって、セザンヌの言葉には並々ならぬ正しさがあると言ってよい。人間の目は何かを見るとき、そのものの内在的な構造によって理解し、基本の幾何学的形状を取りこむことで、混乱を避けている。それゆえ、単純化された形は心地よい感覚をもたらす。つまり、視覚世界の複雑な細部をシンプルな幾何学的形状に単純化することは、誰もがものを見るたびに、気づかずに行なっているのである。

**下**：ピカソに影響をあたえたアフリカの部族の仮面。

**下右**：ピカソ『アヴィニョンの娘たち』1907年。

細かい形を単純化することは、部族アートでも多く行なわれている。20 世紀初期に、若きスペイン人、パブロ・ピカソはパリの民族誌博物館を訪れた際、目にした部族の仮面に魅了され、そこの「アフリカ・コレクションをたびたび訪れた」と言われる。そしてピカソ自身、そのことで「自分は変わった」と述べている。このような部族アートの展示に、ピカソはセザンヌが語っていたものを見たのである――この場合は、個人的肖像を犠牲にして誇張された顔の基本的幾何学形状ということになる。

…大衆の反応は、この絵をみだらで、吐き気がするほどの、とんでもない、身の毛もよだつ、不道徳な作品、と見ていた。

この時期にピカソは、単純化された頭部を持つ古代イベリアの石像から三つめの影響を受けている。それらは当時 、スペインで発掘されたばかりだった。この影響を心にとどめたピカソは 1907 年、友人たちの度肝を抜くことになる作品に着手したが、その作品は美術史におけるまったく新しい運動のさきがけとなるものだった。彼はその絵を『アヴィニョンの売春宿』と名付けた。5 人の売春婦が新しい客に指名してもらおうと自分を見せびらかすようにポーズを取っている。左の 3 人の顔は古代イベリア彫刻からとったもので、右のふたりは、民族誌博物館で研究したアフリカの仮面をつけている。5 人の光と影の調子からはセザンヌの影響が見てとれる。

この絵は展示するにはあまりにも衝撃的だとして、ピカソの友人たちだけに見せられた。その後展示されるまで、9 年間も隠されていた。そのときもタイトルが検閲に引っかかり、ピカソの希望に反して、しかつめらしい『アヴィニョンの娘たち』に変えられた。それにもかかわらず、大衆の反応は、この絵をみだらで、吐き気がするほどの、とんでもない、身の毛もよだつ、不道徳な作品、と見ていた。ピカソはその絵をまるめると、未完成と称して、29 年もの間アトリエにしまっておいた。1972 年に、一流の批評家が「過去 100 年間にもっとも強い影響をおよぼした美術作品だ」と言ったのを知ったら、ピカソはさぞかしびっくりしたことだろう。

ピカソの作品に関して、もっとも驚くべきは、セックスのために体を売っていると思われる女性たちの醜さである。ピカソは自身も売春宿に足を運び、5 年前には女性たちのひとりから性病をうつされ、治療を受けていた。（治療にあたった医師は「青の時代」の絵を受け取った。）ピカソが女性像に「売春婦の醜い顔」を描くようになったのは、この不愉快な思い出のせいだと考えられている。

その後の 2 年間、ピカソはこういった一般的な人物像を描き続けた。その形はしだいに単純化され幾何学模様のようになっていく。1909 年、この初期の経験から、ピカソと友人のジョルジュ・ブラックは 20 世紀最初の重要な運動を始めた――キュビスムである。もっとも初期の作品ではまだ、幾何学模様のような抽象画の元になっている自然物が何なのか見当がつくが、時代が進むにつれ、それはいや増しにむずかしくなる。

上：ブラック『ヴァイオリンのある静物』1911年。

キュビスム絵画からはしだいに色彩が失われ、運動の最盛期には薄い灰色と茶色の混合になってしまう。これらの作品からは苛烈さや厳粛さが感じられ、まるで画家が見る者を、まじめに絵と対峙させようとしているかのようにも思える――当時、作品がいかに革命的であるかと自負していた彼らは、そうせずにはいられなかったのだろう。

「分析的キュビスム」として知られるこの20世紀初期の絵画様式は、対象物の本質は、部分に壊すことによってもっともよく伝えることができる、という考えにもとづいている。その過程で、画家は部分を単純化し、見る者には光と影が結合した小さな切片の集合体として現われる。狙いはふつうの知覚画像ではなく、概念画像を提示することにあった。

この考えが実行され、対象が完全にバラバラにされ、解体され、寸断されると、新しい局面が徐々に出てきた――それはのちに便宜的に「総合的キュビスム」という名称がつけられた。ここで、分断された要素がふたたび新しい統合体にまとめられ、単純で、もっと曲線的な親しみやすい絵画が創り出された。このタイプの、暖かみのある、やさしく、色彩豊かなキュビスムは成長し、成熟し、ピカソにとってはその先何年もつづく基本スタイルとなっていった。

キュビスムは抽象画へ向かう唯一の動きではなかった。実際のところ、大体同じころに、ほかの画家たちも、何であるかがわかるような主題は一切お断りと大胆な宣言をして、完全に幾何学的で、完璧に抽象的な視覚世界に乗り出している。これらの作品がいかに早い時期に制作されたかを知れば、驚くほかはない。

たとえば、パリで活躍した画家フランシス・ピカビアはキュビスムに強く影響を受け、早くも1912年に抽象画を描いている。幾何学的抽象画もあちこちに現われていた。ロシアでは、近代アートの熱心な支持者が印象的な作品を集めていて、そこにはピカソの絵が少なくとも50点は入っている。中にはもっとも前衛的なキュビスム作品もあった。これを見た若いロシア人画家たちは、いち早く抽象へ向かうこの動きを限界まで押し進め、1911年という初期に、完全に抽象的なロシア絵画初の展示がモスクワで行なわれた。その絵はミハイル・ラリオーノフ作でひと言「ガラス」と呼ばれるものだった。

ラリオーノフは、光線に執着することから、自らをレイヨニスト（光線主義者）と呼ぶ小さなグループに属していた。彼らの絵はすべて光線で構成されていたが、それはピカソのキュビスムの水準をさらに純化したものである。重要なちがいは、ロシア組は完全な抽象への動きを一歩進めた点にある。彼らの作品には、キュビスム画家たちの作品に見出せる認識可能な主題の面影はまったくない。その絵は、彼ら自身の言によれば、「現実の形とは無縁である」ということになる。これらの作品を見ると、ロシア組はピカソの先を走っていた。ピカソの先駆者的な抽象への傾向を必然の帰結へと進めていった。ピカソ自身にはそこまでやる気はなく、幾何学的抽象画という最終ステージはほかの人間に任せた。しかし、ロシア組の仕事はそれで終わったわけではない。彼らは抽象画を最後の一歩、事実上、それ以上は不可能なところまで押し進めようとしていた。

1913 年、レイヨニストは、自分たちのスタイルを「シュプレマティズム（絶対主義）」と呼ぶ新しいグループによって脇へ押しやられてしまう。グループを率いる非凡な人物、カジミール・マレーヴィチはもっとも極端な幾何学的宣言を実現しようと抽象画を制作したが、あまりにも急進的で、何も描かれていないカンヴァスを展示する以外、その先へ進むことは不可能のような作品だった。描かれた年代は 1913 年という早い時期のようだが、正確な日付ははっきりしない。しかし、1915 年に展示されたことはわかっている。

新しい時代を迎えたこれらの抽象画は、モスクワ市民から「凶暴な遠吠えと嘲笑」という批判を浴びた。時期的にまだ早かったことを考えれば、驚くにはあたらない。しかし、そ

下：ピカソ『マンドリンとギター』1924 年。

れで怖じ気づくマレーヴィチではなく、なおも前衛的な抽象画を制作しつづけた。1918年には1915年の展覧会以上に前衛的な『白の上の白』と題する、白い画面に傾いた白い正方形が描かれている作品を発表した。正方形の白と背景の白は見る者が正方形の位置をやっと識別できるくらいのちがいしかない。

ロシア革命が起きて共産主義体制となって数年後、マレーヴィチの作品は禁止された。1926年、彼が率いる美術学校は「反革命的教導と放埒な芸術にうつつをぬかす」として閉鎖された。スターリンが許可したのは社会的リアリズムの芸術だけだった。抽象絵画は破壊を免れるために、当局の目から隠さなければならなかった。

ロシア・アヴァンギャルドのほかのメンバーはこうした悶着を避けて、生涯のほとんどを国外で暮らした。ワシリー・カンディンスキーは1896年にロシアを去ってドイツへ赴き、早くも1910年に最初の完全な抽象画を制作している。彼に影響をあたえたのはキュビスムではなく、モネの干し草の絵との出会いだった。これはモネのもっとも前衛的な作品で、干し草はぼんやりした形に色を塗っただけ。物事を厳密に考えるカンディンスキーは困惑した。「何がなんだかわけがわからない。じれったいったらなかった」と書いている。「画家にはあんなにぼんやりと描く権利はない。」しかしその後、はっきりしない絵ながら、ただそ

**右**：マレーヴィチ『シュプレマティストの十字架』1920年。

の強烈な色彩にぞくぞくするほどの衝撃を受けたことに気づいて、ショックを受ける。「それは私の記憶に消すことのできない印象を与えた」と回想している。そして、カンディンスキーは何であるか識別できるものを描かなくても、視覚的インパクトを与えられることを実感した。さらに、音楽を抽象的だと批判する人はいないことに思いいたって、絵画を視覚音楽として説明する。「色彩は鍵盤、目はハーモニー……画家は演奏者の手、あれやこれやキーをたたく……」

カンディンスキーは別の道をたどって抽象へ向かった。それは、音楽と結びついていることから、キュビスムとはかけ離れているように見える。初期の「即興」は、完全な抽象画だが、幾何学的というより有機的といえる。幾何学的作品は 1922 年に始まったが、妙に形式張っている。何であるか判別できる対象物と結びつかないように、幾何学的単位の配置には細心の注意が払われている。バランス、リズム、構成はうっとうしいほど押しつけがましい。結局、カンディンスキーの絵は情熱のこもった視覚宣言というよりも、細かいところにこだわった知的ゲームになっている。しかし、描かれていた時点では、それらの作品は革命的な宣言だった。

パリでは、ほぼ同じ時期に、フランス人画家ロベール・ドローネーとロシア人の妻ソニアが、

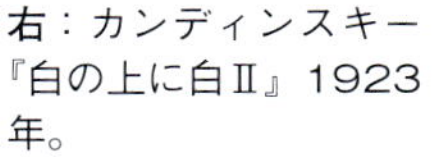
右：カンディンスキー『白の上に白Ⅱ』1923年。

チェコの画家フランティシェク・クプカとともに、明るい色彩の抽象的パターンによる実験的作品を描いていた。彼らはキュビスムから抽象概念を、野獣派から明るい色彩を取り入れ、それらを結合させて一本調子の単調なキュビスム派の作品よりも強く訴える作品を描いた。「オルフィスム」と呼ばれるその運動は、1914 年の第一次世界大戦勃発により短命に終わったが、いくつかの重要な幾何学的抽象作品を生み出し、ドローネーは戦後も同じスタイルで描き続けた。

オランダの画家ピエト・モンドリアンは 1911 年にパリに移り、1914 年までそこで暮らした。ちょうどキュビスム革命の最盛期にあたり、それに強い影響を受けている。パリ滞在中、判別可能な対象物を跡かたもなく取り去った独自の抽象的コンポジションを創作した。のちに、自身で「新造形主義」と呼んだ円熟期の作品は、垂直と水平の黒い線に赤、黄、青の主要３原色の長方形だけからなる簡素な構成になっている。自身に許した唯一のヴァリエーションは線と色面の正確な位置のみである。いったんこの厳格な形式で描き始めたモンドリアンは生涯、そのスタイルを忠実に守り通した。

同じように「純化された」道を進んで「ハードエッジ抽象画」と呼ばれるようになる作品を描いたのは、イングランド人ベン・ニコルソンである。彼もまたシンプルな幾何学的形象

下：ロベール・ドローネー『円形、太陽と月』1912 年。

上：ベン・ニコルソン（1894-1982）『ペインティング、1943』1943年。ニューヨーク近代美術館、彩色木枠に据えた板にグワッシュとペンシルで描かれている。24.6×25.3cm。木枠を含む。ニーナ＆ゴードン・ブンシャフト夫妻より遺贈。Acc.n：648。1994。

以外のすべてを排除する方向へ向かったが、彼の場合、気に入りの構成として注意深く配置された長方形と円がある。中には明るく彩色されたものもあるが、後期の作品では時に色彩さえ排除し、白に白を重ねた荒涼たるレリーフをものしている。

20世紀が進むにつれ、極端な形の幾何学的抽象絵画が、多くのアーティストの興味を引いた。例をあげれば、イングランド人ブリジット・ライリー、ハンガリー系フランス人ヴィクトル・ヴァザルリ、ドイツ人ヨーゼフ・アルベルス、フランス人イヴ・クライン、アメ

上：ヴァザルリ『Oltar-BMB』1972 年。

下：ケリー『ブルー・カーヴ・レリーフ』2009 年。

リカ人ステュアート・デイヴィス、バーネット・ニューマン、エルスワース・ケリーなどである。

ある幾何学抽象画家の作品が際だってほかとはちがっている。それはその画家が作品を二つの単純な幾何学的形象――方形と矩形――だけで描いていながら、ハードエッジ（鋭い輪郭線）を使わないことからきている。彼のソフトエッジ（ぼかした輪郭）の形は、まるで霞を通して見るように巨大なカンヴァスの中央に浮かんでいる。その人マーク・ロスコはロシア生まれのアメリカ人で、数十年間、過度に単純化された構成の作品を、ほんのわずか変えるためだけにくり返しくり返し作り直すという苦しい作業を続けた。彼は自分のイマジネーションを完全に上回る一つの視覚観念に取りこまれたように見える。年月とともに唯一、変化したのは、それまでの色彩から暖かみが消えたことで、初期の赤、オレンジ、黄色は暗い青や緑、灰色、黒に変わった。ロスコ最後の作品は、ますます暗く、ますます憂鬱なものになっていった。鬱病に苦しんで、抗鬱剤療法を受けていたが、ある日アトリエの床で息絶えていた。両腕には、カミソリによる切り傷があった。

アートの単純化に伴う危険の一つは、対象をますますシンプルにとらえ、その中にますます多くのものを見ていくと、ついにはほとんど恍惚状態におちいってしまうことである。頭から離れなくなるが、それは、ロスコが痛い目にあったように、かならずしもいい形でなるわけではない。

彼（ロスコ）は自分のイマジネーションを完全に上回る一つの視覚観念に取りこまれたように見える。

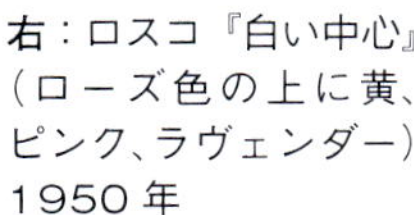

**右**：ロスコ『白い中心』（ローズ色の上に黄、ピンク、ラヴェンダー）1950 年

右：マティス『豪奢、静寂、逸楽』1904 年。

**有機的アート――自然界の歪曲**

20 世紀にはそれ以前とはちがって、いくつかのまったく異なるアートの流れが同時に起こっている。カメラの発展につづく、伝統芸術に対する広範な反乱は、まとまったグループや一匹狼のアーティストたちが、純粋な再現絵画以外の任意の方向へ進もうとしていたことを意味している。

幾何学的抽象絵画や単純化を目ざす長い探求の旅がつづく一方、それと並んで別の重要な流れがあった――自然界をますますゆがめる方向への流れである。ここでは、絵画的イメージは表層下の数学的形象にまでそぎ落とされるのではなく、代わりに何らかの方向へ変形された――色彩はたぶん、不自然と言っていいようなものに改められ、プロポーションは変えられたり、細部が通常の範囲を超えて誇張されるかほとんど描かれなくなる。ある程度の抽象化はあり得るが、それ以上の幾何学的単位に向かうわけではない。むしろ、有機体がありきたりのものではなく、空想的なものになっていく。

この方向へ向かうもっとも初期の動きはパリで始まり、1905 年、若い画家のグループが明るい色彩で粗っぽく描かれた作品を展示して、既成の画壇に衝撃を与えた。名のある批評家のひとりは彼らの作品を、野獣を意味する「フォーヴ」と呼んだ。グループの画家たちは侮辱と受け取る代わりに、その名を取って、みずからを「野獣派」と称した。

彼らは特定の情景を細部まで描くよりも、感覚や感情を作品で表現したいと考える画家たちのゆるやかな集合だった。グループの主導的立場にいたのはアンリ・マティスで、すぐに「野獣派の王」の称号を負わせられることになる。1904 年に制作された『豪奢、静寂、逸楽』は最初に展示されたフォーヴィスム作品として、その象徴となった。今日ですら、この作品の荒々しさは強烈な色彩や自由な筆使いに認めることができる。今よりも保守的な 1905 年当時の批評家に与えた衝撃はさぞや大きなものだっただろう。

マティスとともに作品を発表した画家には、アンドレ・ドラン、モーリス・ド・ヴラマンク、ジョルジュ・ルオー、そしてラウル・デュフィがいる。彼らの構図は印象派に大いに負っているが、それよりずっと荒々しく描かれている。ある批評家は彼らについて、今まで見たこともないほど汚らしい、絵の具を塗りたくった作品、と評したが、画商や収集家は、困惑して敵意を抱く世間の言葉には耳を貸さず、彼らの作品を愛好し、できる限りの素早さで買い始めた。これは新しいスタイルに関する限り予想外のことである。ふつうは、受け入れられるまでには時間がかかるものだが、おそらく印象派の画家たちがこの最新の動きへの道を拓いていたのだろう。

ヴラマンクの作品はまるでファン・ゴッホがやめたところから始めようとしているように見える。その風景画にはゴッホと同じような強烈さがあるが、いっそう風変わりな色彩構成になっている。たとえば、大地は赤、ピンク、青、緑の筋が野獣派のカンヴァス上で、海のように広がっている。

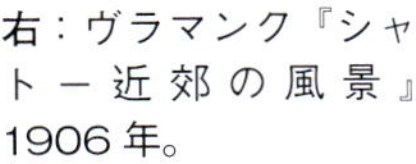

右：ヴラマンク『シャトー近郊の風景』1906 年。

上：マルク『小さな青い馬』1911 年。

野獣派はグループとしては長つづきせず、メンバーはそれぞれ別の道へ進んだ。王たるマティスだけは野獣派の伝統に忠実なまま、長い生涯のほとんどを、色彩を何よりも重んじるスタイルで通した。野獣派の活動が終わりを迎えるころ、ドイツではさらに前衛的なグループが活躍し始めていた。「青騎士」と呼ばれるグループのメンバーは想像力による色彩の使い方をさらに一歩前進させた。動物に夢中だったフランツ・マルクは明るい青や赤、あるいはオレンジ色の馬や、黄色い牛を描いた。色彩はもはや自然とはなんの関係もなく、画家の気分次第で選ばれた。

「青騎士」グループのもうひとりのメンバーはロシア人のワシリー・カンディンスキーで、構成面ではすでに大部分が抽象画だった。この段階で、彼の水彩画はコンセプトとしては有機的だったが、しだいにそれを放棄して、幾何学的構成へと移っていった。最初の有機的抽象画は 1910 年に描かれ、幾何学的形象へ移ったのは 1921 年になってからである。

カンディンスキーの有機的抽象画は色彩と動きに満ち、見ていると、目の前の風景が爆発して粉々になっていくように感じられる。彼は、自分の主要な目標は「形を解放することにある」と言う。言い換えれば、作品の構成の細部を、外的世界の識別可能な性状から切り離したい、ということである。そのためのうまいやり方は、非写実的な抽象的細部をただ

右：カンディンスキー『インプロヴィゼーション 28』（第 2 ヴァージョン）1912 年。

の飾りには見せないことである。ともかくも、描写的であることは絶対に避けながら、有機的であることの強みを保たせなくてはならなかった。

「青騎士」の作品が展示されたとき、大衆にも批評家にも感動を与えられなかったことで、彼はひどく落ちこんだ。展覧会の主な目的は、「ほとんど達成できなかった」と書いている。また、1911 年にミュンヘンで始まったグループの活動も、1914 年の第一次世界大戦の勃発によって、つぶされそうな状況だった。グループの主要メンバーのうち、外国人はドイツを離れなくてはならず、ドイツ人のフランツ・マルクやアウグスト・マッケはやがて戦闘で命を落とした。

その間、両大戦の間には有機的世界の歪曲という考えは別の道をとり、人体に関心が向くようになる。カンディンスキーは人体像を抽象化しようとはしなかったが、いまや数人の一流画家たちは、キュビスムの画家によって始められた幾何学的単純化という手段をとらずに人体の抽象化を始めていた。ピカソはそのひとりで、初期の作品の幾何学的図形を捨て去り、ピカソ流の手が加えられているにもかかわらず、肉付きのいい有機的特質を持つ誇張された人体像に移っていった。

**右**：ピカソ『赤い肘掛け椅子に座る裸婦』1932 年。

上：アルプ　『ヒューマン・コンクリーション』1932 年。

彫刻家もまた人体で、それまでになかった実験を行なっていた。もっとも前衛的なジャン（ハンス）・アルプとヘンリー・ムーアのふたりは、有機的特性を失うことなく、いろいろな段階に抽象化した裸体像を制作した。その作品は「ビオモルフィック・アブストラクション（生命形態的抽象）」と言われることがあるが、それは丸みを帯びた輪郭が、鋭い輪郭をした無機的構造よりも生物学的な連想を起こさせるからである。頭や胸、あるいは肩といった自然の形を認めることできるが、それ以上の人体構造となると、特定部位を全体の形から分離することができないところまで抽象化されている。

人体がさまざまな段階の抽象化に使われる一方、風景も同じように処理されている。イギリスの風景画家グレアム・サザランドは、岩や石、切り株、トゲのある木に、ヘンリー・ムーアが人体に向か

**彫刻家たちは…有機的特性を失うことなく、いろいろな段階に抽象化した裸体像を制作した。**

右：アルプ『ヒューマン・ルナ・スペクトラル』1950 年。

ったときと同じ変性の喜びを感じて、それらを偶像的イメージに変容させている。この点で、サザランドはふつうとはちがう。一般的に、風景画家は主題の視覚的インパクトに圧倒されて、それを抽象化する必要性はほとんど感じない。しかしサザランドは眼前の植物や地質的要素を、印象的な新しい形を生み出すための出発点ととらえている。

1930 年代と 1940 年代の作品では、有機的抽象化は部分的にしか進んでいない。まだ、変容されている対象物が何なのかが理解できる。この点で、カンディンスキーの初期の水彩画ほど進んではいない。カンディンスキーの場合、元の形が何であったのかはわからず、抽象化のプロセスは完璧である。しかし、カンディンスキーのヴィジョンは、アーシル・ゴーキーと名乗るアルメニア人のおかげで、新しい飛躍をとげようとしていた。ゴーキーは悲惨な体験ののち故郷を逃れ、1920 年にニューヨークへたどり着く。数年後に、そこで画家として一本立ちすることができた。彼はカンディンスキーの初期の抽象画に魅了され、1940 年代に、みずからも抽象画を描き始める。そのうちの何枚かは油絵の大作である。

**右**：サザランド『とげのある頭部』1947 年。

ゴーキーの絵はニューヨークの若いアメリカ人アーティストのグループから大いに称賛された。このことは、新しい絵画を目指す包括的なグループ――アメリカ抽象表現主義者――を活気づけるきっかけになった。彼らはモダンアート界の創造の中心をパリからニューヨークへ移した点で、想像もできないような成果をあげたといえる。1940年代まで、パリの優位は揺るぎないものだったが、それは第二次世界大戦によって終わりを迎えた。前衛芸術家はほとんどが動乱のヨーロッパを逃れて、ニューヨークに難民として落ち着いた。そこで彼らはゴーキーに迎えられ、一部の地元アメリカ人アーティストには疎まれたものの、当然ながら大きな影響をもたらした。近代アートの新しい時代はまさに爆発するところだった。オランダ生まれのウィレム・デ・クーニングを含む新しくやってきたアーティストたちはみな巨大カンヴァスに作品を描いた。デ・クーニングは20歳のとき、密航者としてアメリカにやってきて、ゴーキーのアトリエを共同で使い、急速に彼の影響を受けていった。デ・クーニングの暴力的で熱狂的なカンヴァスは決して仕上がらなかった。彼は描いて描いて、描きつづけたが、絵の具を塗るという行為のほうが、彼にとっては絵を完成させることよりも

**右**：ゴーキー『無題』1944年。

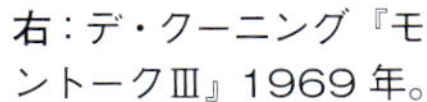

**右**：デ・クーニング『モントークⅢ』1969 年。

重要だった。

デ・クーニングはゴーキーの完全抽象画からは一歩後退して、激しい攻撃的筆使いの土台として女性の体を使った。「性差別主義者……女性をとんでもない怪物のように見せる」と批判され、デ・クーニングは「アートは決して自分を穏やかな気分にも、純粋な気持ちにもさせるとは思えない。美は自分を不機嫌にする。美よりもグロテスクなほうがいい。そのほうがずっと楽しい」と語ったと書かれている。デ・クーニングは結局、人体をやめ、完全抽象の凶暴な形を描くようになり、ニューヨークで活動するほかの「抽象表現主義者」と同じ行動をとるようになった。

アメリカの「抽象表現主義」派の作品を客観的に見ると、作品を制作するのに技術はほとんどいらないと言わざるを得ない。それぞれのアーティストはサイン代わりになる方策を見つけ出せばいい——何か認識できる抽象的モティーフ、作者が自分だとわかるもの、グループのほかのメンバーと区別できるものがあればいい。いったんそれをしてしまえば、自由にテーマに沿ったヴァリエーションをどこまでも楽しみ、巨大カンヴァスに完成させて一点ずつ、アメリカの美術館に渡せばいい。あるアーティストはいつ次の作風に移ればいいかを知るために、ご苦労さんにも国内の美術館の数を数えることまでした、と言われている。

こうした活動を行なった主要アーティストには、クリフォード・スティル、サイ・トゥオンブリー、サム・フランシス、ロバート・マザウェル、フランツ・クライン、ハンス・ホフマン、アドルフ・ゴットリーブ、マーク・トービー、ジャクソン・ポロックがいる。このうちのふたり、トービーとポロックは有機的抽象画をきわめて極端な方向まで進め、巨大なカンヴァスに焦点のない絵を描いた。その代わりに、極端に細かい抽象的な細部が画面全体の模様になっていて、何かの有機体組織を顕微鏡でのぞいているような印象を生じている。ポロックは床に置いた巨大なカンヴァスに絵の具をしたたらせたり、打ちつけたりすることで有名になった。この考えはドイツのシュルレアリスト、マックス・エルンストから借りている。エルンストは第二次世界大戦中ニューヨークで難民として暮らしていた1942年に、カンヴァスに絵の具をしたたらせる手法を実験していた。エルンストにとって、それは彼

**下**：ポロック『錬金術』1947年。

**右奥**：クライン『無題』1959年。

の想像力に富む頭脳が発明した多くの手法の一つにすぎなかったが、若いアメリカ人ポロックに示すと、彼はそれを吸収して、生涯、もっとも重要な手法として使い続けた。

アルコール依存症のポロックは、飲酒後に車を運転していて事故を起こし、44 歳でこの世を去った。彼のドリッピング・ペインティングは多くのアーティストや批評家、さらには大衆からひどく攻撃されたが、その作品は象徴的なものとなり、作者が誰であるか即座に見分けられる。

ニューヨーク派の野性的で、色彩や形、パターンによるスケールの大きな実験は、見る人たちを、粗野な視覚的情報のお祭り騒ぎに触れさせ、審美的経験とは本来いかなるものであるか真剣に考えさせるものだったにちがいない。しかし、多くのアメリカ人は、自分たちのアーティストがこの新しいトレンドを極端なまでに取り入れることに大きな不満を抱いた。画廊を訪れた人たちの典型的な反応は、「ほとんどの抽象表現主義の作品は子どものいたずら書きを途方もなく引き伸ばしたものにしか見えない」というものだった。

最近言われていることだが、この運動が成功したのはひとえに CIA の財政的支援があったからで、CIA はアメリカにおける芸術の自由と、ソ連における社会的リアリズムの息が詰まるような締め付けのコントラストを作り出したかった、という。真実がなんであれ、この運動は 1960 年代にはしだいに衰退し、ポップアートや、絵画的表現への回帰に取って代わられた。

### 非合理的アート——論理的世界からの撤退

近代アートがポストフォトグラフィックアートの自由へ反抗した第３の道は、夢や非論理的ファンタジーの世界への撤退だった。常識や上品さから離れたこの運動は第一次世界大戦さなかの 1916 年に始まった。チューリヒ在住の一群のアーティストは、体制側が塹壕や戦いの前線にいる若者たちの無残な死を後押しているのではないかと恐怖を抱き、基本的に反体制、反権威、反当局、反戦という思想的立場に立つことを決意した。そしてそれを達成するには、権威や正統主義にかかわることには何であれ、嘲笑し、馬鹿にし、広く攻撃することがもっとも効果的だと考えた。

この運動の強みは、重要なメッセージを持っていることにあった——社会が悪くなるとき、責任ある者はそのことを知らされなければならず、言いわけは許されないということ。ただ、弱点は本質的に反対運動であることだった。悪を攻撃するのは得意でも、その代わりに何か励みになるようなものを持ち出すのはあまり得意ではない。彼らは「ダダイスト（虚無主

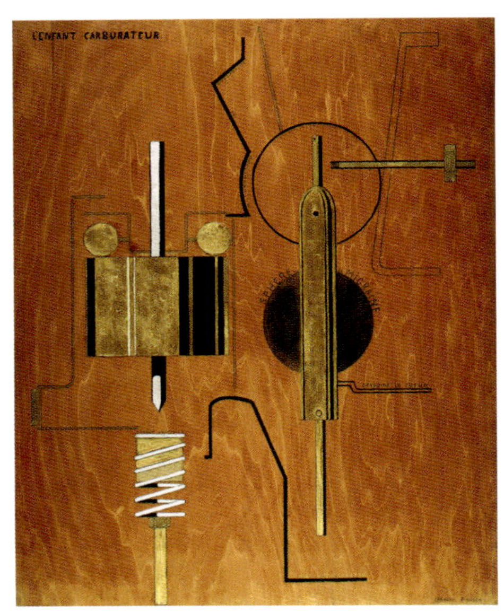


上：ピカビア『キャブレターの子ども』1919年。

義者)」と自称した。「われわれがダダと呼ぶものは、虚無でできている道化である……」は彼らのひとりが運動について語った言葉である。「われわれが褒め称えるのは道化であり、かつ死者のためのミサである……観念の破綻が人間性の概念を破壊した今……」「ダダは今日の人間の論理的ナンセンスを、非論理的無意味に置き換えたい」と言う声もあった。

ダダイストのグループは1915年から1923年にかけて、チューリヒ以外にも各地で結成された。チューリヒ・グループにはジャン・アルプがいる。彼はチューリヒで最初期の作品を制作した。ドイツではマックス・エルンストが非合理的コラージュを制作し、クルト・シュヴィッタースが町で拾った廃品で絵画を制作した。ニューヨークのダダイストには、レディ・メイドのマルセル・デュシャンやフランシス・ピカビア、マン・レイがいる。

ダダイストが活躍した時期の一つの特徴は、日常使うものをあたかもアート作品のように見せたことである。その考えは、ごくふつうのありふれたものを見つけ出し、貴重な彫刻ででもあるかのように提示して、もったいぶったタイトルをつけ、すばらしいアート作品であると宣言することである。そうすることで、正真正銘のアート作品を、典型的なダダイスト的なやり方でけなし、笑いものにすることができる。そのありふれたものには「レディ・メイド（既製品)」、あるいは「オブジェ・トルヴェ（拾得物)」とタイトルがつけられた。そうしたものを最初にアート作品として提示したのは、風変わりなドイツ人のパフォーマンス・アーティスト、エルザ・フォン・フライターク＝ローリングホーフェン男爵夫人である。1913年に、夫人は道で拾った大きな錆びたリングを、ヴィーナスを表わす女性のシンボルだと主張した。そして『永遠の装身具』と名付け、自分がアートと言えば、アートになると言った。彼女のもっとも有名な「レディ・メイド」作品は、流しのトラップ型をした配水管の一部が大工の道具箱の上に置かれたもので、わざと見る者を怒らせるように『神』というタイトルの下に展示された。

上：男爵夫人エルザ『神』1917年。

男爵夫人はマルセル・デュシャンに情熱的に傾倒し、デュシャンはそのことに辟易して、自分の体に触れるなと夫人に命令しなければならなかった。彼女はアート作品として公の場に登場した。「顔の片側は消印のある使用済み切手で飾られている。唇は黒く、フェ

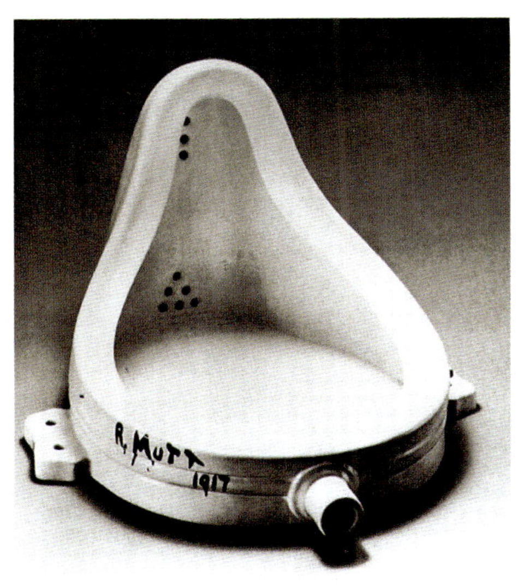


上：デュシャン『泉』1917 年。（つねにデュシャンの作品とされているが、彼は内輪では女友達のひとりの創作であると認めている）

**…どんなものでも日常の状態から取り出せば、非日常のものにできる。**

イスパウダーは黄色。石炭バケツを帽子代わりにかぶり、顎（あご）の下でヘルメットのように革紐が縛りつけられている。脇のからしスプーン 2 本が羽のような効果をもたらしている……」

男爵夫人エルザはデュシャンにとって悪夢のようなものだったのかもしれない。彼はダダの反既成権力思想に仕えて、しっかり狂気を装っていた。そして一方、彼女はほんとうに精神に異常をきたして、デュシャンをめめしい気取り屋のように見せていた。おもしろいのは、彼女の「ダダを超えたダダ」ぶりに、デュシャンの伝記作家がぶつぶつと怒りを書き連ねていることである。

レディ・メイドのなかでももっとも有名な作品、「R MUTT 1917」と署名が入った白い小便器が、公式展覧会に『泉』と題して出品されたことで、問題は頂点に達した。まじめなアート作品として出品されたこの物体は一大スキャンダルとなった。偽名の「R MUTT 1917」は男爵夫人の母国語（Armut、ドイツ語で貧困、欠乏を意味する）の言葉遊びである。この作品は彼女が、会の組織委員会のメンバー、デュシャンに展覧会に出品するように渡したらしい。ほかの委員は、デュシャンが不在の間に出展を拒否し、デュシャンはそれに抗議して委員を辞任した。スキャンダルは生まれ、勢いを増す。

今日では、小便器が一流画廊で展示されていても誰も驚かないだろうが、1917 年当時、口にするのもはばかられるような物体を展示することは、とんでもない、嫌悪すべきことと思われていた。デュシャンは家族を安心させるために、これは自分の考えではないとわざわざ断らなくてはならなかった。妹に宛てた私信で、事情をはっきりさせるために、次のように告白している。「女友達のひとりが、リチャード・マットという男性名をかたって、陶器の小便器を彫刻として出品した。なぜって、それには少しも見苦しいところはなく、拒否する理由もなかったからだ。」のちに、『泉』が有名になると、デュシャンは自分の考えだったかのように言い出し、限定数のレプリカを作って儲けるようになった。男爵夫人エルザは彼の嘘を公表することができなかった。ダダ時代が終わると、彼女はヨーロッパへ戻り、1927 年、アパートメントの自室のガス栓を開けて眠りにつくと、二度と目覚めなかった。自分を擁護できないまま、彼女は現代アート史からエアブラシで吹き消されてしまい、デュシャンは彼女のとっぴな小便器『泉』に対する賛辞をすべてひとり占めにした。この作品は近年、「現代アートにもっとも影響をあたえた作品」として崇め奉られている。

デュシャン自身の「レディ・メイド」作品は、それに比べると刺激に乏しい――自転車の車輪、鋤やワインラックなどである。最初期の作品はストゥールの上に置かれた自転車の車輪だった。デュシャンはもったいぶって、「レディ・メイド」作品とは呼ばず、その後、自分はただ「それを見るのを楽しんでいる」だけだとコメントしている。「レディ・メイド」と呼ぶようになったのは数年後、エルザと出会ってからである。

その後、1919 年に、デュシャンは、新たに強力なダダイスト宣言をするには、西欧世界に知られているもっとも崇拝されている作品を取り上げて、冒瀆することだと思いつく。そして『モナ・リザ』の複製葉書の顔に顎ひげと口ひげを描き、それを『L.H.O.O.Q. 』――わいせつな意味がある――というタイトルで展示した。ついで、『L.H.O.O.Q. ひげ剃り後』と題して 2 作目を発表した。こちらはひげを剃り、『モナ・リザ』になんの加工もせず、ただ下にタイトルを加えただけのものだった。このようにして、伝統芸術を楽しみながら破壊するというダダイスト流のやり方で、嘲笑の上に嘲笑を重ねた。

レディ・メイドを現代アートの作品として使い始めたのがおもに誰の功績かは別として、彼らの影響は多大であったと言わざるを得ない。その本質的メッセージは、コンテクスト（背景や前後関係）が決定的に重要であり、どんなものでも日常の状態から取り出せば、非日常のものにできる、ということである。新しい環境に置き、台座に据えて美しい照明を当てれば、この上なくありふれたものでも新しい見方をすることができる。機能的な連想を取り除くことで、作品を視覚的にまっさらな状態で吟味することができるのである。

多くのアーティストがダダ革命後の数年の間にこのトレンドを追いかけ、21 世紀になっても新しい作品を発表し、独自の審美的宣言であると称している。実際には、それらは、第一次世界大戦中の大量殺戮に対する思想的反乱を起こした風変わりな男爵夫人エルザのとっぴな隠喩の焼き直しにすぎない。あのように健康な若い肉体から手足を吹き飛ばすことができるなら、「神」を配水管として描くぐらいのことはフェアなゲームとして許されるのではないか、と彼女は言っているように思える。

ダダイスト運動は 1915 年から 1923 年まで続いた。この後、もっと強烈で影響力のある運動、シュルレアリスムへと発展し、それがほぼ 30 年間続いて、今でもそのインパクトが多方面に残っている。ダダイスム同様、シュルレアリスムも本質的には思想運動で、詩人、パンフレット作者、論客などが参加しているが、才能ある視覚アーティストをも引きつけている。もっとも長つづきするインパクトを与えたのはこれらアーティストの作品である。ダダイストと同じく、シュルレアリストも動機は既存の権威に対する嫌悪からきている――第一次世界大戦という戦慄すべき事態を容認した権威である。このグループの初期のメンバーのうちの数人――エルンスト、アルプ、マン・レイ――はあちこちに散在するダダイストとして活動していたが、今やアート界を仕切るアンドレ・ブルトンのリーダーシップのもと、パリに結集した。ブルト

**…シュルレアリストも動機は既存の権威に対する嫌悪からきている――第一次世界大戦という戦慄すべき事態を容認した権威である。**

ンはダダの混乱状態を収めて、もっと系統だった革命を組織したがっていた。

ブルトンは人間の無意識に関するフロイトの研究に刺激され、新しい運動がこれから取るべき姿を定義することに着手した。本質的に、シュルレアリストは「純粋に精神的オートマティスム（意識活動をさけて、無意識的イメージを解放すること）にみずからを捧げなくてはならない。……理性によるいかなるコントロールもなしに、いかなる美的、倫理的先入観もなしに…心の真の機能を…表現するために…。」ブルトンは「夢の無限の力を、指図されない思想の遊びを信じた。」

言い換えれば、理性的なコントロールや意識的な思想によってわれわれの社会が腐敗したのなら、代わりに非理性的な自由や無意識による想像力を追求するのが当然である。ブルトンは運動を完全に手の内に収めたうえで、最低でもきめたルールを厳守しようと心にきめた。ルールは十あった。シュルレアリスト・グループの正会員であるならば、

1. 創造活動の主要動機として、オートマティスムと無意識を受け入れなければならない。
2. 既成の伝統に反対する革命を支持しなくてはならない。
3. あらゆる形態の宗教を軽蔑しなくてはならない。
4. 共産党を支持しなくてはならない。
5. シュルレアリスト・グループの行動的メンバーでなくてはならない。
6. 集団行動を受け入れ、個人を主張することは避けなければならない。
7. 作品をシュルレアリスト展に出品し、さらに / または、シュルレアリストの刊行物に寄稿しなくてはならない。
8. 絵画や著作の発表は純粋にシュルレアリスト展、あるいは刊行物に限定しなくてはならない。
9. いかなるシュルレアリスト・グループからも除名されてはならない。
10. 成人期を通して活動的なシュルレアリストでなければならない。

新しいアート運動の誕生に高揚する中、誰もがこのルールに従うことに積極的に同意したが、やがてルールは破られることになる。グループのメンバーは強烈な個性の持ち主ばかりで、個を出すことを禁じるブルトンの要求は自分の首を絞めることになった。厳格な校長よろしく、ブルトンはルールに従わないメンバーを追放し、それ以外のメンバーは彼を見捨てた。実力のあるシュルレアリストはほとんど全員が放り出されるか、当然放逐されるようなやり方でルールに従わなかったりした。彼らは全員、シュルレアリスト派の一員であることの教育を受ける必要があった。教えこむことで、シュルレアリストとしての思想の重要な本質について、変わらぬ理解が与えられる。しかし、いかにしてイマジネーションを解放させるか、そのやり方を示されたメンバーは、独裁的な校長に窒息させられるように感じ、独自の解放された創造世界へ突き進んでいった。

才能あるメンバーがみな散り散りになったあと、結局、ブルトンのまわりにはぱっとしないメンバーしかいなくなった。しかし、彼の重要性は過小評価すべきではない。シュルレアリスト運動は参加したメンバーすべての人生を変え、彼らの芸術に、それまで一度も試みられなかった種類の新しい冒険へ危険を承知で乗り出すという勢いをあたえたのである。その視覚的冒険は多種多彩で、それらを区分けすれば、シュルレアリストが用いたさまざまな手法を理解する助けになるだろう。

右：オッペンハイム『毛皮の朝食』1936 年。

非合理的並置

この方法では、作品の個々の要素は日常生活から取り入れられたなじみのあるイメージだが、見る者を挑発するように、不自然な形で結びつけられている。ルネ・マグリット、サルバドール・ダリ、メレット・オッペンハイム、ヴィクトル・ブラウナーがおもにこの手法を唱道していた。作品を構成する部分はそれぞれが何であるのか認識できるが、それらがまったく意味のない、それでいて見る者を不安にさせるほど強力なインパクトを持つように組み合わされている。作者はイマジネーションを自由に働かせることによって、見る者の無意識の思考に訴え、突拍子もない非合理的結びつきで相手を驚かせた。オッペンハイムの忘れがたいカップとソーサーは硬いセラミックスを柔らかな動物の毛皮にする。あるいは、

右：デルヴォー『眠れるヴィーナス』1944 年。

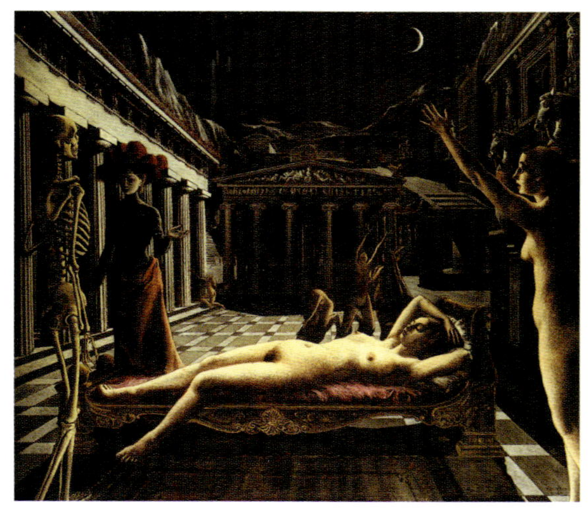

上：フィニ『地球の最後』1949 年。

下：デ・キリコ『王のよこしまな才』1914-15 年。

毛皮をセラミックスにするともいえる。このカップで飲むことを考えると、妙に不安な気持ちになる。この手の非合理的並置は、初期のシュルレアリストが好んで使う仕掛けだった。

### 夢のような情景

　これは、情景は精密に描かれているが、夢のような強烈さに満ちているもの。伝統的な技法が用いられ、イメージは認識できるものの、雰囲気はなぞめいて不分明。描かれている情景は説明のできない奇妙なもので、隠れた意味や語られないドラマが詰めこまれている。このタイプのシュルレアリスム作品として最上のものを見ると、なぜかまったくわからぬままその絵に対する強烈な反応を覚えてしまう。画家は何とかして無意識の神経に訴えようとし、鑑賞者はそれに応えざるを得なくなるのだ。このタイプの主要シュルレアリストとして、ポール・デルヴォー、サルバドール・ダリ、マックス・エルンスト、レオノール・フィニ、ドロテア・タニングがあげられる。

　シュルレアリスト運動に大きな影響を与えたのはイタリア人ジョルジョ・デ・キリコである。彼はグループができる以前からこのスタイルで描いていた。20 代で描いた奇妙に忘れがたい初期の作品はシュルレアリストたちから絶賛された。しかし、その後の期待はずれの作品が認められないと、デ・キリコは批判者を「白痴的敵対者」とののしり、怒ってグループを抜けたが、彼の影響はすでにゆるぎないものになっていた。

**描かれている情景は説明のできない奇妙なもので、隠れた意味や語られないドラマが詰めこまれている。**

### オプティカル・イリュージョン（目の錯覚）

この技法は、イメージの提示の仕方に工夫をこらして、さまざまな解釈を可能にするものである。サルバドール・ダリは何度もこの手法を用いていたが、それをただの器用さとしか見ない批評家もいた。しかし、それを除けば、作品は視覚上の混乱を生み出して、イメージが吟味されていることを傍観者に再評価させるという重要なインパクトを与えていると受け止められた。このタイプの作品の一つは、小屋の周囲に座っているアフリカ人の集団を描いたものだが、その絵は横にすると人物の顔が浮かび上がるようになっている。別の例として、顔が果物皿になったり、その反対になったりする作品もある。背景には犬がいて、それも風景になっている。さらには、三羽の白鳥の水に映った姿が象になっているものもある。

### メタモルフィック・ディストーション（変性歪曲）

この場合、イメージは自然物の非合理的な歪曲によって創り出される。シュルレアリストの中には、合理的な考慮などまったく抜きに、構図の中の認識可能な要素を誇張して、ついには完全にプロポーションを無視し、あるいは極端なやり方で再配置した人もいる。しか

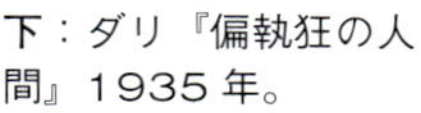

下：ダリ『偏執狂の人間』1935 年。

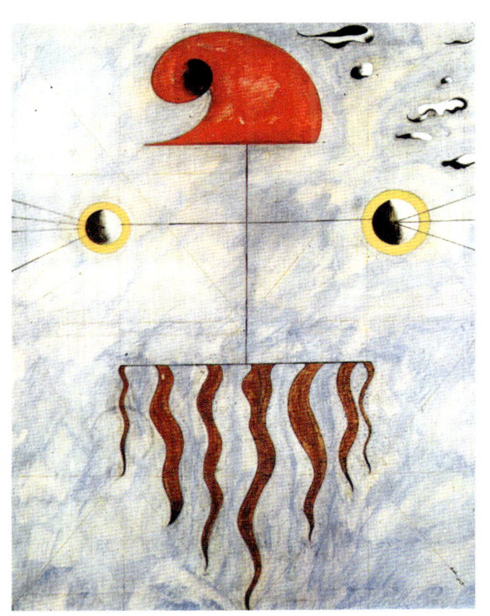

上：ミロ『カタロニアの農夫の頭部』1925年。

下：タンギー『鳥をとおして、火をとおして、しかしガラスをとおしてではない』1943年。

し、もっとも極端な場合ですら、対象物が元々何であったか――たいてい人間か動物――を突き止めることは可能だった。ジョアン・ミロ、ヴィクトル・ブラウナー、ウィルフレド・ラムはこの手法で制作した。

### ビオモルフィック・インヴェンション（生命形態的創造）

この手法はあいまいな有機的イメージを創造するもので、その元になっているものを特定することはできないが、生物学的原理に影響を受けている。このシュルレアリストが創り出すものは、新たに考案した夢の世界で、その構成要素は直接、外界から取られてはいないが、それにもかかわらず説明のつかない妥当性を持っている。このタイプのシュルレアリスムの主な唱道者はイヴ・タンギーやロベルト・マッタなど。彼らはわれわれが入ることを許される忘れがたい私的世界を描いた。

### オートマティスム（自動記述）

この手法では、アーティストは自動的な、あるいは偶然の過程を組みこむことでイメージを創造する。シュルレアリストの多くが時折、自動装置を使って実験したが、これを作品制作のための主要な表現形態にしたアーティストはほとんどいなかった。さまざまなアーティストがいろいろな時期に、少なくとも19の異なる自動技術を発明している。

シュルレアリスムは1939年に第二次世界大戦が勃発したときにはまだ活動していた。ある意味では、この運動は失敗だった。戦争を嫌悪する気持ちから生まれたが、殺戮がふたたび始まろうとしていた。シュルレアリストたちはパリを逃れてニューヨークに渡り、また平和になるのを待っていた。平和の時代が来ると、第一次世界大戦後のように、当然、グループによる反体制運動がふたたびさかんになると思われたが、そうはならなかった。活発な運動としてのシュルレアリスムは1950年代初めに下火になっていく。しかしグループとしての集まりや展覧会は終わったにせよ、運動の主要人物たちの影響はつづいていた。彼らの想像力を駆使した表現は、広告や文学から映画やテレビまであらゆるものに広範な影響をおよぼした。「シュールな」という言葉はついには慣用となる。

## ポップアート——伝統的主題への反抗

第二次世界大戦後、広告は一大事業となり、西欧世界はやがて、消費財や映画スターやその他の有名人の明るい色彩の画像であふれてくる。ロンドンやニューヨークでは、アーティストのグループが、数年間中心的な位置を占めていた抽象画家のしだいに空っぽになるカンヴァスの束縛から抜け出そうと、その方法を模索していた。そこで広告用絵画像をハイジャックし、それを「ハイアート」の域にまで高めることにする。この安っぽい広告画をあたかも新種の聖なるイコンであるかのように、恭しく扱おうという思惑である。もっとも卑俗で、低級で、陳腐な題材を、偉大な芸術のように扱うために、調査がなされた。

ポップアーティストの何人かにとって、自分たちの作品は消費文明についての辛辣な批評になるはずだった。画廊を訪れた者は、劇画ヒーローの肖像画や、食品の包装に描かれた絵と顔をつきあわせることになる——そして、日常生活でアートを体験するということがここまできたかと、ショックを受けるだろう。訪れた者はそれが偉大なアートとして扱われている皮肉を見ることになる。その他のポップアーティストには、このあざけるような要素はなかった。彼らにとって、大衆的なアートを美術館に展示されるレベルにまで高めることは、ふだん見下されている絵、たとえば、コマ割り漫画の絵が芸術としてまじめに考察される価値があるという事実に、見る者を気づかせるという意味があった。そういう絵が人間の背丈ほどもある巨大なカンヴァスに綿密に描かれ、ギャラリーの壁に掛けられてはじめて、人びとはこのような低級な絵ですら、美的観点から重要であると理解するようになる。そしてまた、こうしたやり方で、大衆的なアートを祭り上げることによって、アーティストは近代アートというかげろうのように短命なものを永遠に残る記録として生み出しているという感覚もあった。

下：パオロッツィ『私は金持ち男のおなぐさみ』1947 年。

ロンドンでポップアート運動の先駆けとみなされているのは、『私は金持ち男のおなぐさみ』とタイトルがつけられたエドゥアルド・パオロッツィの 1947 年制作のコラージュである。この作品には、あたかもその後にくる運動を宣言するように「ポップ POP」の文字まで入っている。組織的運動としてのポップアートはスロースタートだったが、1960 年代初めには広く世間に大きな影響を与えるようになっていた。1962 年にテレビで美術史家がマザーグースの一節をもじって「イーゼルがポップした（飛び出した）」と言っている。1960 年代全般から 1970 年代にいたるまで、ポップアートは本格的なイギリス人アーティストを魅了した。ピーター・ブレイク、リチャード・ハミルトン、ピーター・フィリップス、ジョー・ティルソンといった人たちである。

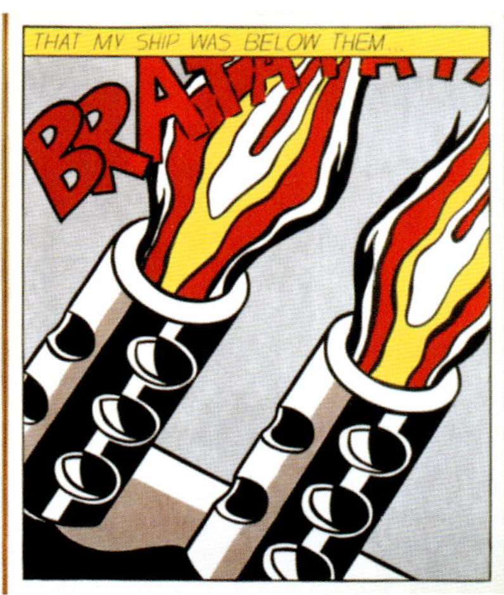


上：リキテンスタイン『僕が火ぶたを切ったとき』1966 年。

下：ウォーホル『大きなキャンベルスープ缶、19（ビーフ・ヌードル）』1962 年。

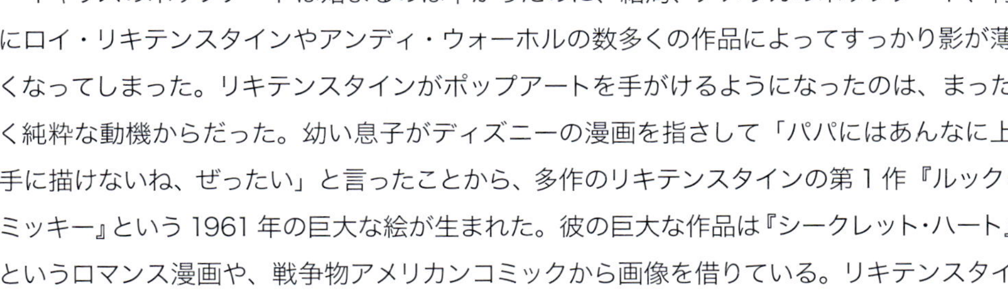

イギリスのポップアートは始まるのは早かったのに、結局、アメリカのポップアート、特にロイ・リキテンスタインやアンディ・ウォーホルの数多くの作品によってすっかり影が薄くなってしまった。リキテンスタインがポップアートを手がけるようになったのは、まったく純粋な動機からだった。幼い息子がディズニーの漫画を指さして「パパにはあんなに上手に描けないね、ぜったい」と言ったことから、多作のリキテンスタインの第 1 作『ルック・ミッキー』という 1961 年の巨大な絵が生まれた。彼の巨大な作品は『シークレット・ハート』というロマンス漫画や、戦争物アメリカンコミックから画像を借りている。リキテンスタインは低俗で中身のない模倣者と攻撃されたが、「私の作品は、目的や見方がまったく違うという点で、まったく別のものに変容している」と自己弁護をしている。

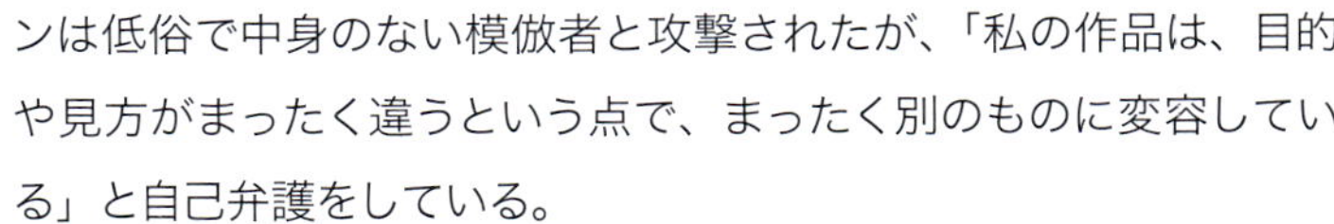

これまたアメリカ人のアーティスト、アンディ・ウォーホルも似たような路線で制作している。他人の商業宣伝用の作品――食品雑貨のラベルやポスター、あるいは広告――を借りて、それらを少し拡大したり、色彩を加えたりして高い値段で売った。ウォーホルは自分のすることについて一切弁解をせず、「ビジネスで成功することはもっともすばらしいアートである。金儲けはアートであり、仕事をすることはアートであり、有能なビジネスは最高のアートである」と語っているらしい。彼は美術のエリート世界の尊大さをへこませる賢いトリックをやってのけたが、同時に自分もその一員である。

まず安っぽい商業アートの拡大コピーを一流の美術館に展示して、過去の巨匠の作品のように扱うというショック作戦は、十分に大きな反響を引き起こした。本格的なアーティストに、ミッキーマウスの漫画やソフトドリンクのポスターを元にした本格的な作品がほんとうに制作できるのか？　その通り、たしかにできる。そして彼らのユーモアのある大胆さに対する驚きは、これらの作品が大いに楽しめるものだとはじめて評価させることになった。ポップアートは抽象画のへたな絵よりもずっとおもしろかった。

ポップアートに問題があるとすれば、いったんショックがやわらぐと、その後に残ったのは本格的なアーティストが乗っ取った安っぽい商業美術だけということである。ある美術評論家は、ポップアートは「繰り返し語られるユーモアのないジョークのよう」だと言っている。ジョークはすぐにおもしろくなくなる。70 年代中頃には、この運動はしだいに衰えていった。

これに関連する運動としてはジャンクアート（廃物利用造形美術）がある。どのようなものであれガラクタを集めてアート作品にしてしまう。ちがいは、こちらは、ガラクタの部品がその過程で別のものに変えられ、構成要素になる点である。ジャンクアートが運動として名づけられたのは 1961 年だが、それよりずっと早い時期に、ドイツ人アーティスト、クルト・シュヴィッタースの作品に現われている。彼は古いバスの切符や菓子の包み紙、たばこ

**右**：シュヴィッタース『メルツ・ブラウアーフォーゲル（青い鳥）』1922 年。

の箱、その他町で見つけたさまざまなものの破片を集めて、自身が「メルツ絵画」と呼ぶガラクタのコラージュ作品に作り上げている。彼は 1960 年代のジャンクアート運動の先駆者だった。ジャンクアートにはポップアートよりも長持ちするアート作品が生まれるチャンスがあった。商業的なガラクタが別の何かに変形されているからである。バスの切符はもはやバスの切符ではない——構成要素の一部になっている。ミッキーマウスの油絵でも限定版のスクリーン印刷でも、漫画の像を哲学的には変形させているのかもしれないが、見た目には、そして目に見えてそれは、ミッキーマウスである。

### イベントアート——伝統的技法への反抗

1950 年代のシュルレアリストの解散とアブストラクショニスト（抽象主義者）の衰退、そして 1970 年代のポップアーティストとジャンクアーティストの活動停止によって、20 世紀後半に活動していた若い画家たちはジレンマに直面した。どちらを向けばいいのか？　自分たちにはどのような反乱の道が残されているのか？

答は、絵も彫刻もまとめて、数千年続いた伝統的技法も捨てて、さまざまな種類のイベントアートに立ち戻ることだった。彼らはこの新たな門出にいろいろな名前をつけた——インスタレーションアート、ボディアート、パフォーマンスアート、コンセプチュアルアート。しかし、共通点が一つあった。つまり、アーティストは今後コレクションの対象となる作品は作らない、技巧で作り出すものはもういらない、ということである。事実上、こうしたアーティストは人間が生み出すアートの根源そのもの、太古の祝祭を祝う瞬間へ戻っていったことになる。できることはそれしかない。近代の化学技術や電子技術——写真、映画、テレビ——は新しい芸術的才能の多くのものを吸収していた。視覚上の創造性はコンピュータによって創り出された画像や、高度な鮮明度といった最新の技術上の進歩とともに前進し、絵画やモデルのある彫刻のような古い世界はついに、その場で死を迎えていた。

右：草間『水玉に変容した愛』2009 年。

ひとたびインスタレーションやイベントが勢いを得ると、アーティストにとっては心躍る、やりがいのあることになった。いかにしてアート作品に人びとを引きこむか、その新しい方法を模索し、ある者は、奇妙な光の効果や忘れがたい音楽へ転向し、またある者は訪問者を歩かせる奇想天外な環境設定へ向かった。日本人アーティスト草間彌生は水玉に執着していることで有名だが、明るい色彩と模様の繭にすっかり包まれてぶらつくことのできる劇的空間を作り出した。大規模な野外イベントを制作したのはクリストとジャンヌ＝クロード。ふたりは大きな建造物を包むことで有名になった。

自分の体を作品として使うアーティストもいる。フランス人のオルランは自身の言う「肉体アート」を創造する。「毀傷と形成の中間にあるもの、それは、肉体への刻印だ」と彼女は言う。スタジオを手術用劇場として、アートのために体を傷つける自身の様子を撮影する。額の皮膚の下に埋めこまれた頬骨のせいで、顔が独特のイメージに変わっている。それ以上に極端な肉体アートを行なっているメキシコ人のマリア・ホセ・クリスターナは、自らを「ヴァンパイア・ウーマン」と呼ぶ。頭に複数の角を埋めこみ、胸や腕にタトゥーを施し、歯を埋めこんで吸血鬼の牙に見せることまでしている。

ほかにも自分の体液を使って革命的作品を作ったアーティストもいる。アンドレ・セラーノは血で作られた十字架を展示し、自身の尿を満たした透明な樹脂製の箱に磔刑のキリスト像を入れたりもした。『ピス・クライスト』と

**右**：クリストとジャンヌ＝クロード『包まれたポンヌフ』1985年。

上：作品となった人体、メキシコのヴァンパイア・ウーマン。

呼ばれるこの作品は敬虔なキリスト教徒を激怒させ、その展示作はスウェーデン、フランス、オーストラリアではたたき壊された。セラーノの作品は論争を引き起こしている。のちの、それほど有名でない作品『聖母子Ⅱ』も尿の中に沈められているが、セラーノはそうだとは一度も認めていない。インスタレーションには別の液体を使ったものもある。イギリス人リチャード・ウィルソンはギャラリーの床を何百リットルものサンプ油で満たし、黒い油の湖の真ん中を貫く通路を進むと、見えるのは腰の高さに黒く光る、完全に静止した表面だけ、という作品を作った。壁が壊れたら、べっとりした黒い油の洪水に飲みこまれてしまうと思わせ、展示に不吉なインパクトを与えている。そこに立つことは、「方向感覚を失い、催眠術にかけられるような経験……当惑させられる物理的必然」と言われた。

インスタレーションアーティストの中には、作品を制作するのに、物理的に長大な長さを必要とする者もいる。コロンビア人のドリス・サルセドは二つのビルの間に 1550 個の古い椅子を積み上げるという面倒なことをしている。彼女の作品は「有意性で満たされた家庭内の材料を用いて、政治的、精神的考古学として機能している」ということだった。

下：セラーノ『聖母子Ⅱ』1989 年。光る琥珀色の液体の中の小立像。

こういったごたいそうな表現は、むしろ多くのインスタレーションアートの弱点を際立たせる。ゴヤの『戦争の惨禍』をよく見れば、あるいはピカソの『ゲルニカ』の前に立てば、まちがいなく暴力の犠牲者を目にすることになる。説明されるまでもない。サルセドの椅子が、暴力による犠牲者がくくりつけられて、拷問にかけられていたものだとすれば、たしかに、誰も座っていない大量の椅子はかなり不吉なインパクトを与える。しかし、たまたまそのインスタレーション作品に出会って、それが象徴する意味について何も知らなければ、古い椅子の山を見るだけで終わってしまう。

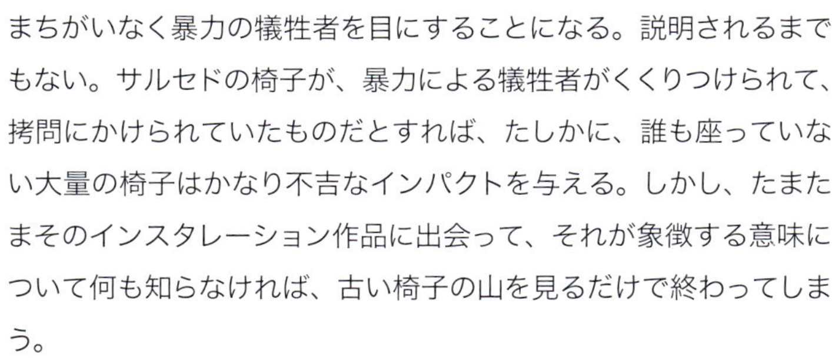

インスタレーションアートの成功は、一つのことにかかっている——風変わりさの独創性である。その作品にどれほど哲学的な説明がついていても、風変わりさに独創性がなければ成功しない。サルセドの 1550 脚の椅子が、施工者の廃物のように見えれば、アート作品としては失敗になる。施工者の廃物らしく見えても、何か変わった点で違ったように見えれば、成功するだろう。見る者はそのイメージを覚えていて、インスタレーションが成功すれば、そのイメージの風変わりさと目新しさをいつまでも忘れない。サルセドのもっとも有名なインスタレーション、『シボレス』では、ロンドンの

**右**：サルセド『シボレス』2005 年。

テート・モダンのタービン・ホールの床を長さ167メートル、深さ1メートル、幅25センチの裂け目がジグザグに走っている。裂け目は床に塗られているものと思いこんで、そこに落ちた鑑賞者もいた。最初の1か月で、15人が怪我をしている。

最高のインスタレーションアートのいくつかには純粋に視覚上の驚きがある。あるものは短期間で終わり、あるものは長くつづく。しかし、新しいサプライズを創造することは、だんだんむずかしくなっている。なぜなら、どの作品も独特なものでなくてはならず、そうでなければ、サプライズにならないからである。そのため、それ以前のアート運動同様、インスタレーションアートもやがて歴史の中に消え、ほかのものに取って代わられるだろう。それまではアーティストは駆り立てられるように、さらに極端な方法を模索している。

おそらく、行きすぎた巨大なインスタレーション、劣化する素材、劇的な光や音などすべてが探求されつくしたとき、もっと控えめなスケールへの回帰が起こるのではないか…

スウェーデンで制作された『性器切除ケーキ』というインスタレーションは、等身大の人体が展示された。頭部はそのアーティストのもの、胴体は赤いフィリング（詰め物）のある黒いケーキになっている。訪問者はこのケーキを一切れ切るように促され、そうするたびに像は苦痛の叫びを上げる。それはアフリカで行なわれている女性器切除への抗議を意図したものだが、人種差別主義と誤解され、美術館は爆破すると脅迫された。

おそらく、行きすぎた巨大なインスタレーション、劣化する素材、劇的な光や音などすべてが探求されつくしたとき、もっと控えめなスケールへの回帰が起こるのではないか——まったく新しい技術を用いて、もう一度、日常的環境で非日常的なものを身近に楽しみたいと思う人びとのコレクションに加えるのにふさわしい芸術作品へ。

### スーパーリアリストアート——カメラとの競い合い

近代アートのさまざまな段階を駆け足で見てきたが、この大きな反抗に反抗した人びとについてざっとでも触れずに終わっては公平さを欠く。まるで何も変わらないかのように、ずっと伝統的な表現絵画を制作しつづけている画家もいる。多くのアマチュア画家たちは今でも風景画や肖像画を描くことを楽しんでいるし、少数ながら専門家にも同じような画家はいる。格調高い肖像画の需要も少しはあり、ふつうは並のできであることが多いが、少数のすぐれた肖像画家は、モデルの容姿を正確に記録すると同時に、個性のニュアンスをとらえるという難しい作業もつづけている。サルバドール・ダリやグレアム・サザランドもこうした仕事の依頼を受けることがあり、束の間、それよりもっとよく知られた仕事を忘れることもみずからに許している。

ダリはパトロンとして、あるいはそれ以外で自分にとって明らかに重要と思われる人物のきちんとした肖像画を何枚か描いている。完成してはいても、それらは妙にぎこちなく、いつものようななめらかさに欠けている。金になる肖像画を数枚描くためにほんのわずかの間、本来の仕事を中断したダリやサザランドと違い、生涯を肖像画家として貫いた20世紀の画家がふたりいる。イギリス人のルシアン・フロイドとイタリア人ピエトロ・アンニゴーニである。ジグムント・フロイトの孫にあたるフロイドは、年を経るにつれ、モデルに媚びることなくありのままの姿を描くようになったにもかかわらず、後半生には世界一高額の報酬を得る肖像画家になった。ラフなタッチの絵はモデルのあらゆる欠点を誇張して見せる。しかし、後期の作品が重厚な質感とともに醜く描かれているのと同じくらい、初期の肖像画は研ぎ澄まされた正確さで描かれている。

イタリア人アンニゴーニは前の時代へ後戻りした画家――卓越した技術を持ち、周囲の美術界で起きている劇的変化にもほとんど関心を払わない公式の宮廷肖像画家である。彼が描いたイギリス王室の肖像画を前にすると、20世紀に描かれたこのジャンルのほかの作品がことごとく凡庸に見えてしまう。

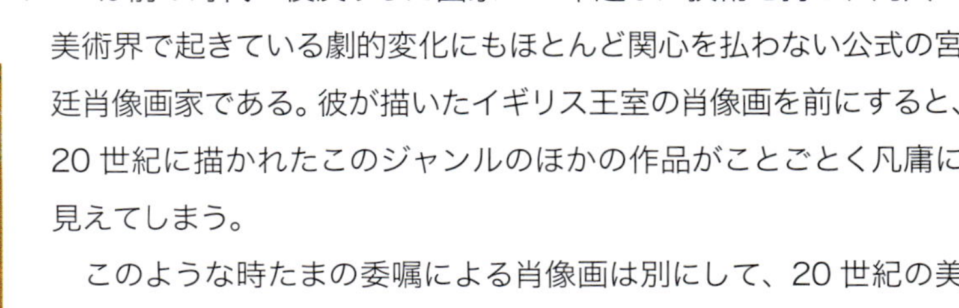

下：サザランド『サマセット・モーム』1949年。

このような時たまの委嘱による肖像画は別にして、20世紀の美術界の片隅で静かに繁栄してきた表現主義絵画のジャンルがある。フォトリアリズム、スーパーリアリズム、ニューリアリズム、シャープフォーカス・リアリズムなどと呼ばれているが、21世紀にはハイパーリアリズムという名称も生まれている。

フォトリアリズムの目的は、写真と区別がつかないほど細部まできちんと描くことにある。その真価はひとえに技術にある。対象物のカラー写真を展示するほうがずっと簡単だが、アーティストは外的世界を細部まで正確に記録する近代的装置としてのカメラによる新たな支配を受け入れることを断固として拒否する。ハイパーリアリズムはもう一歩先を行く。正確な写真的イメージをまねる一方で、ハイパーリアリストはそれを改良しようとするが、外見の現実感に手を加えることはしない。

イタリアの若きフォトリアリスト、ロベルト・ベルナルディは、1990年代に本格的に静物画の勉強を始めた。彼は写真による情報を使うことからスタートして、最終的にはカンヴァスに油彩の伝統的技法で制作する。ポール・カダンはグラスゴー出身のスコットランド在住のアーティストだが、その鉛筆画は実にリアルで白黒写真のように見える。とうてい手描きによるものとは信じられない。一つの作品を仕上げるのに最大6週間かかるという。

**右**：ベルナルディ『Cerchi Per Fetti』2006年。

**右**：カダン『アフター』2013年。鉛筆画。

純粋に技術的な点からいえば、これらの絵や素描はかつて制作された作品の中でももっとも驚くべきものの一つだろう。しかしまた、創造性という観点からは、カメラにできることにほとんど何も付け加えていないから、別にいいところなどないのではないかといわれてきた。このジャンルで活躍する彫刻家、イギリス生まれでヴァンクーバー在住のジェイミー・サルモンはこの点をふまえて、自身の作品に誇張されたリアリティを加える方法を考案した。それは人物像を等身大より大きくすることである。そのようにして、彼の作品は、細部は完全なリアリティを目的としているものの、接近すれば、強力なインパクトを与える存在感を持っている。

ロンドンを拠点に活躍するオーストラリア人彫刻家、ロン・ミュエクは同じような技法を用いて、このプロセスをずっと先へ進ませた。ミュエクは巨大な像を、その大きさにかかわらず、細部まで正確に再現してみせた。自画像『マスクⅡ』は眠っている自分の頭部だが、3 メートルもある。

20 世紀を締めくくると、歴史を記録する重荷がアーティストの肩から下ろされるところまでカメラが進歩したとき、絵画や彫刻は急激に変化し始めた。一つのトレンドは、複雑な有機体を根元的幾何学構造へ単純化することだった。キュビスムによる初期の実験は、ハードエッジ・アブストラクション（先鋭的抽象画）へ向かい、最後にはまったく何も描かれないカンヴァスになってしまった。

二つめのトレンドは、有機的複雑さや不規則性は保たれているが、外的世界の特定の対象物とはしだいに関わりを持たなくなったもう一つ別の抽象である。このトレンドは最終的に、焦点のない、込み入った全体的パターンになった。

三つめのトレンドは、理性的世界から夢や無意識の領域へ引きこもるもの。この運動はスタイルより内容に関心があり、多様な――伝統的なものから突飛なものにまでおよぶ――技法を用いて、目的を達成する。

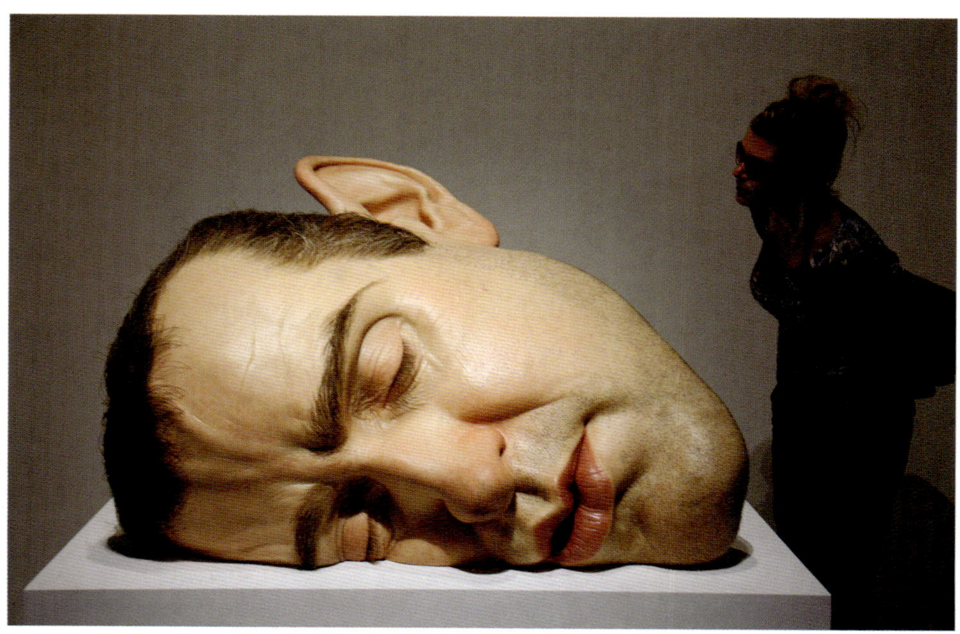

右：ミュエク『マスクⅡ』2002 年。

**…これらのトレンドのほとんどがどんどん極端になり、ついにはそれ以上の進化が不可能になる傾向がある。**

トレンドの四つめは、視覚アートの典型的な主題を拒否し、ポップカルチャーを取りこんで、それをたとえ悪趣味でも、活気のあるみずからのイメージとする。それが皮肉なことに今ではファインアートのレベルにまで引き上げられた。極端な例では、社会的に拒絶されるものまでが利用されてアート作品に変えられている。

第５のトレンドは、表現手段としての絵画や彫刻を拒否して、人間が生み出すアートの原始的形態――イベントへ回帰する。アートの対象は、事物から行事に代わり、創造行為はイベントやハプニング、あるいはインスタレーションとして、特別な行事に経験されることになる。これには極端に複雑な環境から、単純極まりないものまで幅があり、2012年にはそれがクライマックスに達して、訪問者が空っぽのギャラリーに迎え入れられるというインヴィジブル（見えない）アートの展示まで行なわれた。この展示で唯一見えたのは、見えないものそれぞれの特質を解説する貼り紙だけだった。一つの空っぽの部屋では、エアコンがギャラリーに湿っぽい空気を吹きこんでおり、貼り紙には、湿気をもたらす水はもともと、麻薬戦争の犠牲者の遺体を洗うのに使われた、と書かれていた。別の部屋には、光輝く白い壁面があり、馬にこの何も描かれていない絵に心霊エネルギーを放出させて作ったもの、との説明がついていた。これは、イベントアートのきわめつきの解説者になろうとがんばっている人でも、とてもついていけない仕業だろう。

最後に、反抗に反抗し、視覚アートの伝統的役割を永続させること、つまり、絵画や彫刻で外的世界をできるだけ正確に記録することを主張するグループがある。ほかの近代アート運動と同じく、ここにも先へ先へと進んで、ついには人の目を奪うほどの技術にいたる傾向があり、対象物にあまりにも忠実で、カラー写真そっくりの作品を創るアーティストも出てきた。

意味深長なのは、これらのトレンドのほとんどがどんどん極端になり、ついにはそれ以上の進化が不可能になる傾向があるという点である。幾何学アートでは、ついにカンヴァスに何も描かれてないところまで行った。有機的アートは何がなんだか見分けのつかないなぐり書きになった。ポップアートではギャラリーの真ん中に廃品が積み上げられた。イベントアートは空っぽのギャラリーが出てくるにいたった。そして表現主義アートは外的世界を正確に写し取ったあまり、それ以上先へは進めなくなってしまった。

それぞれのトレンドは道の終着点に行き着き、未来はどこか別のところにある。前世紀にあまりに多くのことが試行されたため、いまや未来は個々の奇人の手にゆだねられているように思える。それは、高度に個人的な世界観をもっていて、20世紀に幅広い勝利を収めた表現の自由を求める戦いのことなど顧みずにいられるアーティストである。

# 第 10 章　フォークアート

# フォークアート

## 教育を受けた社会における教育を受けていないアート

現代社会では視覚アートは三つの部門に分かれている。すなわち絵画、彫刻からなるファインアート、建築や室内装飾、工業デザイン、オートクチュールや造園といった応用アート、それにフォークアートである。ではフォークアートとは何か。訓練を受けた専門家および鑑定家が大勢を占める美術界で、実際に労働に従事している人びとが伝える伝統芸術と説明するのが、もっとも適切だろう。19 世紀までフォークアートは農民芸術として片づけられ、教養のある人びとからはまったく無視されてきた。

**フォークアートが存在しているということ、それは住んでいる環境を視覚的にもっと楽しいものにしたいという、人間の心に深く根ざした欲求のもう一つの表われである。**

ところが産業革命の到来でフォークアートが危機にさらされた。工場やスラム街の増加がもたらす恐ろしい都市化により、貴重な芸術形式が消滅の危機に瀕している事態に、学識者ははっと気がついた。そこでフォークアートについて真剣な研究が始まり、今日では多くの美術館がフォークアートを収集､展示している。現在もフォークアートはファインアートや応用アートの専門家から軽視されているところがあるが、少なくとも人間の創作活動の貴重な一形式であること、したがって独自の特性を持っていることは認められている。

フォークアートが存在しているということ、それは住んでいる環境を視覚的にもっと楽しいものにしたいという、人間の心に深く根ざした欲求のもう一つの表われである。そこで活躍する人びとはほとんどが無名で､作品は販売を意図してはいない。たしかに今日では骨董商の店先やオークションで見かけられるが、本来の目的はそういうこととは何の関係もない。もともとは持ち主の個人的な欲求を満たすために作られたのである。

生粋のフォークアートというのは、自分が使用したり飾ったりするために作られた作品で、そこには代価のやりとりは介在しない。しかし時にはすぐれた技能の持ち主がいて、それを求めてやってくる人がいる。そのような作品は、しだいに専門的な芸術に近づいていくが、活動が地元の社会に限られその土地の伝統に従っている限り、やはりフォークアートと見なされるだろう。たとえば村に木彫りや金属細工の名人がいて、村人がその作品を欲しがるとしても、それは応用美術や一般美術の市場からは遠く離れた動きである。重要なちがいは、こうした近隣の名人はほかのところでは見られないその土地の伝統に従って制作をしており、世間一般のトレンドやアートファッションは無視している点である。

鑑定家の目には、フォークアートはごてごてしていて飾りすぎ、優雅な節度に欠けていると映るかもしれない。

フォークアートは大きく六つの分野に分かれている。第1は織物、すなわち衣装と布製装飾備品。第2は住宅と室内、つまり建物の外部と内部の装飾。第3は装飾された車で、牛車から儀式用の車、トラックからタクシーまで含まれる。第4はグラフィティからストリートアートなどのウォールアート。第5はカーニヴァルやフラワーフェスティヴァル。最後にフォークペインティングという特別な分野がある。この分野では正規の訓練を受けていない画家が絵筆をとり、美術の専門家が唱える規範を無視して心のおもむくままに自分のために描いている。その作品は時には素朴絵画あるいはアウトサイダー・アートと呼ばれ、中には有名になって本格的な美術の世界に登場したものもわずかながらある。

これらのケースではほとんどの場合、二つの特性が見られる。一つは綿密な装飾、もう一つは徹底した職人芸である。ミニマリストの——つまり形態や色彩の簡素化を追求する——フォークアートは、ほとんど名辞矛盾といってよい。鑑定家の目には、フォークアートはごてごてしていて飾りすぎ、優雅な節度に欠けていると映るかもしれない。しかしフォークアーティストにとっては、その「ごてごて」感と複雑感こそ、日常のきびしいほど単調で実用一点張りの環境をできるかぎり変えたいという欲求の表われである。

### 織物

3万年も前の染色された亜麻の繊維が最近発見され、先史時代の織物の重要性について見直しが求められている。グルジアのカフカス山脈の麓にある洞窟で発見された野生の亜麻の繊維は、撚って結び合わされ黒や灰色、青色に染められていた。別の遺物からは2万7000年前にはすでにかなり複雑な織物ができていて、織物技術が相当発達していたことがわかる。粘土の上に織物の痕跡が残されていたのだ。しかし、残存する本物の布地は、最古のものでも約7000年の歴史しかない。乾燥し砂を含んだ土質が保存効果を高めるエジプトで断片が見つかった。

長い年月を経るにしたがって、古代の紡織技術は一段と進歩し、その結果凝った衣装から巨大なタペストリーまで、印象深い作品が残されている。産業革命の到来で都会における織物制作の役割は機械に引き継がれ、手織りの織物は少数の人びとが享受するぜいたく品になった。ジーンズとＴシャツの時代が到来し、それとともに主要なアート形式が失われた。人びとは何時間もかけて自分で衣類や室内の装飾備品を作る代わりに、既製品を買うようになった。以前は完成までに何週間、時には何か月もかかっていたものが、ちょこっと買い物に出かけるだけで手に入ってしまう。

**地元の慣習や個人の好みは商業主義に圧倒された。とはいえ、こうした産業の巨大な破壊力に頑固に抵抗する、小地域のグループもあった。**

この変化は審美眼をことごとく奪ったわけではないが、ひどく鈍らせてしまった。店先に並べられた商品はすべて同一ではなかった──色やスタイルにちがいがあり選択できた──しかしこうしたスタイルは、製作側が人びとに押しつけたものである。地元の慣習や個人の好みは商業主義に圧倒された。とはいえ、こうした産業の巨大な破壊力に頑固に抵抗する、小地域のグループもあった。世界のあちらこちらに、伝統的な昔ながらの織物技術をなんとか守っている地域がある。特別な技術に対する誇りが､その絶滅を拒んだ。フォークアートの織物にまつわるこのような例は現在も残っている。いかに巧みにその存続が図られてきたか、その例をいくつか紹介しよう。

現在見られる織物は、機械による量産品、販売用の手織り製品、自家用目的で手作りされた販売に供されないものと、三つのタイプに分けられる。３番目のタイプが現代も依然として残っている事実は注目に値し、ここにもまたアート作品を作りたいという人間の根本的な欲求が反映されている。２番目のタイプ、すなわち販売用の手織り製品は、自分で作ることまではしなくても､金を払ってでも手作りの製品を望む人がいる事実を示している。アーティストとしてはこの人たちは積極的というよりむしろ消極的といえるだろうが、少なくともこの分野のアート表現を見捨ててはいない。

販売用の手作り製品をめぐって一つ残念な現象は、地元社会がそれに何か金銭的な価値があると見てとると、たいてい品質を犠牲にしててっとり早く製品を作る方向に走ることである。幸い一部の社会では、自家用の織物作品と販売用の製品に明確な区別が設けられている。観光客向けの作品は、品質を犠牲にして利益の追求を図ることもある、自家用は依然として高い水準を保っている。ところが鑑識眼のある収集家が求めているのが自家用作品に限られ、安い観光客向けは無視されている状況にフォークアーティストが気づくと、こうした水準もやがて下がってしまう。製品の品質が上がっても、別の問題が生ずるのだ。フォークアーティストは、以前にもまして念入りに仕事をしていても、収集家を喜ばせようと自分のスタイルを修正してしまう。かつては幾何学的な模様しかなかった個所に、花や鳥の模様を加えるとか、売れ行きがよくなると思えば、もっと派手な色を使う。言い換えれば、その審美的な判断はもはやほんとうに個人的なものではなくなり、繊細なフォークアートの「ディズニーランド版」が供されることになる。

グアテマラの女性用衣装ウイピルは、現在も伝えられている複雑なフォークアートの最高傑作の一例である。中央に穴をあけた大型のショールかポンチョのようなもので、頭からかぶって着る。その入り組んだ幾何学模様は、持ち主に関するさまざまな情報を伝えている。村によって様式が異なっているので、慣れた人なら着ている人の出身地を正確に言い当てることができるだろう。しかし、これはほんの序の口。ウイピルを見れば、その女性の社会的および結婚相手の地位、宗教的な背景、経済力、社会的な権威、それに個性までわかる。まるで誰にでも見えるように履歴書をぶら下げているようなものだ。

ウイピルが今までなんとか生き残っているのは、この膨大な情報のおかげだろう。その情報と見た目の魅力は、熟練した技で文字通り布に織りこまれている。別の村の作品と比べてみると、村同士の競争がこのアート様式の維持と、高い品質の維持に役立っていることがよくわかる。

**下**：グアテマラの村サン・フアン・コツァルの伝統的なウイピル。

グアテマラから南に下ると、パナマ湾の北岸沖にあるサンブラス諸島にウイピルとはまったく異なるフォークアートが見られる。ここで暮らすクナ族は正式にはパナマ国民ではあるが、本土の文化とはできる限り関わりを持たないように暮らしている。自分たちの伝統的な文化を捨てることを頑固に拒み、現在まで近代化の試みを拒絶している。近代的な生活の魅力を考えると、こうした抵抗はそうつづかないだろうが、当面サンブラス諸島のフォークアートは、ずっと以前の状態をまだかなりとどめている。その代表的な作品は、女性がブラウスの前後につける２枚の装飾布である。モラと呼ばれ、「リヴァース・アップリケ」という手法で手縫いされている。集中的に作業をしても、完成までに数週間かかる。ある専門家によると、最上級のモラは制作に 250 時間も要するという。女の子は７歳ごろからモラ作りを始め、結婚するころにはたいてい熟練の域に達している。２枚から５枚の布を重ね合わせ、穴やスリット、そのほかいろいろな形に切り込みを入れて下の布地の色が見えるようにする。布地を切り取るこうした手法は、仕

上げに細かい刺繍を加えると、さらに印象を強めることができる。

グアテマラのウイピルでは幾何学模様がシンボルとして用いられているが、モラはいかなる模様も象徴的には使われない。たしかに初期の作品には抽象的な模様がよく見受けられ、その種の模様は時折現在も用いられている。しかし単に模様として選ばれただけで、そこに隠された意味はまったくない。モラのもっとも一般的なテーマは、一種の絵画的表現である。2000 枚のモラを無作為に選んで調べたところ、ほぼ半分の作品が自然を題材にしていることがわかった――クナの民が日ごろ目にする動物や植物である。選ばれたのはいくつかの気に入りのものだけではなく、昆虫からクジラまでさまざまな動物、そして種子や樹木など色彩豊かな植物と幅広い。

下：カニをモティーフにしたクナ族のモラ。

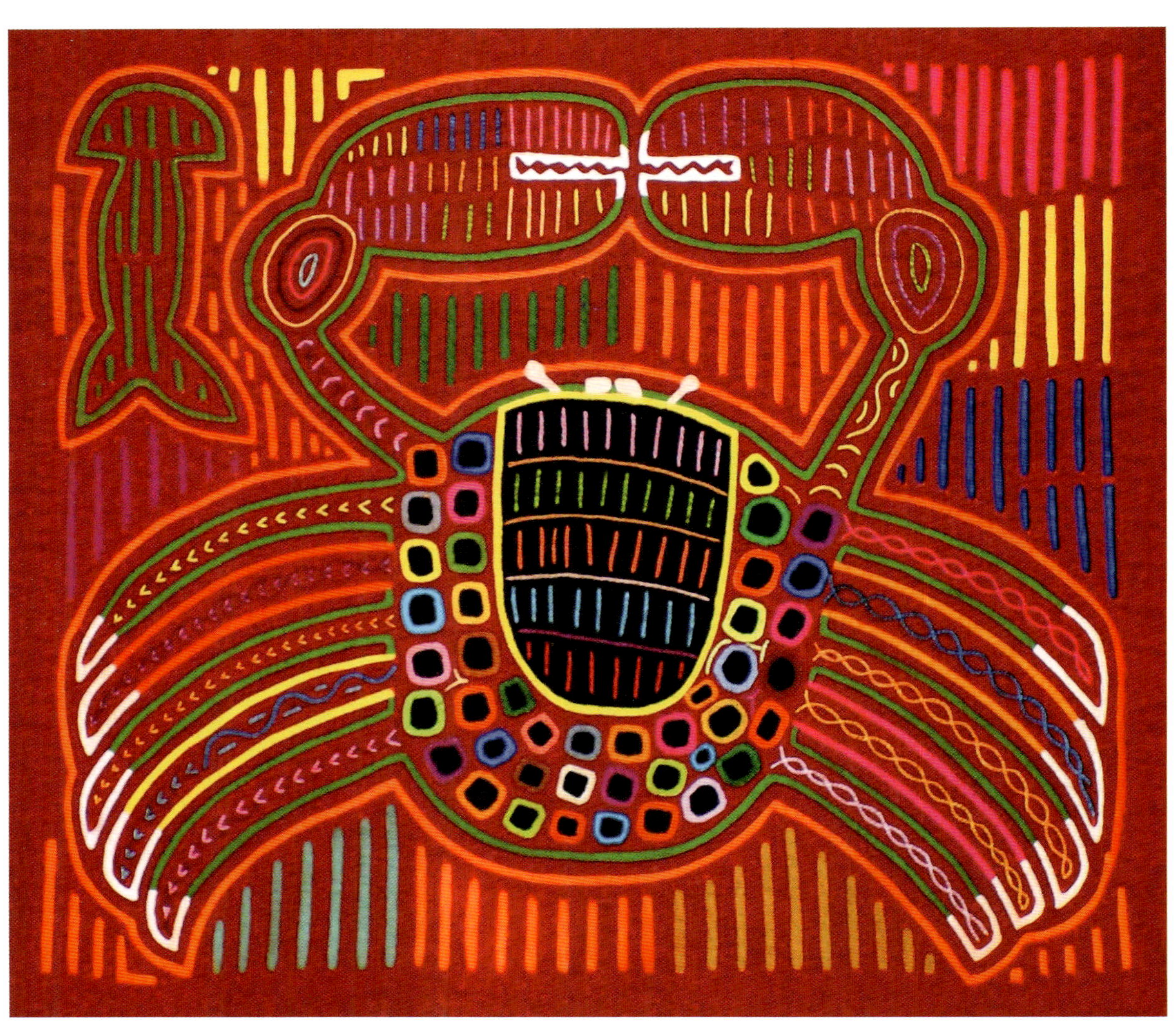

上：へその緒につながる胎児を表わすクナ族のモラ。

中：避難梯子とランプを持って墓にこもるキリストを描いたクナ族のモラ。

下：ジャズのドラマーを描いたクナ族のモラ。

モラをデザインするときは、まず動植物から一つ主題を選び、それからその主題の特徴を追求、誇張して、自由に表現していく。対象を正確に表わすことは意図していない。解剖学的な精度よりも、心を楽しませる形を描くことが重視される。遠近感や現実的な比率、背景にはまったく関心がない。構図に厚みを加えるために主題のモティーフに２番目、３番目のモティーフを加え、空白の個所があれば、短い線や小さな有色の三角形あるいは他の単純な幾何学模様で埋める。

クナのモラのテーマは驚きに満ちている。へその緒で子宮につながっている一対の胎児を描くフォークアートなどほかにどこにあるだろうか。へその緒だけでもテーマとして重視されている事実も注目に値するが、これはクナ族の出産の慣習を考えればある程度説明できる。子どもが生まれそうになると、クナの女性は出産用の特別なハンモックに移される。それには穴が開いていて、子どもはそこから産み落とされる。下には水を一杯にはったカヌーが置かれていて落下の衝撃を和らげる。赤ん坊が無事に着地すると、産婆が進み出て、へその緒を赤ん坊の体につながっている個所と胎盤のところと、二か所噛み切る。このへその緒は大切なものとして、母親の使っているハンモックの下に埋められる。したがって、へその緒はクナの民すべてがなじみ深い貴重なもので、女性の胸を飾るモラに誇らしげに描かれているのも当然と思われる。

クナのフォークアートの顕著な特質の一つは、サンブラス諸島に入りこんでくる西欧文化の影響を受けて堕落することなく、かえって西欧文化のほうをクナ流に変えてしまう強さを持っている点である。聖書の中の物語だろうと雑誌の中の写真だろうと、クナ流の世界観に当てはめられて、新しいクナのイメージに作り変えられる。

クナの民は明らかに宣教師の話を楽しんできたが、自由に想像を働かすことのできるおもしろいおとぎ話と考えていたらしい。島外から入ってくる広告や雑誌など現代的なものに関しても、同じように楽しんでいる。あらゆるものを色彩豊かなクナの世界に取りこみ、陽気に手を加えて自分たち独自の織物アートのスタイルに溶けこませてきた。

北半球に目をやれば、ウズベキスタンでフォークアートとしてもっとも賛嘆の的となっているのはスザニ刺繍である。スザニはペル

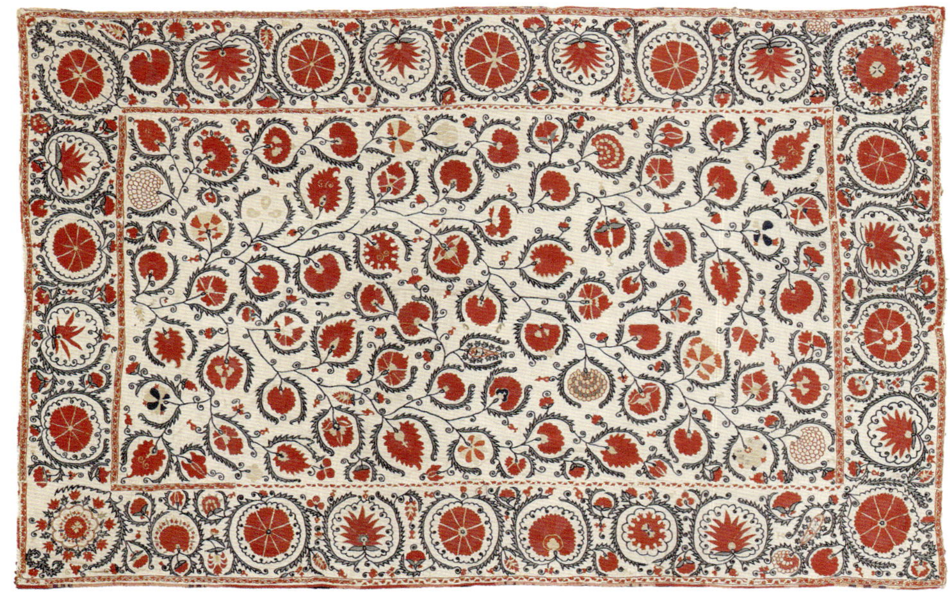

**右**：模様の細かい部分に微妙なヴァリエーションが見られる、ウズベキスタンのスザニ。

シア語で「針」を意味し、入念に刺繍をほどこした大きな布のことで、ベッドカバーやテーブルクロス、壁かけなどに用いられ、部屋に暖かみと豊かな色彩をもたらす。この伝統芸術は、狭量なソ連が支配していた 20 世紀には禁止され衰退してしまったが、最近は著しい復活を遂げている。ソ連が崩壊し 1991 年にウズベキスタンがふたたび独立すると、由緒あるスザニの伝統はまた日の目を見ることができた。20 世紀末にはウズベク族のスザニは西欧社会に再発見され、その伝統的な模様と技術はふたたび愛情をこめて迎えられた。

まだ禁止令もなかった初期の時代には、スザニの制作は娘の誕生とともに始まった。その後家族や友人の助けを得ながら娘が結婚するころまで続き、作品は花嫁の持参金の大事な品となった。スザニの手のこんだデザインは、村の年配者が行なう。まずざっとつなぎ合わせた 4 枚か 6 枚の布切れの上にデザインを描く。それが終わると布きれはばらばらにされ、家族や親しい友人に 1 枚ずつ渡される。それから刺繍はそれぞれが独自に行なうので、布切れごとに微妙なヴァリエーションが生まれる。中には個人的な好みや装飾を加えたい欲求に駆られる者もいて、その結果全体的に見ると、魅力的な不規則性が出てくる。色の強さも布によって変わることがある。使用される染料が必ずしも規格化されていないからで、その欠点がかえって独自の不思議な魅力をもたらしている。

ある意味でこのスザニは、偶然が生んだアートである。刺繍をすべてひとりで行なっていたら、おそらくいろいろな相違は生じていなかっただろう。模様はもっと予測通りのくり返しになり、いわゆる「冗長パターン」――何度も何度も行なう正確な反復作業は、美的な倦怠感を生み出す――になったと考えられる。模様の一部を見れば、見えない部分の模様も推察できるという状態である。スザニ制作に見られるめずらしい共同作業は、それをうまく避けている。

スザニは長年まったく私的なフォークアートとして作られてきたので、研究者はほとんど無関心だった。商品として表に並べられたこともなく、家族の特別な宝としてつねに家の中に置かれていたので、商人や旅行者の話題に上ることもめったになかった。博物館や収集家が興味を示すようになったのは、最近の話である。

こうした単調な模様の反復を回避する工夫によって多くのフォークアートは見た目に魅力あるものになっているのだが、それが初期のスザニほど偶然の産物でない場合もある。アフリカン・アメリカン・キルトは、パターン・ヴァリエーション方式を意図的に取り入れ、模様の魅力的な不規則感を生み出している。それは時には 20 世紀の抽象画家の作品を思わせる。この非対称的なパターン使いの伝統は、アフリカン・アメリカン・キルトには不可欠な要素だが、その源はひどい困窮にあった。初期のプランテーションでは黒人女性が奴隷として白人の主の下で、糸紡ぎ、機織り、針仕事、キルティング作りを担っていた。そのとき奴隷はわずかな暇を盗んで、自分のキルトを作ることがあった。それには、手に入る不要となった材料を何でも利用しなければならなかった。布地の断片、不要な衣類の切れ端、さらに飼料袋まで使い、当然ながら模様は不規則なものとなった。のちにはこの不規則性がアフリカン・アメリカン・キルト特有のスタイルとして確立し、材料が豊富に手に入るときでも意図的に用いられた。

下：アメリカ、アラバマ州、ギーズ・ベンドのアフリカン・アメリカン・キルト。

アラバマ州の農村地帯にある孤立した村ギーズ・ベンドでは、奴隷時代に遡るキルト作りの伝統が何世代にもわたって受け継がれている。その作り手のひとりが次のように語っている。「多くの人が、自分のベッド用に、あるいは寒さをやわらげるためだけにキルトを作っています。でもキルトにはもっと深い意味があるのです。安全を守ることを表わし、美しさを表わし、そのうえ家族の歴史を表わしています。」小さな共同社会で守られてきたフォークアートの伝統は、かくも強い。

現代フォークアートのこうした作品に関して注目すべきは、今ではプロの画家が描く抽象画と張り合っている点である。キルトは小さな村で、解放奴隷の子孫によって作られているが、作品はなんとニューヨークのホイットニー美術館のような、現代美術の中心地に展示されている。これは専門的な訓練の有無にかかわらず、すべての人が潜在的に美的能力を備えているという証しである。

キルトは小さな村で、解放奴隷の子孫によって作られているが、作品はなんとニューヨークのホイットニー美術館のような、現代美術の中心地に展示されている……

アフリカン・アメリカン・キルトの作り手と同じように、南太平洋のトンガの女性も何か創造的な表現をしたいという根強い欲求を抱いている。この場合は、タパと呼ばれる装飾的な樹皮布という形をとる。クワの木の樹皮を叩いて延ばし、薄い布状にしたものである。今日でも木槌で叩くトントンという音が、トンガの村でよく聞かれる。そこではいっしょに仕事をするために集まった女性が独特のリズムで木槌を振りながら、それを親睦の集まりとしている。できあがった樹皮布はノリで貼りあわせて大きな布にし、その上に地元の染料を用いて伝統的な模様を描く。

タパは壁掛けや間仕切りに用いられるが、儀式の際に敷物として使われるものがいちばん印象的である。その大きさには目を見張る。最大で幅 3 メートル、長さ 60 メートルもある。トンガの国王が誕生日を祝う際は、国王の足が直接地面に触れないように、数百人の女性が協力して特別なタパを作る。葬儀の際も、巨大なタパが作られ、その上を王家の墓まで柩がしずしずと運ばれる。

**右**：樹皮布タパで作られたトンガのキルト。

**右**：トンガ国王の戴冠式のために用意された巨大なタパ。

これまでにあげた、模様をほどこした布を用いるフォークアートの五つの例――ウイピル、モラ、スザニ、キルト、タパ――は、文字通り何百とある現存のさまざまな伝統芸術の中から無作為に取り上げた。それぞれが特有の歴史と文化的な意味を持っているが、すべてひっくるめて、これらはプロの芸術家の世界のすぐ外で、視覚的な創造性に対する関心がすくすくと育っていること、世界のあらゆる文化に何らかの形でその関心が存在していることを示している。

地域固有のフォークアートが依然として地元で活動的な役割を果たしているところもあれば、結婚式や祭りなど特別の催しのとき以外は忘れられているものの、その行事の際は姿を現わすフォークアートもある。とくに民族衣装がそれに該当する。工業化がもっとも進んだ国でさえ、特別な催しの際は産業革命前の衣装が今でも登場する。そうした衣装はきちんと畳まれて、一年の大半を箪笥の中で過ごしているかもしれないが、完全に捨てられたわけではない。われわれは現代の衣服が持つ大量生産の利便さと比較的簡素な特質を大いに買ってはいるものの、伝統的なフォークアートの消滅には耐えられない。世界のほとんどすべての国が、細部への並みはずれたこだわりと制作に投入された熟練した技術を物語る民族衣装を、現在でも誇らしく伝えている。

## 住宅

フォークアートが活躍する２番目に大きな領域といえば、住まいにまつわるものである。現在はフォークアートの存在があまり感じられない街や都市がほとんどだが、際立った例外もある。その著しく好奇心をそそられる一例が、今日のエジプトにある。エジプトでは時々

**右**：現在でも着用されている、入念に作られた伝統衣装。
（右）ヴェトナム、モン族
（右奥）：グリーンランド
（下）モンゴル

主のメッカ巡礼を祝福するために、その様子を正面の壁に大々的に描いた家が見られる。コーランは「メッカに行かずして死んではならない」と強く訴えており、敬虔なイスラム教徒なら生涯に少なくとも１回はこの大巡礼を行なうのが当然と考えられている。

多くの人びとにとって巡礼は厳しい課題であり、また大仕事である。イスラム教徒は出発に先立って遺言を書き、金銭的な問題をきちんと整理し、つらい思いをさせてしまった人がいればその償いをすることが求められる。まるで死出の旅の準備をするようだ。これは賢明な判断と思われる。実際、毎年何百人という信者がこの旅で命を落としている。熱気でふくれ上がった大群衆の波にのまれて、踏みつぶされてしまうことがよくある。

裕福な者にとってはメッカへの往復はさほど難事ではないが、一般の信者の場合は、大きな災難に見舞われる恐れがある。そこでなんとかやり遂げると大変誇らしく思い、誰からも見えるように家の正面の壁にその様子を描き、成功を知らせたくなる。帰国した信者は自分で描くか、腕に自信がなければ地元の画家に頼む。画家に依頼した場合でも、どちらかというと素朴な様式で描かれ、それが大きな魅力となる。テーマは外国でのできごとかもしれないが、様式的には巨大なスケールで描かれたローカルなフォークアートにほかならない。

これらの壁画のテーマには、印象の強いミニマリストのイメージで描かれたカーバ神殿の光景がたいてい含まれている。この神殿はイスラム教の中心をなすきわめて飾り気のない建物で、黒い絹の布地で美しく覆われ、イスラム教徒はその周りを七周しなければならない。さらにメッカへはどのような方法で旅をしたのか、ラクダや船、飛行機も含めてその

**右**：現代エジプトの家屋の壁に描かれた壁画で、主のメッカ巡礼を祝している。

光景がよく描かれている。これらの巡礼の壁画に関してとくに注目を要するのは、描いたのがイスラム教徒という点である。イスラム教ではどんなものにせよ肖像画を描くことは禁じられ、幾何学模様しか許されない。人間や動物の像は厳禁。そういう像を描いたり作ったりすれば、復活の日に罰せられるとムハンマドは語っている。にもかかわらず、家の壁にはみんなが見ることができるように一面に描かれた巨大なフォークアートの壁画がある。それを抑えるような動きはまったく見られない。人間が持つ創作意欲は、強い宗教的抑圧の砂漠のただ中でも花を咲かせてきた。

**人間が持つ創作意欲は、強い宗教的抑圧の砂漠のただ中でも花を咲かせてきた。**

南に目をやると熱帯のアフリカに、ほとんどすべての建物がアート作品に仕立てられた地域がある。ガーナ北部にある村で、家をあざやかな幾何学模様で覆うという長い歴史を持っている。その幾何学模様には、時折人間や動物の絵が登場して変化を添えている。村を訪れた者には単なる装飾に見えるだろうが、描いた女性には、深い象徴的な意味を持っている——視覚に訴える言葉なのだ。模様は作者がどんな人物であるかを語り、その地方の民話に言及している。またお守りとしてパイソンやワニの絵が描かれている。幾何学模様には三角形、ダイヤモンド形、ひし形などがあり、たいていは水平の帯状に並べられている。色としては、赤みを帯びた茶色、白、そして黒の三つの土性顔料が用いられている。表面は地元のイナゴマメの種から作られた耐水性のワニスで覆われ、塗り直すまでおよそ５年はもつ。

南アフリカではンデベレ人も、家を印象的な幾何学模様で飾っている。一見単なる装飾的な抽象模様だが、実はそこには実際に利用されている秘密の暗号が隠されている。家を

**右**：西アフリカの彩色された泥の家。ガーナとの国境に近いブルキナファソ国のタンガサッオゴにある。

上：南アフリカのンデベレで見られる彩色された家。

塗るこの伝統は、めずらしい道をたどって始まった。オランダ系植民者、ブール人との戦いに敗れたンデベレ人は、シンボルを家の壁に描いてその悲しみを表わした。こうしたシンボルはブール人に抵抗する決意を伝える秘密の言葉だった。ブール人の農民はそれに気がつかず単なる模様と考えて、禁止はしなかった。

この風習はその後も私的なコミュニケーション・システムとして利用され、ンデベレの人びとは誰でも、家の壁に描かれた模様を見るだけでその作者の女性についてかなりの情報を読み取ることができた。実際のところ、壁に描かれた模様は、その女性の個人的な祈り、価値観そして感情を表わしていた。見事に彩色された家は、そこに住んでいる女性がよき妻であり母であることを示し、使われている色は所有者の社会的な地位すなわちその勢力を反映している。また結婚のニュースや祈り、抱いている不満を伝えるためにも利用できる。さらに模様は、魅力的で視覚的に強烈な印象を与えなければならない。興味深いことに、正面の壁には少しも汚れがないのに、ドアはほったらかしでペンキが剥がれている家がある。まるで正面の壁は、持ち主が自分を表現できるたった一つの「カンヴァス」と考えられているようだ。ありったけの努力がこのカンヴァスにつぎこまれ、ドアは無視されている。

テュニジアではこれと正反対のことが起きている。アート表現の焦点となっているのは、正面のドア。どのドアも強い色で塗られ、ほとんどに身の安全を守るためのシンボルと装飾的なモティーフが混じったデザインが描かれている。シンボルは住人の幸運を願ったもので、紋章やカルタゴ人が使う符号、イスラム教の図形が入り混じっている。その中には魚やイルカのようなカルタゴの女神タニトの象徴、イスラム教の社会で禍から守ってくれるといわれているファティマの手などが含まれている。さらに家の壁は、太陽の光から守るために白く塗られている。ドアは大半が明るいブルー。ブルーは蚊を追い払うからという学者もいれば、テュニジアでは幸福と繁栄と幸運の象徴、あるいは空の色を映していて、それゆえ天の象徴という声もある。どれがあてはまるにせよ、これだけお守りを用意しておけば、テュニジアの家の持ち主は怖いものなしといってまちがいない。

下：装飾をほどこされたテュニジアの家の正面ドア。

地中海の向こう、ポルトガル南部のアルガルベ地方にも、家の外側を地元流のフォークアートで飾りたいと持ち主が考えたときに手を借りる専門家がいる。しかし、その専門家はドアを作るのではなく、煙突を作る。不思議なことにアルガルベの家は、ドアに描かれた模様ではなく、煙突の頭部の通風管のデザインの魅力によって評価される。そのデザインは「所有

者のサイン」と呼ばれる。世界を旅すると、地方によって固有のフォークアートを表現する場所として、それぞれ建物の異なる部分を選んでいるように思われてくる。アルガルベでは、それがたまたま煙突になった。

アルガルベで家を建てようとすると、「煙突に何日お望みですか」と質問されるだろう。煙突の工事費は、所要日数で見積もられる——そして煙突にお金をかければかけるほど、地元では尊敬される。家によっては煙突が４本、５本とあるが、実際には１本しか使用されていない——残りはただの飾りである。持ち主はたえず注意を払って煙突を守り、４月から５月にかけては、アマツバメやツバメが巣を作らないようにビニールで覆う。煙突の形は単純な円錐形やさいころ形、プリズム形、円筒形、ピラミッド形から、はざま飾りや小型の時計塔、時計台、ミナレットなどと組み合わせた複雑なデザインのものまで、さまざまである。このアイディアは、数世紀前の支配者、ムーア人の建築から影響を受けて生まれたといわれている。この地方で現存する最古の煙突は、1817 年に作られた。

家の外側——壁、ドア、煙突——の特色は別にして、内側の特徴はどうなのかという問題がある。室内に関してはもっぱら専門家が活躍する傾向がある。DIY 式の室内装飾が人気を集めているようだが、フォークアートと呼べるレベルに達していることはめったにない。おそらく室内は私的な面なので、ほんとうの意味での室内フォークアートにはなかなかお目にかかれないのだろう。盛んに行なわれている場合は、たいていそれを促すような特別な環境面での要素が働いている。気温が氷点に近い時期が長い極北の国々では、室内のデザ

右：南ポルトガルのアルガルベで見られる煙突アート。

インが明らかに外側のものよりずっと大きな役割を果たしている。たとえばノルウェーには、「ローズマリング」と呼ばれる独特の室内装飾が見られる。最初に登場したのは18世紀初頭。ノルウェーが急発展を遂げた時期で、人びとは自分たちが得た新たな富を視覚的に誇示する方法を求めていた。建物の外側は控えめで保守的なスタイルだが、内部は暖かみがあり親しみやすいというノルウェーの家は、それには格好の素材だった。新たなフォークアートの伝統があっというまに登場した。模様が描かれた室内は、「単なる通行人には見つからない秘密の宝石」と言われている。それらはきわめて特徴のあるアート作品となった。こうした室内装飾は大流行し、壁が裸のままなのは最下層の人びとの家しかなかった。

デザインはロココ様式で、色彩豊かで躍動感にあふれていた。「ローズマリング」はバラの花の絵を描くという意味で、花柄が主要なモティーフだった。鉢、箱、椅子、食器棚、戸棚、壁、天井まで、あらゆる場所に描かれた。ローズマリングに使われる模様は、さまざまなレベルの抽象模様で、様式化された花のモティーフはブルーや緑、黄色、あるいは土色の渦巻き模様や流れるような線へと展開している。制作は家の主人自身が行なった場合もあれば、もっと貧しい田舎の旅回りのアーティストの場合もあった。彼らは各地を回って仕事をしてまわったが、その対価がわずかな食事とベッドということも少なくなかった。

ローズマリングは19世紀末にはノルウェーではほぼ絶えてしまったが、最近ふたたび注目を集め、重要な田園風のアートとして認められるようになった。19世紀半ばにノルウェー人のアメリカ移住が始まり、その大部分はまだローズマリングが盛んな地方の出身者だっ

**右**：ノルウェーのローズマリングの一例。

た。移住者は身のまわりの品を入念に絵を施した大型のトランクに入れていた。こうした初期のローズマリングの作品を受け継いだ子孫は、伝統的なデザインに魅了され、北アメリカでこのフォークアートを復活させた。

フォークアートを室内に押しこんだのが、ノルウェーでは寒い気候だったとして、別の民族、ロマニ(ジプシー)に同じ影響をもたらしたのは、まったく家を持たないという事情だった。幌馬車に住み暮らすロマニは狭苦しさを補うために、馬車の中をできる限り豪華に飾り立てた。

放浪するロマニが小さな馬車を家の代わりに使うのは、19 世紀半ばに見られた初期の巡回サーカスからヒントを得たものだった。ロマニはすぐに馬車の中を自分たちの装飾様式で飾り立てるようになり、しだいに華麗さを増し、互いに競った結果、装飾馬車はロマニの象徴になった。彼らは結婚をすると、ヴァルドと呼ばれる特別に作られた荷馬車を持つのが習慣だった。馬車本体を作り、それにオークやトネリコ、ニレ、シーダー、マツなどを用いた手彫りの木彫を加えて、完成には 1 年を要した。木彫のほかに馬やライオン、キリン、花模様、唐草模様の絵も描かれた。そのうえ金箔が惜しみなく用いられ、ロマニの馬車はさらに絢爛豪華なものになった。

下：華麗に飾り立てられたロマニの馬車の内部。

**ロマニ式装飾スタイルは驚くほど複雑で、技術の粋を集めたフォークアートだった…**

　このロマニ式装飾スタイルは驚くほど複雑で、技術の粋を集めたフォークアートだったが、残念ながらほとんど残っていない――ロマニの葬儀には、遺品の馬車と持ち物を焼いてしまう儀式が含まれていた。移動手段として自動車が馬に取って代わると、多くのロマニがトレーラー・ハウスを使うようになった。あいかわらず馬で引く伝統的な木製馬車で旅をしているロマニは、現在では 1 パーセントぐらいしかいないという。こうした近代化にもかかわらず、新しいトレーラー・ハウスの内部は今でも、ロマニの魅力である過剰なほど華やかなフォークアートであふれている。

### 乗り物

　フォークアートが登場するもう一つの場面は、それぞれの社会が好んで利用する乗り物である。もちろんロマニの幌馬車も一つの移動手段だが、住まいとしても利用しているので、本書としてはそちらに分類する。非居住用の乗り物を見ると、大半がデザインはすばらしくても工場で作られたもので、個人的な好みはまったく反映されていないことがすぐにわかる。しかし少数だが、持ち主が大量の装飾をほどこした乗り物も見受けられる。

　コスタリカの牛車、シチリアのロバが引く荷車、パキスタンのトラック、日本のデコトラ、マニラのジプニー、それに北米で最近登場してきた「アートカー」などである。どの地域でもいちばん印象的な装飾を目指して競争が生じ、ひたすらトップの座を求めるあまり、誰も対抗できないほどの過剰な装飾に行き着く者も出ている。その結果が史上もっとも壮観な乗り物の登場である。

　コスタリカでは牛車が何世紀もの間悪路を移動する主な手段だった。道がよくなり近代的な乗り物が登場すると、牛車はすたれてしまった。しかし見た目になかなか魅力的だったので、まったく消えてしまうことはなく、以来文化的な財産として生きつづけている。その理由は、持ち主の間の並外れた装飾競争だった。牛車の外側、とくに車輪に、一番みごとな模様を描こうと競い合ったのである。

　牛車の車輪に模様を描く技術は、持ち主の懐具合を反映する。作業にあたるアーティストはいつもまったく道具を用いず手だけで描き、その精密さは伝説的だった。このフォークアートは 20 世紀初めに誕生した。当時はコーヒー豆を出荷するために山を越え海沿いまで運ぶのに、牛車は不可欠だった。地域によってそれぞれ好みのデザインがあり、たとえ持ち主が独自の装飾を加えていても、模様を見るだけでどこの地域のものか判断できた。

　その後近代的な輸送手段が使われるようになっても、牛車は宗教的な祝祭やその他の公共行事、パレードで使われつづけた。1988 年にコスタリカの大統領が、装飾された牛車は国家の象徴とみなすべきだと宣言した。最高傑作のいくつかは博物館に保存されており、

右：コスタリカの装飾牛車。

現在でもわずかだが田舎で利用されている。これらの牛車でいちばん目立つ、そして思いがけない特徴の一つが、それぞれがたてる特有の音。牛車の歌と称され、車が動くにつれて金属の輪が車輪のハブ・ナットに当たることで生じる。そのため近づいてくる牛車の姿が見えなくても、誰のものか判断できる。

フォークアートの際立った特性の一つが、たいへんよく似た伝統が世界のまったく異なる地域で、それぞれ独自に誕生する点である。牛車のような実用的な対象があると、周囲を飾りたいという人間の欲求は、日常使われている何もない木の表面を装飾で埋める誘惑に抵抗できないように思える。たとえばコスタリカの装飾牛車は、遠く離れたシチリアの馬車にすばらしい仲間を見ることができる。

シチリアではずっとカッレッティと呼ばれる素朴で単純な荷車を、街中では馬で、また田舎のでこぼこ道ではロバで引いて用いていた。自動車がシチリアに入ってくるまで、荷車は荷物だけではなく、結婚式やパレードの際は人を載せて運んだ。時がたつにつれてこれらの荷車の装飾は入念になり、シチリアの歴史や民話をテーマにした彫刻や絵画で隙間なく埋められるようになった。これは文字を読めない人びとにとっては、学習の機会になった。

木製の荷車の表面は隅から隅まで細かな装飾で覆われ、何もないのはわずか一か所、すなわち馬の体だけになった。まもなくその馬も考えられる限りのあざやかな色彩に彩られた馬具で飾られるようになる。カッレッティ装飾のもっとも古く重要な部分は、荷車の横板である。そこには歴史的光景が詳細に描かれている。その中にはアラブ人を攻撃する十字軍の様子など、中世を主題にした絵も見られる。横板の装飾が始まると、誰がいちばん印象的な絵を描くことができるか、近隣で競争が始まった。今日ではそうした荷車はずいぶん貴重なものになり、日常生活ではもはや使われない。しかし特別なカッレッティのパレードには登場する。ふだんの運送に近代的な輸送手段が使用されるようになると、色彩豊かな乗り物を奪われた気分になり、乗用車や輸送車を同じデザインで飾ろうとするシチリア人が現われた。

**…周囲を飾りたいという人間の欲求は、日常使われている何もない木の表面を装飾で埋める誘惑に抵抗できないように思える。**

馬が引く荷車に関してはシチリアに匹敵する地域は世界中どこにもないが、装飾された荷物運搬車といえば、現在パキスタンを走っているみごとな輸送トラックにかなうものはない。壮大なスペクタクルを作り出そうという持ち主の入れこみぶりは、「過剰」という表現では足りない。ふつうはおもしろみのない商業車の表面を丹精こめて彩色し、フォークアートの中でももっとも壮大な作品に変えている。「まるでご当地アートの動くディスプレイみたいに、道路を華やかにしてくれる」と、見た人は言っている。

今日のトラックは、運送車を飾りたてるというこの地方の長い伝統の極致である。隊商の時代でさえ、ラクダは飾り房や花輪、お守り、刺繍をほどこした絹布で飾られていた。イギリスが統治するようになり馬車が導入されると、その木部を装飾するために地元のフォークアーティストが雇われた。その後この風習はバスやトラックにまで対象を広げている。現代のトラック・ペインティングは1950年代半ばに本格的に始まり、今も盛んである。

スタイルには全体的な類似点がいくつか見られるものの、それぞれに独特の味がある。

**右**：イタリアのシチリアで見られたロバが引く装飾荷車。

フォークアーティストの目的は、車輪から泥除け、バンパー、ミラーの枠までトラックのありとあらゆるスペースに、隙間なく模様を描くことらしい。前後の見栄えがとくに重視されているが、側面にもやはりびっしりと装飾がほどこされている。色彩豊かな抽象的な模様と花模様に加えて、地元の有名人や映画スターなど、大きな人物画も含まれる。言葉が記されている車もある。

**…壮大なスペクタクルを作り出そうという持ち主の入れこみぶりは、「過剰」という表現では足りない…**

パキスタンではほとんどの都市に特有の装飾パターンがあり、地元の目利きならひと目で、そのトラックがどこから来たか言い当てられる。たとえば、木製の装飾がふんだんに使われる地域、かと思うとプラスティックが目立つ地域、あるいは打ち延ばした金属やきらきら光るテープ、ラクダの骨を使う地域もある。運転手が自分の好きな名言を加える場合もある。おもしろいことに、宗教的な言葉を記すのは車の前面に限られ、「弁護士にはご用心」というようなユーモアたっぷりの言葉は、後ろのバンパーに書かれている。うやうやしく近づいてきたトラックが通り過ぎるとき、こちらをにやりとさせるというわけだ。有名人の絵もトラックの後面によく描かれる。エジプトの家屋の壁に描かれる巡礼の旅の絵と同様、これはイスラム社会で公に人物像が描かれているめずらしい例である。

極東で目立つのは、日本独特の装飾トラック。しかしパキスタンのものとは著しく異なっている。それはまさに現代フォークアートの一例である。現在見られるフォークアートの大

右：パキスタンの装飾トラック。

半は、その源をはるか昔までたどることができる。しかし日本のデコトラは、1970 年代に入ってから誕生した。当時日本の東北地方を走る鮮魚輸送トラックの運転手が、自分のトラックの個性化を始めた。1975 年にそうした運転手を主人公とした映画が制作され、以後デコトラが流行となり多くの心酔者が登場した。デコトラの所有者の大半は、公共道路の走行が許されるぎりぎりまで、できる限りの飾りをつけることを目指している。熱狂的な運転手の中にはわずかだが、そうした規則を無視して極限まで改造してしまい、もはや特別な展示場でしか披露できない者もいる。

スタイルから言うと、日本の「アートトラック」は他のどんなフォークアートよりもロボットや空想科学小説との共通点が多い。そのけばけばしく角張った金属の飾りに比べると、パキスタンの装飾トラックは異様に古くさく見えてしまう。一方、パキスタンのトラックから見ると、日本のトラックは装甲車のようで、ふてぶてしく攻撃的な印象を与えるとも言える。どちらの見方をしようと、この二つのすばらしいフォークアートに驚くほど多くの時間とエネルギーが注ぎこまれていることは、認めなければならない。それはまた、人間は誰でも心の奥深くに美的欲求を抱いていて、何らかの形でそれを吐き出したいと願っている、という説を支持する証しになる。

フィリピンでは車を飾りたいという情熱は、別の形をとった。地域固有のフォークアートを表現する巨大なカンヴァスとして大型のトラックを選ぶ代わりに、マニラの人びとはその創作意欲を軍用ジープに向けている。第二次世界大戦後フィリピンを去るアメリカ軍は、

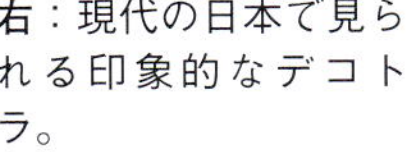

**右**：現代の日本で見られる印象的なデコトラ。

右：フィリピンのマニラで見られる飾りたてたジプニー。

余ったジープをたくさん残していった。それが6人乗りのタクシーに改造された。年月がたつにつれてさらに改造の手が加わり、後方へ車体が伸ばされ、現在ジプニーと呼ばれている18人乗りのけばけばしいミニバスができあがった。

ジプニーには長くなるにつれて目を見張るような装飾が入念にほどこされるようになり、持ち主は誰よりも奇抜な飾りをつけようと互いに競い合った。ひどく乗り心地の悪い車だったので、装飾で頑張ろうとしたのはもっともである。乗客の様子をありありと伝えるこんな証言がある。「まるでイワシの缶詰だよ。となりの男の脇の下に肩が食いこむやら、背中と胸、肩と肩、肘と寛骨がくっついて押し合い圧し合い。隣の男の腿にこっちの腿が張りついて動かしようがない。狭いスペースに誰かが割りこんでくれば、椅子の端のほうに尻を押しつけ一生けんめい隙間を作る始末さ。」ジプニーの場合、美しさはうわべだけらしい。

**スタイルからいうと、日本の「アートトラック」は他のどんなフォークアートよりもロボットや空想科学小説との共通点が多い。**

フォークアートの車というテーマを終わりにする前に、もう一つ変わった例に触れておかなければならないが、それはやったことについてではなく、やれなかったことについてである。最近「アートカー」熱がアメリカに登場した。現在では毎年ヒューストンでパレードが行なわれ、それぞれに工夫を凝らしたアートカーが250台も街を行進するほどの人気になっている。23の州から出場しているが、やれなかったのは何かというと、ほかのフォークアートのように、個性的だが類似点を持つ創作というジャンルを生み出すことである。参加しているアーティストは多かれ少なかれ孤立した状態で作品を制作していた。これといった共通のスタイル、それにフォークアートにきまって見られる主題のヴァリエーションがない。共通しているのは、公道を走るふつうの自動車から出発し、それを歪め、変形し、何か別のものに変質させるという、ただその一点である。

アートカーがプロのアーティストではなくふつうの人が、商売ではなく自分を満足させるために作っているという点で、フォークアートであることは否めない。実際この21世フォークアートに夢中になれば、膨大な時間と費用がかかるにちがいない。しかし、まだ真新しいアートのためだろうが、独自の伝統的スタイルが確立するのはまだ先の話である。アートカーはアメリカの文化を反映している。アメリカ文化は現代社会を変えていく新しい文化的な発展の、ほぼあらゆる分野で牽引力となっている。それは伝統よりも進歩に関心を抱き、郷愁よりも斬新さを重んじ、個性と独創性を尊ぶ文化である。

## ウォールアート

何世紀にもわたり公共の建物の壁は、フォークアーティストが利用できる空間を提供してきた。正式の許可を得た場合もあるが、たいていは法を無視して公共の所有物が使われている。不法利用の場合はその作品は「グラフィティ」（落書き）と呼ばれる。どの国の当局もそれを目の敵にし、人を雇ってその消去に当たらせている。

グラフィティには三つのタイプがある。一つはまったくの破壊的な行為で、貴重な建造物の壁を損なう意図のもと、できるだけ短時間にしかも乱暴に書かれる。たいていは社会に不満を持つ都会の若者の仕業で、基本的には資本家に対する侮辱的な言葉がでかでかと書かれている。いちばん頻繁に見られるのは都会の貧困街で、とりわけ敵対するギャング

**右**：現代アメリカでそれぞれ独自に発展したフォークアートのアートカー。

右：アメリカの東ロサンゼルスにある暗黒街。

に支配されている地域に際立っている。たとえば東ロサンゼルスでは、ギャングの闊歩する界隈の壁は、幼稚ななぐり書きでびっしり覆われている。そこにはどんな形にせよととのった模様を作ろうという試みはほとんどなされていない。似たような何の脈絡もないなぐり書きが、世界の多くの都市の壁に見られる。

二つめのタイプは、こうした初期のなぐり書きから生まれた。反抗的なストリートアーティストの中に、公共の壁にスプレー画を描くときに周囲に配慮する者が現われたのである。彼らは建物を汚すのではなく装飾しようと考え始めた。その結果は相変わらず評価されず嫌われ、当局も再三消去に当たったが、アーティストは執拗に書き続け、さらに手のこんだドラマティックな絵を描こうとした。こうして少しずつはっきりしたスタイルが生まれ、グラフィティのアンダーワールドが広がった。

うわさは国から国へとおもにインターネットを通じて広がり、それなりの「グラフィティ派」が誕生した。まるで「ウォール・イズム」が、法の埒外で活動する無名のゲリラ・ストリートアーティストの創作する新しい芸術運動のようだった。いろいろな国の作品を比べると、様式の類似点がはっきりわかる。

ここに紹介する各国から集められたグラフィティは、抽象化された文字を土台にしている。作者はそれぞれ、もとは黒のスプレー缶で書きなぐったにすぎないコードネームを持っている。しかし作品が美的進化を遂げるにつれて、醜いなぐり書きもドラマティックで色彩豊かなデザインに変わった。ほとんどの場合抽象化されているので、文字は判読できない。時には極端に抽象化が進み、名前がすっかり変形しているばかりか、文字の名残りすらないこともある。しかしこれらのグラフィティがすべて文字から出発しているために、全体的な類似性が感じられる。雑誌や映画から採られた漫画のキャラクターも多く登場する。そうなると作品はディズニー化し、その質が低下するのが相場である。

三つめのタイプは、壁を利用して公にメッセージを発しようと考えた、きちんと訓練を受けたアーティストによって書かれた作品である。ふつうはす早く複雑な画像を描くことができる型板が使われる。こうなるとストリートアートではあっても、もはやフォークアートではない。フォークアートの仮面をかぶったファインアートである。フランスのクリスティアン・グエミは 20 年にわたりストリートアートを制作しており、支配階級に困窮者に対する義務を思い出させる手立てとして、ホームレスのポートレートをおもに扱っている。

アーティストの中には表現手段として偽のフォークアートを選ぶ者がいるが、その理由は社会の価値観に対する不満を伝えたいからだろう。乱暴な画像を用いて反エスタブリッシュメントのメッセージを発する代わりに、わざと公共施設を汚損する表現スタイルをとっている。画像は伝統的かもしれないが、描く場所はそうではない。このタイプのストリートアートの中心的な提唱者は、フランス人のグザヴィエ・プルウで、ブレック・ル・ラット（Blek le Rat）（R–A–T=A–R–T）という偽名で活動している。大型のステンシルを使う画法を取り入れ、1981 年以来今日まで一連の独特の作品を発表している。以来そのスタイルは広く模倣されており、中でもバンスキーという名前のほうが通りがいい、ブリストルのアーティ

下：世界各地のグラフィティ。
（上左）イタリア
（上右）日本
（下）香港

上：フランス人のグザヴィエ・プルウ（通称ブレック・ル・ラット）によるステンシルを用いたストリートアート。

下：バルバドスの道路脇の壁に描かれたグラフィティ。

スト、ロバート・バンクスが有名である。

　このような洗練されたスタイルが勢力を得るようになり、グラフィティはフォークアートとしての特性を失う危険におちいっている。こぎれいな新しいスタイルにはまらず、初期の姿に忠実な作品を今探すとなると、暴力的な「ギャングスター」アートとステンシルアートがまだ入りこんでいない地域に行かなければならない。そのような場所が２か所ある。カーボベルデ諸島とカリブ海の島バルバドスである。そこに行けば、今でも初期のスタイルのグラフィティを見ることができる。

### フェスティヴァルアート

　五つめのフォークアートとしてあげられるフェスティヴァルアートは、人間のアートが始まった大昔の部族の祭りに私たちを連れもどしてくれる。これは盛装したり仮面をつけたりして、普段は単調な生活を一時的に色彩と装飾にあふれたおとぎの国へと変えるアートである。ほとんどすべての文化に一つ、あるいは複数のフェスティヴァルがある。その際ふつうの人たちが膨大なアート活動を行ないながら、見返りは特別な行事に参加する喜びしかない。

　もっともよく見られる祭りの一つが、受難節の直前に毎年行なわれる謝肉祭。名前が示すように、禁欲を強いられる四旬節直前に肉をたくさん食べて楽しもうという祭りである。リオデジャネイロ、ハイチ、ニース、ニューオーリンズなどが有名だが、カトリックの国ではどこでも似たような祭りが開かれる。人びとはいつも前年よりもさらに俗悪な振る舞い、さらに過激な衣装を目指す。リオを例にとると、カーニヴァルのパレードの歴史はすでに150年を超えていて、あきれるほど過激である。しかしまったく異なる様相を呈する都市もある。イタリアの都市ヴェネツィアでは、長い伝統を誇る仮面舞踏会が開かれる。この独特な祭りに酔いしれる人びとは、過激を求めても俗悪ではなく優雅さを望む。むしろ､その祭りやパレード、仮面舞踏会、仮装パーティーはかすかに陰気な雰囲気を漂わせている。

　ブリュッセルでは中央広場で毎年祭りが行なわれる。巨大な花

右：南フランス、ニースで開かれるカーニヴァル。

右：ブラジル、リオデジャネイロのカーニヴァル。

**…参加者は部族意識と仲間同士の祝賀気分に我を忘れてしまう。**

のカーペットが敷かれて、それほど陰気な感じはしない。この種の花祭りは、世界のあちらこちらで開催される。イタリアのジェンツァーノ・ディ・ローマで毎年６月に催されるインフィオラータでは、住民が各種の宗教画をもとに念入りにデザインした花のカーペットで、通りが埋め尽くされる。花は二日間そのままに置かれ、その後飾りはすべて取り除かれる。

世界中いたる所で人類は何か祝いの種を探し出す――遠い先祖のすばらしい原始の祭りを再現できるものなら何でもいい。たいていは自分たちがその祝いをなぜ行なっているのかまったくわかっていない。しかし毎日おきまりの日課をくり返す日々から抜け出し、できる限り非日常的で風変わりな活動をしてドラマティックに自己表現をしたいという、抑え難い強い欲求を抱いているのだ。

伝統はこうした祭りの表向きの口実になることが多い。そして人びとは盛んにその伝統を持ち上げる。とはいえ、いったん行事が始まってしまうと、歴史的な細かい事実はどこへやら、参加者は部族

下：ベルギー、ブリュッセルで毎年開催されるフラワーフェスティヴァル。

意識と仲間同士の祝賀気分に我を忘れてしまう。ここでいくつか風変わりな祭りを紹介しよう。

まずスペインのブニョールで毎年8月に行なわれるトマティーナ、すなわちトマト祭り。何千もの群衆が通りを行きかいトマトをぶつけ合う。しまいには町全体がつぶれた赤いトマトだらけになる。1945年に起きた喧嘩騒ぎがきっかけで、翌年もそれがくり返された。何度も禁止令が出たにもかかわらず年々人気が高まり、1980年にはついに正式に祭りとして認可された。

韓国では毎夏、保寧（ボリョン）で泥フェスティヴァルが開かれる。これは2週間続き200万人を超える観光客が押し寄せる。近くの干潟から化粧品に用いられるミネラル豊富な泥を運び、「泥体験」を楽しんでもらう祭りである。浜辺には泥のプール、泥の滑り台、泥スキーが用意されている。また色づけされた泥でボディペインティングもできる。

北インドのラダクでは9月にラダク祭りが開かれる。印象的な仮面をつけた僧侶がシンバルや笛、ラッパのリズムに合わせて踊り、ラダクに伝わる多くの伝説や寓話を伝える。

11月にはメキシコで亡くなった人を偲ぶ死者の日の祭りが行なわれる。死者は黄泉の国に身を潜めているが、にぎやかな祭りの助けで愛する者のもとへ少しの間戻ることができるという。この日は死の意味を考えるときである。死は生のつづき、したがって、甘受し祝うべきものと見なされている。

これらの祭りの本質は、目に見える環境に束の間劇的な変化をもたらすことである。通りは神秘的なパレードの場となり、花のカーペットで覆われ、骸骨や幽霊がうろつき、トマト

**下**：イタリア、ヴェネツィアで開かれるカーニヴァル。

**下右**：スペイン、ブニョールで毎年行なわれるトマト祭り。

上：インドのラダク祭り。

の汁で真っ赤に染まる。鉱物質を含む茶色の泥にまみれるときもある。突然すべてのものが誇張される——色彩も模様も。あたりは飾り物にあふれ、衣装はきらびやかになる。日常が大々的な規模で非日常に変わる。その規模は飛びぬけて大きくまた芝居がかっているので長つづきはしない。毎日がそうではうんざりするだろう。しかし一年に一度なら大いに盛り上がり、フォークアートが持つ莫大なエネルギーが放出される。

下：メキシコの死者の日。

## フォークペインティング

フォークアートの最後の分野は、専門的な訓練を受けていないにもかかわらず、自分をカンヴァスあるいは紙の上に表現したいという抑えがたい欲求に駆られる人びとにまつわるもの。素朴画やアウトサイダー・アート、日曜画家、フランス語でアールブリュット（生の芸術）と呼ばれるフォークアーティストの作品は、ずっと無視されてきた。プロの画家は彼らを軽蔑し、収集家はまったく関心を示さなかった。しかし彼らはくじけない。まったく個人的、私的な動機から描いているので、作品を売る気などさらさらなかったからである。自分のために絵を描きたいという、やむにやまれぬ気持ちから作品は生まれた。

こうした多数のアマチュア画家が世界の各地で、社会の片隅でこつこつと作品を描いている。それは二つのグループにはっきり分けることができる。一つは、プロの画家を真似て、風景画や肖像画、静物、花などこれぞと思うテーマを控えめに描いているグループ。その作品は地方の展覧会の壁をにぎわし、決して強い印象は与えないが、にもかかわらずアーティストに、人間が持つ美的衝動のもう一つのはけ口を与えている。

第２のグループは特定のテーマを追いかける、風変わりでひどく個人的な執念に燃えるアーティストのグループ。たえず、しかも強烈な熱意を持って追求するので、技術的な欠点は少しも邪魔にならない。それどころかその欠点は逆に質の向上につながっていて、誰もプロの絵画と比較しようとは考えないほど異質の作品を生み出しているのかもしれない。素朴画はプロが描いた不できな作品というより、まったく別のアートとして、独自の基準で評価される。

この特異な分野には、美術界のアマチュアとプロの境界を打ち破り、一流のギャラリーや美術館、コレクターに完全に認められたアーティストが何人かいる。中でももっとも有名なのがアンリ・ルソーである。フランスの税関吏で中年になってから絵を描き始め、死にいたるまでパリの美術界から嘲笑されていた。1844 年に生まれ、絵は独学だった。ジャングルに取りつかれ、一度も本物を見たことがなかったにもかかわらず、大きなカンヴァスにき

右：ルソー『夢』、1910 年。

わめて詳細に描き出した。いちばん身近で見たジャングルは、パリのジャルダン・デ・プラント（植物園）あるいは本の挿絵である。現在ではルソーの作品は傑作とみなされ、美術館の壁を飾っている。

アメリカではニューヨークで衣料メーカーを経営していたモリス・ハーシュフィールドが退職後に絵を始めた。1872 年にポーランドで生まれ十代でアメリカに渡り、衣料工場に勤めた。やがて独立して婦人用のコートと室内履きを専門とする会社を立ち上げた。1935 年に引退し、晩年の 10 年間は絵を描いて過ごした。その作品は織物のデザインや型紙制作に費やした、長年の経験に強く影響を受けている。その結果、強靭で細部にこだわった作品になっている。死の 2 年前の 1943 年にニューヨークで個展が開かれたが、パリのルソーと同じく悪評を買い、気の毒にも「左足 2 本の巨匠」というあだ名をつけられた。しかしながらルソーと同じくハーシュフィールドの絵は強烈な印象を与え、現在では美術館に取り上げられている。

イギリスではこうした特異な素朴派アーティストが長年数多く誕生し、ロンドンのポータル・ギャラリーはもっぱらその人たちの作品を展示した。彼らはポータル・ペインターと称され、その中にはあまりにも特異な作風のために、今日でもほとんど情報がないアーティストもいる。ポータル・ペインターのひとりにフレッド・アリスと呼ばれるロンドンで隠遁生活を送るアーティストがいた。ヨナと大魚の話をテーマに、クジラの口の中からパリッとしたスーツを着こんだヨナが、ブリーフケースを手に出てくる奇想天外な絵を描いている。ま

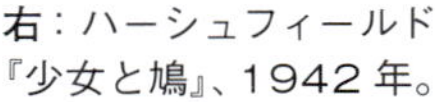

右：ハーシュフィールド『少女と鳩』、1942 年。

たアリスの猫の絵は、眼が人間の目になっているにもかかわらず、猫の本質について深い理解を示している。アリスはロンドンの南東部で軽食堂を営んでいたが、美術界にはまったく興味がなかった。注目を集めることを恐れて、会見も個展もいっさい受け付けなかった。数か月ごとに新しい作品を抱えて画廊に現われ、売り上げを確かめるとすぐに立ち去ってしまった。画廊は電話番号も教えてもらえず、連絡は郵便でしかできなかった。私生活に関しては何も知られていない。アリスはできるかぎり無名の存在であることを望み、細部にこだわった作品に自分を代弁させるに任せた。

**誰もが個人的なヴィジョンを持っていて、その人生は、抜きがたい創作意欲に支配されている。**

　以上は世界中に数えられないほどいる素朴派アーティストのほんの一例である。その人生を見ると、一つはっきりした共通点が見えてくる。彼らは作品が世間に受け入れられようと拒まれようと、また支持されようと無視されようと、自分のやり方をやめる、あるいは修正する気などさらさらない。誰もが個人的なヴィジョンを持っていて、その人生は、抜きがたい創作意欲に支配されている。売れるとか評判がどうとかといった実際的なことはまったく頭にない。これまであげてきたフォークアーティストと同じく、生活から日常性の色を薄くしたいという、人類の情熱を示す証拠である。

　以上、世界各地で誕生した――そして現在も生まれている――膨大なフォークアートの概要をざっと紹介してきたが、それらはほんの一部に過ぎない。模様のある織物、個性的な家屋、装飾をほどこされた乗り物、ドラマティックなウォールアート、色彩にあふれた祭り、ひたすら自分の美学を追求する日曜画家などの例をあげてきたが、ほかにも無数の作品がある。どれも個人的な満足と子どもじみた興奮をもたらすだけの活動に対し、いずれ劣らぬ情熱と時間を注ぎこむフォークアーティストにより制作されている。エレン・ディサヤナケが人類をホモ・エステティクス（美を愛するヒト）と名づけたのもむべなるかな。

下：フレッド・アリス『黒の雄猫』。

# 第 11 章　アートの役割

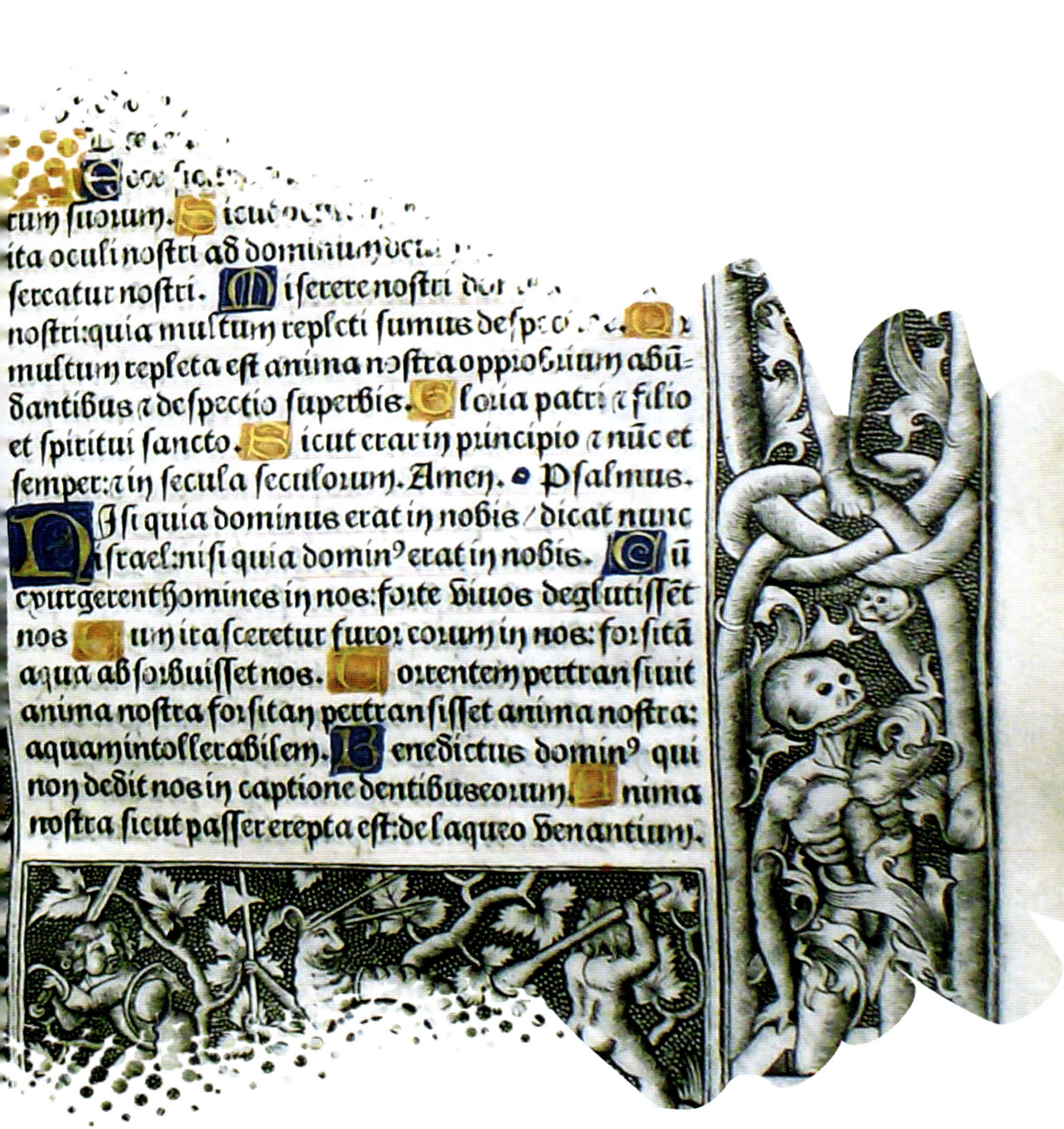
ita oculi nostri ad dominum de...
sercatur nostri. Miserere nostri do...
nostri: quia multum repleti sumus despe...
multum repleta est anima nostra opprobrium abū-
dantibus & despectio superbis. Gloria patri & filio
et spiritui sancto. Sicut erat in principio & nūc et
semper: & in secula seculorum. Amen. Psalmus.
Nisi quia dominus erat in nobis / dicat nunc
israel: nisi quia dominus erat in nobis. Cū
exurgerent homines in nos: forte vivos deglutissēt
nos um ita irasceretur furor eorum in nos: forsitā
aqua absorbuisset nos. orrentem pertransiuit
anima nostra forsitan pertransisset anima nostra:
aquam intollerabilem. Benedictus dominus qui
non dedit nos in captione dentibus eorum. nima
nostra sicut passer erepta est: de laqueo venantium.

# アートの役割

## 創造意欲がたどってきた九つの道

ここまで原始の時代から今日にいたるまでのアートについて、考察を重ねてきた。紙面に限りがあるので、当然ながら省略された項目が多い。人間は豊かな生産力と創造力に恵まれているので、この一巻ですべてを語るなど問題にもならない。とはいえその種々の局面にざっと目を通すことで、人間のアート行動の本質とは何か、その全体像を描き出すことは可能である。

私はまず第一に、アートを「日常から非日常を生み出すこと」と定義した。人間の心に深く根差したこの欲求は、明らかにあらゆる文化、あらゆる時代に存在し、しかもさまざまな形で姿を現わしている。飢え、渇き、睡眠や生殖という生存に必要な基本的欲求を満たすだけでは、人類にはじゅうぶんではない。つねにそれ以上のものを望んできた。際限なく遊びを求める遺伝子が組みこまれていて、子ども時代もおとなになってからも、絶えず疑問を投げかけ、新しいアイディアを試みてきた。

人間の脳は活動を求めている。これこそ人類が繁栄してきた秘訣である。人類が動物の中で優位に立つことができたのは、身体的能力ではなく、その豊かな知性と創意のおかげである。人間にはライオンのような頑丈な顎(あご)はない。ワニのように皮膚が厚くもないし、コブラのように毒液を吐くことも、ワシのようにすごい速さで飛ぶこともできない。しかしいろいろな考えが駆け巡り沸騰しているような、この頭脳がある。人間に最初の槍をもたらしたのも、宇宙への扉を開けたのも、この頭脳である。人びとは勝利の瞬間が訪れると、それを深く味わう祝いのときとしたいと考えた。そこで歌い踊り、体にあざやかな色を塗って、その機会を日常とはかけ離れたものに仕立てる。ここからまず自分を、ついで持ちものを、そして周囲を飾りたてるという欲求が生まれた。

衣服は単なる快適さから装飾へと方向を転じ、食器は素朴なものから凝った様式へ、武器は機能的なものから装飾的なものへと移っていった。日常を非日常に変えたいという願いは輪をかけて広がる。身のまわりをさらに精巧で色彩に富んだものにしようというこの根源的な欲望を後押ししているのは、遊びを求める人間生来の特性で、人間はこういった要因からロバート・ジョイスのいわゆる「美を愛する動物」に作りあげられた。

この原始的な欲求はやがて新しい役割を生み出した。アート活動はそれ自体がすでに目的だったが、拡大、洗練されて人間のほかの活動を支えるようになった。まずアートは狩りを助ける効果的な手立てとして用いられた。原始的な祭事の印象を強め、のちには宗教的な儀式を飾りたてた。富と勢力を持つ人びとには、その威力を示す手立てを提供した。描かれたシンボルが単純化されて文字や数字に変わり、文章が記されるにいたったごとく、アートは様式化され情報伝達システムとなった。戦場でも戦士を助け、彼らをいっそう強く恐ろしいものに見せた。

年月が経つにつれてこうした古代風の役割は変わり始め、今日ではもっとはっきりしたアートとしての表現形式も登場している。アートは今でも有力な社会組織に貢献している。何世紀にもわたり宗教はアートの主たる後援者であり、支配層——ファラオ、領主、王や女王とその宮廷、皇帝——も同様だった。いずれもその活動を強めるために、熱心に視覚アートを利用してきた。現在では教会や政治的支配者の保護者としての力は減ったものの、世界の多くの地にまだその影響力を残している。

人類の歴史上これほど多くのアート形式が提供されたことはない。しかも需要が減少する気配はまったく感じられない。

新しい後援者も登場している。中、上流階級のもっとも裕福な人びとが新たにパトロンの座を楽しんでいる。彼らはすばらしいコレクションを持ち、新しい美術館、ギャラリーを作った。教会や支配者の影響から解放されたこうした新しいパトロンは、宣伝価値ではなく創造的価値にもとづいた作品収集が可能になっている。

これらの画廊は、もとはエリート階級の専用だったが、やがて一般大衆に開かれるようになった。今日では世界中の主要都市に美術館や画廊が設けられ、何百万という作品が人びとを待っている。民間のアート・ギャラリーはコレクターや単に住まいを飾りたいという人に作品を売るが、その数はうなぎのぼりに増えている。新しい印刷技術の登場で、有名な作品のコピーが誰でも安価に入手できるようになった。フォークアートも相変わらず盛んで、人びとの創作意欲を発揮できる場をさらに多く提供している。

現代人にとって視覚アートはかつてないほど多くの役割を担っている。人類の歴史上これほど多くのアート形式が提供されたことはない。しかも需要が減少する気配はまったく感じられない。チャンスがあればいつでも日常を非日常に変えたいという、心に深く根差した生来の原始的な欲求を考えれば、そういう事態はまず起きないだろう。

アートの役割を現代人に与える影響にもとづいて要約すると、九つのグループに分けることができるだろう。

## 聖なるアート――宗教のためのアート

美術が主要な宗教で果たしている役割が最近変わってきている。とりわけキリスト教会は、以前のようなすぐれた美術のおもな後援者ではなくなっている。壮大な大聖堂、教会、礼拝所、そのほかの聖所は、ほとんどすべて何世紀も前に建立された。そのフレスコ画や装飾タイル、ステンドグラス、絵天井や彫像は数百年前の作品である。しかし、現在制作されていないものの、これらの芸術作品は依然として人びとの目を楽しませている。毎年何万という人びとが、古い宗教美術を見ようと押しかけている。システィーナ礼拝堂の天井を畏怖の目で見つめる観客の大半は、信仰篤いわけではないが、それでも古い宗教アートのすばらしい技術と壮大さに感銘を受けている。

パリの中心地、シテ島に立つゴシック様式の教会サント・シャペルを訪れた人は、600年も前に作られた600平方メートルに及ぶステンドグラスの美しさに感嘆する。しかし宗教的な恍惚に浸ることはもはやできないだろう。とはいえ束の間でも、現代生活において宗教美術にその役割を果たさせている。

下：フランス、パリのサント・シャペル。

キリスト教会は今日では壮大な作品の制作を命じる代わりに、安物の複製を大量生産して敬虔な信者に売ることに満足しているらしい。こうした複製は、美術的価値はほとんどないが、お守りとして身に着けたり自宅や乗り物の中に置くことができる。したがってキリスト教芸術は一般的には過去に頼って生きていると言わなければならないが、興味深い例外もいくつか見られる。

現代アーティストの中で見事な宗教的作品を最初に発表したひとりとして、グレアム・サザランドがあげられる。1962年、イギリスのコヴェントリーに再建された大聖堂に、サザランドの大きなタペストリー『王たるキリスト』が掲げられた。高さ約23メートルもあり、世界最大の作品の一つである。

右：イギリス、コヴェントリー大聖堂の祭壇上部の飾り、サザランドの『王たるキリスト』。

……多くのアーティストが、従来の芸術の打破を自分たちのアートの出発点としているものの、宗教建築にも足跡を残すべきだと考えた。

この新しい大聖堂が披露されると、評価は賛否両論。伝統主義者は「お祭り騒ぎの教会」と酷評したが、好感を示した人も多かった。

20 世紀の半ばになるとフランスでは多くのアーティストが、従来の芸術の打破を自分たちのアートの出発点としているものの、宗教建築にも足跡を残すべきだと考えた。信仰の有無にかかわりなくこの考えは、彼らの膨らんでいるのももっともな自負心に訴えるところがあった。フランスの有名な現代アーティストで、それを最初に実践したのはアンリ・マティスである。1947 年から 1951 年にわたって南フランスのヴァンスに、自分のデザインで現在マティス教会と呼ばれている教会を建てた。これは、教会のあらゆる部分、つまり建物そのものから窓のステンドグラス、内装、聖母子像などの彫像、はては聖職者の装飾品にいたるまで、すべてのデザインをはじめてひとりの画家が手がけたという点で、きわめて貴重である。

つねにマティスの友好的なライバルだったパブロ・ピカソも負けてはならないと、自分の教会を建てずにはすまなかった。ピカソは生まれはカトリックたが、成人すると共産党員となり、表向きは教会と敵対関係にあった。それを解決しようとピカソは、ヴァロリスで民間に委ねられていた 12 世紀の礼拝堂を装飾する。そこは新しくマティス教会が建てられたヴァンスからわずか 13 キロしか離れていなかった。ピカソは当時ヴァロリスに住んでおり、使われなくなった古い礼拝堂に戦争と平和のせめぎ合いを描く壁画を制作した。こうしてピカソは、宗教的な主張をせずに巧妙に、マティスのそれに匹敵する装飾された教会を手に入れた。

この間フランスのアーティスト、ル・コルビジェも宗教アートに足跡を残そうと懸命に努めていた。コルビジェには本来建築家であるという強みがあり、その特技を自分の計画に生かすことができた。1954年にフランス東部のロンシャンにそのカトリックの礼拝堂が完成した。建物全体を巨大な現代彫刻と見なすことができる、画期的な建造物である。

**キリスト教が現在も何世紀も前に完成された宗教建築に頼っている一方で、他の有力な宗教は、目を奪うような新しい建物を誕生させている…**

同じく抽象表現主義の画家マーク・ロスコも、論議の的になっている宗教的建物の建築に携わった。それはテキサス州ヒューストンにあるロスコ・チャペルで、「あらゆる宗教の信者が入ることのできる、親しみやすい礼拝堂」と述べられている。1971年に開かれ、「20世紀後半の芸術の最高傑作の一つ」と一般に評されている。しかし、14枚の素朴な黒い巨大なパネルが並ぶ簡素な内部を見て、誰もが好感を抱いたわけではない。驚くほど安らぎに満ちた空間と言う人もいれば、「重々しい死んだような記念碑」という評もある。

キリスト教が現在も何世紀も前に完成された宗教建築に頼っている一方で、他の有力な宗教は、壮大なスケールの、宗教美術と見なすべき、目を奪うような新しい建物を誕生させている。その最たる例の一つが、ロンドン北西部に1990年代に建てられたヒンドゥー・マンディア寺院である。イスラム教のアーティストは、世界各地で新しい壮大なモスクのデザインにせっせと励んでいる。アメリカだけでも2000年から2010年にかけて897のモスクが誕生した。アート作品としては、アブダビのシェイク・ザイード・グランド・モスクがもっともドラマティックなイスラム教の新しい建築といえるだろう。82の白いドーム

下：フランス、ロンシャンにコルビジェが建てた礼拝堂。

下右：アメリカ、ヒューストンにあるロスコ・チャペル。

**右**：ロンドン北西部に建てられたヒンドゥー・マンディア寺院。

**右奥**：アラブ首長国連邦、アブダビにあるシェイク・ザイード・グランド・モスク。

が輝き、4万1000人の信者を収容することができる。

近年宗教建築の外壁に、ソン・エ・リュミエール（音と光）、すなわち照明音響アートという新しい宗教アートが出現している。この種の照明アートが最初に登場したのは1952年、フランスの城壁だった。このアイディアはすぐに世界中に広まった。よく使われるのが宗教的な建造物で、たいてい多数の観衆に向けて映像に関する解説が録音で流される。最近イギリス北部のダラムで、大聖堂の壁にリンデスファーン福音書の挿絵を映し出す、国際的なライト・ショーが開かれた――古い宗教画を大衆に展示する、現代的な手法である。

**右**：イギリス、ダラム大聖堂で行なわれた宗教的ソン・エ・リュミエール。

下：ムガール帝国で行なわれた支配階級の祝賀の光景。

最下：フランス、ルイ14世のヴェルサイユ宮殿の「鏡の間」。

## ステイタスアート――有力者のためのアート

最古の文明の時代から社会を支配する階層は、偉大なアート作品を後援することで、その高い地位を誇示してきた。まずは王宮や王墓、城塞、大邸宅、巨大な記念碑などを建てる。そしてその中に見事な美術作品――彫刻、絵画、備品、壁画、天井画、モザイク、その他――をたくさん詰めこんだ。

インドでは16世紀から18世紀にかけてムガール帝国の宮廷に数多くの画家が集まり、帝国の豪華絢爛な世界を称賛する写本や絵画の制作に当たった。色彩が強調され遠近感は無視された。当時の細密画の傑作ほどムガール帝国の貴族の豪勢な生活を強く訴える作品は、ほかには見られないだろう。

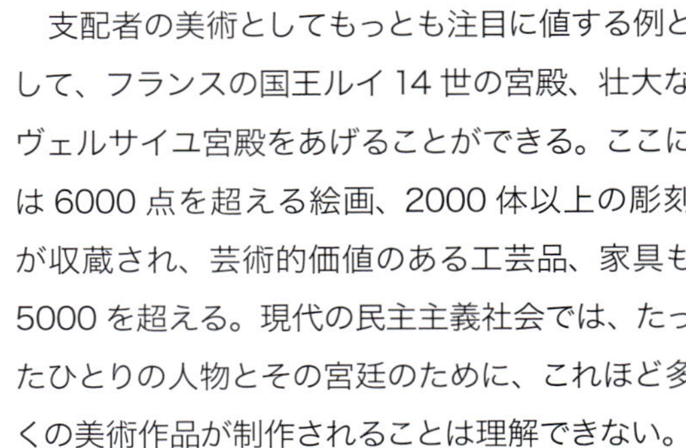

支配者の美術としてもっとも注目に値する例として、フランスの国王ルイ14世の宮殿、壮大なヴェルサイユ宮殿をあげることができる。ここには6000点を超える絵画、2000体以上の彫刻が収蔵され、芸術的価値のある工芸品、家具も5000を超える。現代の民主主義社会では、たったひとりの人物とその宮廷のために、これほど多くの美術作品が制作されることは理解できない。

今日では、少なくとも西欧社会では、巨大な富と権力を誇示する者は、世襲の王族から自力でそれを獲得した億万長者へ、また君主から多国籍企業へと移っている。現代のステイタスアートを見るには、宮殿のファサードではなく超高層ビルや豪勢な大邸宅に目を転じなければならない。このようなきわめて印象的な新しいビルには、建物そのものがアートになっているものもあるが、所有者の高い地位を証明する豪華なアート作品を収蔵している場合も少なくない。

一般的にこのような現代の「アルファ・ピープル（超一流の人びと）」は、収蔵品を私的に見せることが多い。相手は一般大衆ではなく、ライバルである「アルファ・ピープル」に限られている。

世界一高価な個人の邸宅は、建設費約1000億円でインドの実業家がムンバイに建てたもの

右：アメリカのIT長者、ビル・ゲイツの豪邸。

である。世界でもっとも裕福なひとり、ビル・ゲイツの家は1990年代に建設されたが、このインドの例に比べればつつましいもので、費用はほんの140億円。しかし、ほかでは見られない設備を整えている。桃源郷と名づけられたこの屋敷に入るとき、客は自分の好みがプログラムされたマイクロチップを埋めたピンを渡される。すると部屋から部屋へと移動する際、壁には好みの絵画の映像が映し出され、好きな音楽が流れてくる。室温や照明の明るさは、客が一番心地よく感じるレベルに調節される。電話がかかってきた場合は、コンピュータ制御により一番手近な電話機だけが鳴る。テレビを見ているときは、どの部屋に移っても手近の画面にそのチャンネルが映り、つづきが見られる。30億円をかけた図書室では、レオナルド・ダ・ヴィンチのオリジナルのノートのコピーを見ることができる。

**すると部屋から部屋へと移動する際、壁には好みの絵画の映像が映し出され…**

これほど私的な用途で設計されていない建物でも、その建物によって自分の高いステイタスが示されていることをはっきりさせたいと考える所有者も現われている。数例だが、建物の正面に名前を刻むほど自己主張が強い者もいる。たとえばニューヨークにトランプ・タワーを建てたドナルド・トランプ。ラスヴェガスではスティーヴ・ウィンが、その大建造物に実際に自分のサインを記している。

西欧社会から目を転じると、ステイタスの高い支配者が今でも、宮殿という古いアート様式で力を誇示している例がいくつか見られる。ブルネイのサルタン一家が住む「信仰の

上：ブルネイ、サルタンの宮殿。

光の宮殿」は、部屋数 1788、シャンデリア 564、5000 人収容可能な宴会場、プール 5、モスク、110 台収容できるガレージ、200 頭のポロ用馬が入るエアコンつきの厩舎を持つ。一家族の居宅としては、史上最大の建物である。

現在では、ハイ・ステイタスアートをもっと簡単に経験する方法として、かつての宮殿の豪華さを真似た宮殿ホテルに数日過ごすという手がある。つまりレンタルのハイ・ステイタスアートということ。こうした新しいホテルの中には、行き過ぎが目立つ例も見られる。たとえばドバイのアトランティス・ホテルのロビーに誇らしく作られているアートは、技術的には息をのむほど優れているが、あまりにもけばけばしく、とても美術館で見られるような代物ではない。

最近盛んになっているハイ・ステイタスアートには、残念な一面がある。こうしたドラマティックな建物の中で展示される美術作品の質が低下している。昔の宮殿は美術作品であふれていたが、現代の同類はさほどではない。似非宮殿、つまり宮殿ホテルは、警備に不安がある客室で、宿泊客に重要な美術作品を見せるような危険を冒せない。その代わりにすべての美的努力は建物そのものに向けられている。建物自体が実質的にはハイ・ステイタスアートになっている。

下：アラブ首長国連邦、ドバイにあるアトランティス・ホテルのロビー。

ハイ・ステイタスを示す莫大な価値のある重要な美術品がほんとうに見られるのは、警備のしっかりした個人宅に限られる。こういう社会的「アルファ・ピープル」は、ピカソの作品をもう１枚購入してライバルの鼻を明かし､その結果ステイタスアートの条件を満たすことができる。しかし中にはさらに強い印象を与えることを望む人もいる。そのためには自分のコレクションをもっと多くの人に見てもらわなければならない。その結果パブリックアートという重要な役割が、現代のアートに登場する。

## パブリックアート――一般大衆のためのアート

以前は一般大衆が接することのできる上質の美術は、大聖堂や教会堂で見られる宗教画に限られていた。公共的な彫像と記念碑は別にして、王族や支配者の命令によって制作されたステイタスアートを鑑賞できたのは、主として廷臣や家臣だった。現代では状況が劇的に変化し、裕福な慈善家や国が、多くの美術コレクションを主要なギャラリーや美術館で一般に公開している。

**パブリックアートは誰でも見ることができるばかりではなく、理論的にはいかなる宗教、あるいは政治的な主義思潮の支配も受けない。**

イギリスの砂糖精製業者ヘンリー・テートは、ロンドンにテート美術館を建てた。アメリカの鉱山業者のグッゲンハイム一族は、ニューヨークやビルバオ、ヴェネツィアにグッゲンハイム美術館を開いた。同じく石油王ポール・ゲティは、ロサンゼルスにゲティ美術館を作った。「意気地なしは地面を相続すべきで、その下に眠る鉱山開発権は相続してはならない」という発言で有名な人物である。国が立派な国立美術館やさまざまな美術館の設立に貢献した例も多い。

ここ数百年にこうした価値の高いコレクションが一般に公開されたことで、芸術に大きな新しい役割が加えられた。パブリックアートは誰でも見ることができるばかりではなく、理論的にはいかなる宗教、あるいは政治的な主義思潮の支配も受けない。作品はその美点によってのみ評価され、ほかの何ものもそこに入りこむことはできない。もちろんこの規則には例外があった。ナチスやスターリン主義者は、退廃と見なした作品を排除した。しかし一般的にパブリックアートの分野が検閲機能を欠いていることは注目に値する。伝統主義的アートを支持する人と近代アートを好む人との間に意見の衝突が起

下：スペイン、ビルバオにあるグッゲンハイム美術館。

きそうな都市では、それぞれの美術館を作ることで問題の解決が図られている。たとえばパリには、ルーヴル美術館とポンピドゥー・センターの近代美術館。ロンドンには国立美術館とテート美術館、ニューヨークにはメトロポリタン美術館と近代美術館がある。そのほかに民族アートやフォークアートを手がける美術館も見られる。

今ではこのようなパブリックアートを見る喜びを誰も不思議に思わないが、ほんの数世紀前にはおよそ考えられなかっただろう。古い時代の偉大なアートは、特権階級のごく少数の人しか見ることができなかった。現在は何百万という人びとが、何千という傑作を鑑賞している。人間の心に深く宿る芸術への憧れを、これ以上強く証明できるものはないだろう。パブリックアートの鑑賞にまつわる唯一の欠点は、当然ながら費やせる時間が短いことである。もっと長く楽しむためには、アートのもう一つのカテゴリー、すなわち収集向けのアートが必要である。

### 収集向けのアート――個人的な所有者のためのアート

今日の社会におけるアートの重要な役割の一つは、「財産」――相続あるいは贈り物、購入によって手に入り、個人的な財産として自宅に保有されているもの――としての役割である。収集向けのアートはほとんどすべて民間のアート・ギャラリーかあるいはオークションで入手されている。西欧社会のたいていの家庭は少なくとも数枚はこのような作品を持っており、特定のジャンルにのめりこんだ熱心なコレクターだと、文字通り数百点の作品を所蔵している。

コレクターの中でもっとも高い地位にいるのは、貴重な「ステイタスアート」の所有者である。彼らは富の証しとなる名作を多数収集している。しかし一般的なのは、たまたま自分の好みに合ったもっと控えめの作品を買う、ふつうのコレクター。自宅の壁を飾るために安い版画やポスターを買う、さらに質素な人びともい

**右**：トリヴルツィオ時祷書、1470年。

右：ドゥ・ブリー時祷書、1521 年。

る。壁にまったく何も飾っていない家はまれだろう。となると、安価なアート作品の需要は、世界的に見て莫大なものにちがいない。

最後に、美術書の中の挿絵という形で収集されている「所蔵アート」をあげよう。何世紀も前は、貴族は時祷書を所有する楽しみを味わうことができた。めずらしい画像がいくつも入っている個人用の祈祷書である。たとえばトリヴルツィオ時祷書は、1470 年にミラノのトリヴルツィオ公のためにフランドルで作られた。この時祷書には伝統的な宗教的場面に加えて、風変わりな二次的な画像が多く描かれている。ブルーの生殖器を持ち角笛を吹いている猿や、槍を抱えて羊にのっているひげを生やした男の絵などである。言い換えれば、これらの挿絵つきの神聖な書物を制作したアーティストは、ヒエロニムス・ボスと同様に暗い想像力を奔放に働かせたのである。

手書きによる写本の時祷書は、最上級の階層にしか手に入らない、きわめて貴重な作品だったので、印刷技術が導入されると、もっと安価な印刷本が出回るまでにあまり時間はかからなかった。印刷された時祷書の例として、1521 年のドゥ・ブリー時祷書をあげることができる。上質皮紙に印刷され、それまでの写本と同じ形式をたどり、伝統的な場面をカラーで描き、さらに欄外には奇妙な光景も加えられている。

その後数世紀の間に、書物のテーマが聖書関係から自然界へと変わっていった。出版業界では、動物や植物のカラー図版にあふれた魅力的な書物が主流となり始めた。この分野は 1827 年から 1839 年にかけて出版された、オーデュボンの『アメリカの鳥』で頂点を迎えた。20 世紀にはさらに正確で技術的に完成の度合いを増したカラー写真による、美術の傑作を紹介する新しい分野が登場する。20 世紀末には上質の美術書の制作に専念する出版社も多くなった。

右：オーデュボンの『アメリカの鳥』

毎年何百という書物が誕生し、新しい膨大な数の読者の目を視覚アートに向けさせた。もちろんカラー画像が原画に勝ることはあり得ないだろうが、それでも視覚アートに対する莫大な知識と理解へと、門戸を開くだろう。数百年前の状況に比べると、今では一般市民が視覚アートに触れることのできるチャンスは、驚くほど増えている。

### テクニカルアート――大衆娯楽のためのアート

19世紀末に画像を映す科学技術が登場すると、まったく新しいアート活動が始まった。まずスチール写真から始まり、ついで映画に移る。さらに化学反応を利用した世界からエレクトロニクスへと大きく転換する。映画からテレビへ、映画フィルムからさらに進化したコンピュータ画像へと発展した。

下：コンピュータ画像とアニメ映画のテクノロジーを用いた映画『アバター』、2009年。

今日では壁にかけられた金色の額縁入りの油絵は、たとえ現代の抽象画でも古くさく見えるようになった。今は大型の薄型テレビがそれに取って代わり、高解像度の3D画像を放映している。コンピュータのスクリーンは、検索エンジンを通じて、さらに膨大な画像を送り出している。たしかにこうした画像の多くは、「美学的には低レベル」と言えそうだが、、どんなレベルを選ぼうと、その将来性は大である。

### フォークアート――伝統のためのアート

電子的に送信される画像の驚異的な進歩、そして現代のアート運動のドラマティックな反抗にもかかわらず、昔ながらのフォークアートもこの 21 世紀に依然として生きつづけている。それらは衰退傾向に頑固に抵抗し、地元社会は相変わらず古い慣習と伝統を追求している。身のまわりを飾りたてたいという抜きがたい欲求は、部族民のフェイスペインティングから現代的なタトゥーへ、あるいは民族衣装から装飾された乗り物へ、刺繍からグラフィティへと変わったかもしれないが、21 世紀に入ってさえ美的表現の一つの強力な形として存続している。

身のまわりを飾りたてたいという抜きがたい欲求は…21 世紀に入ってさえ美的表現の一つの強力な形として存続している。

世界中で長年にわたりほとんど変化せず続いているフォークアートが見られる。それらは地域社会に一体感と文化的な歴史をもたらし、他の集団とは異なる独自性を生み出している。たしかに多くのフォークアートが現代的な流れに屈している――ヨーロッパからきた人がアフリカの僻地の部族戦士に、何か欲しいものがあれば送るからと訊ねたところ、答えはＴシャツだった。しかし一方では、もっと多くの人びとが自分たちのフォークアートを頑固に守っている。

### プロパガンダアート――主義、主張のためのアート

社会的な変動、混乱、不安が見られる時代には、視覚アートは特別な形で利用される。絵画やシンボルという形で政治的なメッセージが伝えられるのだ。ひどく下品なものが多かったが、驚いたことに当局が禁止したり、関わったアーティストを罰したりしたことはめ

右：モダンなＴシャツを着ているが、フィジー諸島の村ではフォークアートが生き残っている。

ったにない。とくにイギリスでは、18 世紀後半から 19 世紀初期にかけて、過激な政治漫画が人気だった。ジョージ・クルックシャンク、ジェイムス・ギルレイ、トマス・ローランドソンなどが支配層を笑いものにした。フランス人は格好の標的になった——漫画にはぶくぶくに太った欲深い聖職者や貴族に搾取されている虐げられた小作農が描かれていた。そしてフランス革命後は反対に、勝ち誇った農民階級の残虐で野卑なふるまいを取り上げた漫画も出ている。イギリスの政治的風刺漫画の黄金時代には——1790 年から 1830 年にかけて——誰にも、国王でさえ、標的にされずに済むという保証はなかった。

　これらの風刺漫画は侮辱的だと言っても決して言い過ぎではない。ところが作者を妨害しようとする表だった動きは、まったくなかったように思われる。政治的なメッセージを作品にこめたアーティストの中には、時には運の悪い者もいた。第二次世界大戦で日本が中国を侵略したとき、中国紙幣の製版者は、丁寧に彫った原版に反日の意をこめ小さな卑猥な図をすまし顔でつけ加えた。そのため製版者のひとりは命を落とすことになった。彼らの仕業を見破った日本は、犯人を突き止め斬首に処したのである。

　21 世紀に入っても、粗野な政治漫画の伝統は、ジェラルド・スカーフなどのアーティストの手によって生きつづけている。スカーフは時には裕福で権力を握る人びとをひどく歪曲して表現しているが、驚くことに相手側から攻撃は受けてはいない。スカーフの説明によれば、政治家は「まったく風刺の対象にならないよりは、うさんくさいイボイノシシとして描かれるほうがまだましと考える」からだという。しかしそのスカーフも、壁に飾るためにグロテスクな肖像のコピーが欲しいと言ってくる政治家には首をかしげている。

　スカーフをはじめとする現代の政治漫画家は、高名な人物に対して視覚的な攻撃を加えることには何の危険も感じていないらしい。しかしそんな彼らでさえおそろしくて風刺でき

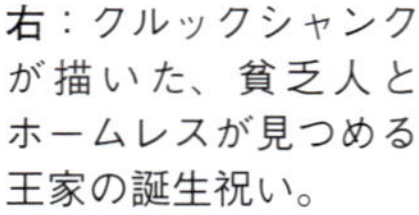
**右**：クルックシャンクが描いた、貧乏人とホームレスが見つめる王家の誕生祝い。

**右**：卑猥なポーズをとる孔子が描かれた、戦時中の中国紙幣。

ない人物が、ただひとりいる。預言者ムハンマドを万が一にも題材にしようものなら、命が危険にさらされる。2005 年にデンマークの新聞がムハンマドの漫画を掲載したところ、激しい抗議行動が起き、殺された犠牲者は 100 人を超えた。政治的なアートはそれほど大きな力を持っている。

### 祝祭のアート——祝祭のためのアート

部族の祝い事の印象を強める方法として誕生したアートは、人類に刻印を残している。その力はたいへん強く、工業化された都市社会でも、色彩豊かな祭りに参加したいという欲求は、創作意欲の力強い表現としてつづいている。古い宗教的な祭りと儀式の多くは現在でも見られ、そのうえ花火大会やスポーツイベント、音楽祭、ポップコンサートなど人目を引く新しい分野が登場している。どの分野にも新しい形の視覚アートが誕生し、そのおかげでこの種の催しは参加者にとって非日常の体験となっている。

花火は長い歴史を持っているが、技術的な進歩により明るい色——赤、緑、青、黄色——の花火がようやく作れるようになったのは南イタリアで、1830 年代になってからである。花火の打ち上げはいつも騒々しいものだが、今では視覚的にも魅力を増し、特別な祝賀行事には大規模な打ち上げ花火が工夫されるようになっている。花火は 2000 年祭の祝賀行事に頂点を迎え、2012 年のエリザベス 2 世の在位 60 周年記念でも、イギリスで華々しく打ち上げられた。

こうした大きな行事に加え、毎年その技を競う競技会も開かれ、数か国がこの分野でのリーダーの座を争っている。イタリアでは長年夏に国際花火競技大会、フィオリ・ディ・フオコが開かれている。極東アジアではマカオで開催される国際花火コンテストにカナダ、韓国、日本、イギリス、オーストリア、台湾、フィリピン、ポルトガル、フランス、中国が

右：2011 年、モナコ王室の結婚式を祝う、ジャン・ミシェル・ジャールのライト・ショー。

参加している。大規模なスポーツイベントも花火の打ち上げにはまたとない舞台となる。2012 年にロンドンで開催されたオリンピックの閉会式がその好例である。

ジャン・ミシェル・ジャールのコンサートのような大掛かりなミュージックショーでは、大規模なヴィジュアル・ディスプレイが用意され、観衆に忘れがたい映像を見せる。1986年にテキサスで開かれたジャールのコンサート、ランデヴー・イン・ヒューストンでは 130万人の観衆を集めた。当時の世界記録である。近年ポップコンサートを行なうパフォーマーは、ツアーに出るに当たって巨大なセットを持っていく。ミュージック・アウォード・ショーでも、想像力に富んだ形や色を聴衆にふんだんに見せつけることが多い。このようなトレンドが生まれると、それはすぐにエスカレートする。聴衆は目を見張るような仕掛けを期待するようになり、どのコンサートやショーも、主催者は前回にまさる企画を提供しないわけにはいかない。

### 応用アート——販売促進のためのアート

現在もっともよく見られるアート表現の一つに、コマーシャルアート、つまり製品の販売を促進するためのアートがある。現代社会には数多くのデザイナーがいて、自社の商品がライバル社に勝る売り上げを得られるように、舞台裏で顧客の視覚にさらに強く訴えるデザインを工夫している。とくに際立っているのがホームデコレーション、家具、家電、食品や飲料、衣類、出版物、輸送機関、ビルの分野である。

家庭にあるもの、壁紙やカーテンから家具や調理用品にいたるまであらゆるものに、実用的機能的特質に加えて綿密にデザインされた「視覚的魅力」が加えられる。ナイフは切れ味がいいだけではなく、形も優雅でなければならない。椅子は座り心地のほかに形も魅力的でなければならない。食品用のカートンは中身を保護するだけではなく、外観で顧客

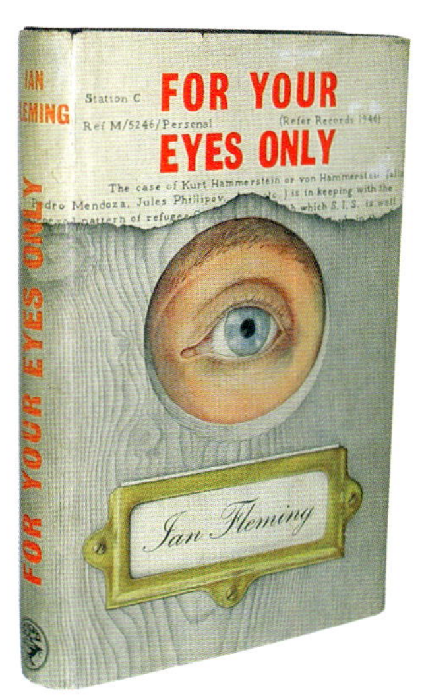


の関心を引きつける必要がある。

衣類に関しても同様のことが言える。ファッション産業全体がすべてこれにかかっている。ジェイムズ・レイヴァーによれば、衣類には節度と着心地、そして見栄えの三つの要素が必要だという。はじめの二つはごく簡素な衣類、たとえば制約が極端な宗派で見られる類の衣服で簡単に満たすことができる。しかしそのほかの人びとにとっては、身にまとう衣服の一つ一つが、いかに小さなことでも何らかの美的表現になっている。

本や雑誌もことごとく、読者が手に取って見たくなるように、表紙のデザインに工夫を凝らしている。表紙は本来綴じた部分を保護する単なる埃よけで、購入後は捨てられていた。1920 年代から出版社はこのカバーに魅力的なデザインを加えるようになった。1960 年代になると、表紙のアートワークが進歩し、今ではその価値を認めて丁寧に所蔵する熱心なファンがいるほどである。

上：イアン・フレミングの初期のジェイムズ・ボンド・シリーズの表紙。

どんな自動車を買うにしても、大体似たような車がいくつかある。スピードや経済性、サイズといった実際的な特質は同じで、デザインの細部にしか相違がない。どの車を購入するか最終的に決める根拠は、買い手自身は意識していないかもしれないが、ちょっと変わった彫刻風の飾りというようなことがよくある。

街の中を歩いていると、ショーウインドーの中のディスプレイに次々と目を奪われる。いずれも長方形のショーウインドーをあたかも絵のフレームのごとくに扱う専門家、ショーウインドー・デザイナーの作品である。このフレームの中に、買い物客の心を引きつけるように商品が洗練された方法で配置されている。

今日ではどこを向いてもデザインをこらした画像や映像が目に飛びこんでくる。それらはハイアートではないので、めったに話題に上らない。狙いは人びとの潜在意識である。一般大衆に向けて念入りに構成されたテレビ・コマーシャルや新聞や雑誌の広告、道路脇の看板を提供する巨大な世界的広告企業は、顧客の商品の販促のために、作成した広告の視覚効果を高めようと日々努力を重ねている。

下：走る彫刻と評されるスポーツ・カー——ランボルギーニ・アヴェンタドール。

コマーシャルアートの分野によっては、創作意欲のおもむくまま、突飛すぎて実用には役に立たない作品を生み出してしまうことが間々ある。こういう場合、応用アートは、ほとんど純粋アートになっている。たとえば最近の婦人靴がそうで、デザイン過剰で見た目ははっとするほどすばらしいが、危なくてとても歩けたものではない。同じようなことが婦人帽にも起きていて、実用性より衝撃的な印象を与えることに重きが置かれている。これらは、応用アートの分野で働いているにもかかわらずハイアートに何とか近づきたいという欲求を持つ、

上：ニューヨーク、メーシーズ百貨店の、一つのアートといえるショーウインドー・ディスプレイ。

下：フィリップ・トレイシーがデザインした帽子は、誇張したデザインの新たな頂点に達している。

コマーシャルデザイナーの存在を示している。この人たちを見ると、コマーシャルアーティストは誰もが、そこから脱したいと苦闘するファインアーティストの心を内に抱いていることに気づかされる。

最後に写真について述べよう。写真は化学作用がもたらす新しいアートフォームとして始まったが、あっという間に視覚世界を記録する主要な技術となった。この記録機能は大変有用で、ぼやけたスナップ、たとえば暗殺の現場や有名人の恥ずかしい瞬間を写したものでさえ、記録として高く評価されるようになった。このような写真は、美的価値はゼロかもしれないが、大事なのは記録としての価値だった。

今日のコマーシャル写真の多くについても同じことがいえる。しかし、すぐれた写真家は、この傾向に抵抗している。極端な場合、このテクニカルアートをファインアートに昇華させ、肖像画家や風景画家と競うまでになった。実際その大判の限定版は､しばしばアート・ギャラリーに展示され、手書きの絵画と同様に敬意をもって取り扱われている。

以上述べたのが、今日のわれわれの生活の中でアートが果たしている九つの役割である。要約すると次のようになる。

1. 宗教アートは科学が支配する時代になっても、なんとか存続している。
2. 支配階級は依然として、制作を委託したアート作品によって、高いステイタスを誇示している。
3. 大規模な美術館や博物館を発展させることが、アートのまったく新しい役割になっている。
4. 世界中でほとんどの家庭が、今日では少なくとも数点のアートを私的に所有している。
5. 写真技術の開発がついには映画とテレビというテクニカルアートの新しい形式をもたらした。
6. フォークアートはほとんどすべての文化で何らかの形で生き残り、地域の伝統の維持に役立っている。
7. 社会的あるいは政治的に不安な状況にある地域では、きまってある種の政治的なアートが姿を現わし、世論を強化する。
8. アート表現の最古の役割――祝賀の要素――は、大規模な祭りという形で存続している。

9．最後に今日ではどこを見ても、何らかの応用アートが商品の販売を支えるために利用されている。

以上すべてしごく当たり前のことと思われがちだが、九つのこうした役割は、アート表現がドラマティックな新たな展開を見せて、人間の存在領域に入りこんでいることを示している。そのおかげでかつては単調だった生活が、現在では色彩とデザインにあふれているのである。とりわけ応用アートに関してそういうことができる。コマーシャルアーティストとインダストリアルアーティストは、一般的にファインアートの支持者から軽視されているが、実は21世紀には応用アートが一般の人びとに与える美的な影響は、実際に認識されているよりもはるかに大きくなっている。大衆教育と近代的なコミュニケーション・システムの影響は強まる一方であることからして、この傾向が今後も続くことが予想される。

下　ベイリー『無題』、2008年。
イギリスの写真家デイヴィッド・ベイリーの、頭蓋骨と花をテーマにした最近の習作。

*Untitled 40 (Human Skull & Blue Roses)* 2008, David Bailey ©

# 第 12 章　アートの法則

# アートの法則

## 非日常への道

300万年に及ぶアートの歴史をたどるにあたり、最初にアート作品を支配する八つの基本的な法則をあげておいた。今これらの法則を事実に照らし合わせて検証することができる。アートとは「非日常を生み出すこと」と定義した。したがってアートはすべて日常的なものとは、ある程度異なっていなければならない。アートの法則は、どうすればそれが達成されるかを示すものである。これまでに作られた作品は、いずれもなんらかの意味で現実と異なっている。フォトリアリストは、その逆をするのに最善をつくしていて、できる限り写真のようにありのままを描こうとしているが、それでも一点だけありのままではない人為性のルールを受け入れている。すなわち画像を長方形の中に収めて提示することだ。

**いつもある程度の変更が加えられている……目に映る光景の印象を強めるための変更である。**

何かの場面を見るとき、私たちの目線はその中心部分に鋭く焦点を合わせるが、周辺部分も少し焦点が甘い状態で見ることができる。そのとき詳細を脳裏に記録することはできなくても、周辺の状況を意識はしている。目の隅に、あるいは視野の一角に突然何かの動きがあれば、それを察知しすぐに焦点をその新たな動きに移し集中して見る。

外界を見るこの二重のシステムのおかげで、視線の先に大きな注意を払っていても、周囲の状況が意識の外に置かれることはない。テレビやコンピュータのような長方形の画面を見ているときでさえ、部屋の中の様子はぼんやりと意識している。

視野の中心に焦点を絞る方法として長方形の枠を使うというアイディアは、現代のメディアが昔のアートの世界から受け継いだものである。絵画は何世紀にもわたって、額縁に収められてきた。そして、画板に描かれた聖像のように額縁が使用される以前にも、作品を長方形の形で周囲から切り離すことが、一つのきまりとしてよく用いられていた。

フォトリアリストがきっちり長方形の中に景色を描くのは、人為性というものに少なくとも一つの点で妥協していることを意味する。しかしほかのアートでは、意図的にせよ、あるいはたまたまにせよ、画像そのものが事実とある程度異なっている。いつもある程度の変更が加えられている——目に映る光景の印象を個性化し強めるための変更である。したがって残る問題は、いかなる法則のもとでこうした変更が行なわれるのか、ということになる。

### 誇張の法則

この法則には、表現されているイメージの特定の要素を誇張する、あるいは矮小化する行為が含まれる。先史時代アート、古代アート、部族アート、フォークアートの大半に広く見られる歪曲である。小さな子どもの作品でも一般的に見られる特質で、さらにパウロ・クレーやジョアン・ミロのような近代アーティストにも好まれている。

いちばん一貫して見られる注目を要する誇張表現は、人間の頭部にまつわるものである。解剖学的に言うと頭部は身長のわずか８分の１（ほぼ 12 パーセント）がふつうだが、とかくそれを超えている。部族アートに限られたことではない。下記に示したように、古代アートや子どものアート、近代アートでも見られる（それぞれの身長に対する頭部の比率は、説明文にあり）。

頭を大きく強調するやり方は、身体の歪曲表現ではいちばんよく見られるが、顔の諸部分に比べて目が誇張されていることが多い。初期の小立像には性的特質を強調しているものがある。紀元前千年紀のシリアの像は、多くが異様なほど臍（へそ）を大きく表わし、その役割が出産と何らかの関係があることをほのめかしている。

下：誇張：人間の頭部は実際には身長の 12.5 パーセントにすぎない。
（左）コロンブスによるアメリカ発見前の、戦士の像。頭部の比率は 39 パーセント。メキシコ、ベラクルス。400-600 年。
（中）この子どもの絵では、比率 29 パーセント。
（右）カレル・アペルの『カップル』、1951 年。比率は 33 パーセント。

**右**：目が誇張された土偶。縄文時代後期、紀元前千年紀。

**中**：ラピスラズリの大きな目を持つ象牙の像。エジプト、紀元前4000年。

**右奥**：臍の部分を誇張した女性像。シリア北部、紀元前2000年。

古代の像で足を強調しているのはめったに見られない。この部分はとかくまったく省略されているか、あるいは脚の先にただ小さな塊をつけた状態で終わっている。時代が下がると、テーマの人物の土くささを強調したいと画家が考えた場合、時には足を大きく描いた。ミロは1927年に制作した農夫の妻の絵で、脚と足をものすごく強調して描き、大地と彼女の強い結びつきを示唆している。

身体のプロポーションを崩すことに対し、われわれの許容範囲は驚くほど広い。われわれの頭の中には人間の基本的体型のイメージがあり、素描や彩色された像は相当に歪曲しても「人間」と認識できる。この柔軟性のおかげでアーティストは自由に肉体を描写することができ、さまざまなやり方で変更を加え力強い感動的なメッセージを発する像を創り出している。

体の一部を省略しても、体を体として認識できることには変わりはない。手、足、腕、脚、耳、頭髪——これらすべて、またそのほかの細部も、アーティストの気分に応じて除くことができる。このような矮小化には二重の効果がある。省いた部分の重要性を除去するだけではなく、残った部分を対照的に強調し印象を強める。腕を短くするのは、古代の小立像でとりわけよく見受けられる。

身体の部位のバランスを変えて表現する以外に、誇張の法則は、サイズと数という二つの面でも働いている。サイズの誇張とは、対象を単純に標準より大きくすることで、印象を並外れたものにする手法である。古代エジプトではラムセス2世がこの方法を大変好んだ。現代ではコマーシャルアートの分野で、劇的な効果を狙ってよく用いられている。たとえば

右：足が誇張されているミロの『農婦』、1923年。

下：腕の部位が単なる塊でしか表現されていない古代のギリシア、メキシコ、シリアおよびイランの小立像。
（左から右へ）
「パパデス」の像。ギリシア、ボイオティア。紀元前6世紀。
女性像。メキシコ、チュピクアロ。紀元前300年。
女性像。北シリア、紀元前2000年。
女性像。北イラン、アムラシュ。紀元前1000年。

上：ラムセス２世の巨大な像。メンフィス、エジプト。

下：香港の18階建てのビルに下げられたファッション広告。2010年。

広告板には、はなはだしい誇張を含む大きな人物画がしばしば登場する。

　誇張の三つめの手法は、構成単位の数を極端に増やすことである。古代中国の秦の始皇帝の墓に埋葬されていた兵馬俑が、その好例である。始皇帝はロードス島の巨像のような雲突く大男に自分の墓を守らせることもできたはずだが、数による誇張の道を選んだ。膨大な数のテラコッタの兵士に面と向かうと、その衝撃は巨像に負けないくらい強烈である。

　現代の作品で数による誇張のもっとも風変わりな例としてあげられるのは、間違いなくテート・モダン美術館に展示された中国人アーティスト、艾未未（アイ・ウェイウェイ）のインスタレーション、『ひまわりの種』である。2010年10月に艾未未は、１億個の磁器の「種」を1600人の中国人職人に彩色させ、ロンドンのテート・モダン美術館のメイン・ホールに敷き詰めた。そして観客が自由にこの上を歩いたり寝転んだりするのにまかせた。

**広告板には、はなはだしい誇張を含む大きな人物画がしばしば登場する。**

**右**：艾未未（アイ・ウェイウェイ）『ひまわりの種』。2010年、テート・モダン美術館、ロンドン。

右：マティス『赤い部屋（赤のハーモニー）』、1909年。

## 純化の法則

実際の生活の中では生のままの色にはめったにお目にかかれない――ほとんどの場合不純物と希釈剤が混じっている。アーティストはこうした汚染物を除去することで、作品の印象を強めることができる。子どもの絵は人物や背景に大胆に塗りつけた原色であふれている。プロの画家の中でもっとも伝統を守る人びとでさえ、時には多少なりと、きわめてあざやかな色を少し用いている。野獣派、一部のシュルレアリスト、一部の抽象主義派は、きわめて自由に色を選んだ。事実を記録するという義務から解放され、自然環境で見られるおさえた色にこだわる必要はなくなったのである。

下：マルク『森の中の鹿』、1914年。

純化のプロセスは色彩ばかりではなく形の上にも起きている。たとえばでこぼこした球状のものはもっと完全な球体にすれば、また小さなでこぼこはなめらかにすれば、純化できる。形のこの簡素化は、対象を詳細に描写するためというよりも、むしろその本質を把握するために用いることができる。この種の修正はほとんどすべてのアート作品に見られ、とりわけ子どものアート、部族アート、近代アートに顕著である。

古代アートには、人間の頭部を球状ではなく長方形にするという、ある奇妙な純化方式が見られる。まるで古代の

右：頭部を単純な長方形で表現した例。
（左から右へ）
青銅器初期の「厚板」の母子像。キプロス、紀元前2000年。
女性像、クチミルコ。チャンカイ、ペルー、1200年。
頭部が厚板状の像。1000年。キンバヤ、コロンビア。

アーティストは、まだキュビストの影さえ見えない何世紀も前から、すでに人間の体を幾何学的な構成単位に切り分けていたようだ。たとえば青銅器時代のキプロスに登場する風変わりな板状の像。また古代ペルーのチャンカイ文化には印象的なクチミルコ人形が、大昔のコロンビアのキンバヤ文化には、頭が厚板で作られた像などがある。

**…古代のアーティストは、まだキュビストの影さえ見えない何世紀も前から、すでに人間の体を幾何学的な構成単位に切り分けていたようだ。**

初期のアートに見られる極度の純化の注目すべき例として、ギリシア南東部のエーゲ海にあるキクラデス諸島およびその近くのアナトリアで見つかった、単純そのものの像がある。この地域のアートは紀元前３千年紀にまでさかのぼることができ、人間の複雑な体型を、優雅で流れるような輪郭線を持つ単純な形にしている。細かな部分やでこぼこは除かれ、どの像も人間を意味する視覚的象徴になっている——個人の肖像画とはまさに対極にある。

右：アナトリアの女性像、紀元前３千年紀。左から右の順に、省略化が進んでいる。

### 構図の法則

これは画面に描かれる構成単位をバランスよく見えるように、特別なやり方で配置するという、視覚アートの一般的な法則である。この法則はチンパンジーのレベルでも働いている。チンパンジーは左右のバランスがとれるように、線を描くことができる。子どもの絵についても同じことがいえる。

チンパンジーも子どもも、絵を描くために長方形の紙を与えられたことで助けられている。先史時代アートにはこうした形の制約がなく、そのため画面構成はずっとむずかしい。当時の洞窟画には実質的に画像の組織だった配置はない。二つの像が構図的に関係しているように見えるときもあるが、それはたまたま並置したにすぎない。洞窟画はほとんどすべてが「肖像画法」で書かれたように思われる――言い換えれば描き手はある一つのものを描いていて、それがほかの像の近くにあったとしても、意図的にそう配置したのではなく、偶然並置しただけのことである。

ロックアートについてもしばしば同じことがいえる。ただし踊りの儀式や集団での狩りの光景など、明らかに一つの構図にまとめられた絵もある。アフリカのブッシュマンのロックアートには、いくつかの像が互いに特定の関係にあることを物語が求める場合に、構図を考えて描かれたものがある。われわれは現代のサンブッシュマンに話を聞くことができるので、こうした昔の壁画の意味も読み取れる。謎の画像は、その助けにより、伝説のドリーム・ハンターあるいは雨鳥と判読できる。絵を描くスペースが不規則で範囲が限定されていないので、構図をさらに洗練させることができない。その結果、この時代は構図に関しては初歩の段階にある。

下：フリーマントル文化の狩猟の光景。アメリカ、ユタ州、500-1300年。

北米の岩壁画でも同じような段階に達していて、集団狩猟というテーマがやはりある程度の構図的配慮を必要としている。ユタ州東部にあるコットンウッド・キャニヨンの河口に、狩りの光景が大規模に刻みこまれた岩壁がある。そこではいろいろな像が明らかに一つの物語を伝えるように配置されている。右側では数人が矢をつがえ、角のある一団の動物を狙っている。その動物の多くは、後ろに子どもを従えている。この種の光景は構図を考えた最古のアートの一例で、画面では個々の画像が互いの関係に注意して配置されている。

こうした「構図を考えた」壁画が存在するものの、大多数はそうではないことをつ

右：狩猟風景を描いたネブアメンの壁画。古代エジプト、紀元前350年。

け加えなければならない。すぐそばに別の像を描いていても、構図と呼ばれるような全体的な配置に対する配慮はない。すぐれた古代文明の芸術に目を移しても、後代の作品に見られるような構図とはほど遠い。

古代エジプトでは壁がたくさんの画像で覆われていることが多かったが、たいていは全体的な構成という意識に欠けていた。象形文字で囲まれた、「構図を考えた」小さな構成単位がよく登場するが、ふつうは壁の全体的な装飾の中では二次的な存在だった。ときおりもっと複雑な絵も描かれている。有名な、妻と娘と猫を連れて沼地で狩りをする男の絵がその一例である。地位が高いので男は妻よりずっと大きく描かれている。船の上で妻は男の後ろに立ち、娘は男の足の間に座り、片方の足につかまっている。猫は水鳥を飛び立たせ、その１羽を口にくわえ、男ももう１羽をつかんで棒で殺そうとしている。左側にはさまざまな鳥や蝶がびっしりと躍動的に描かれている——古代エジプトではたいへんめずらしい。

**古代エジプトでは壁がたくさんの画像で覆われていることが多かったが、たいていは全体的な構成という意識に欠けていた。**

しかしせっかくの構図的な配慮も、人物像に対する宗教的な扱いのせいで効果が薄れている。しきたりに従って人物は平板で横向きに描かなければならない。そのせいで写実的に表現されている野生動物との関係がぎこちない。また画面は彩色された象形文字の列（男が楽しんでいることを説明している）で分断され、構図が乱れている。

**右**：アクロティリのフレスコ画、サントリーニ、紀元前1600年頃。

このエジプトの、沼地で狩りをする絵が登場する以前、悲運に見舞われたアクロティリの村の漆喰壁は、すでにフレスコ画で飾られていた。紀元前1600年ごろに大地震が島を襲い、これらの絵はことごとく埋没してしまい、つい最近になってようやくまた日の目を見た。そうした遺跡から、家の持ち主が壁全体に生き生きとしたデザインの絵を描かせたことがわかった。長方形の壁のおかげで、画家はその枠の中で視覚的にきちんとバランスのとれた作品を描くようになった。こうしてもっとも古い長方形の構図が生まれた。

その後ポンペイでも、火山の噴火により壁画の腐食が同じように食い止められた。しかし、アクロティリとは大きな相違があった。壁全体に大がかりな絵を描かせる代わりに、このローマの町に住んでいた人びとは、時には壁の中央にもっと小さな絵だけを描かせた。その結果、壁はまるで額縁入りの絵をかけた現代の住居のように見えた。しかもそれらの絵にはある種の枠まであったが、それは木製ではなく壁に描かれたものだった。

ポンペイの豪華な家には、まるで画廊のような部屋もあった。絵はきちんとした長方形に収められているので、構図は入念に考えられていた。画面の要素がバランスのとれた位置に複雑に配置されている作品が、初めて現われた。現代的な構図の幕開けである。

この時点から以後2000年の間、画家は作品を描くのにいちばん落ち着く形として、輪郭のくっきりした長方形にくり返し惹きつけられてきた。時折何か特別の理由で、正方形や、あるいは楕円形、円形などの変わった形が用いられたかもしれないが、それらはきわめてまれなケースである。

長方形についてもう少し詳しく分析すると、高さと幅の、ある特定の比率がとりわけ好

**右**：長方形のパネルに描かれたフレスコ画。海のヴィーナスの館、ポンペイ、79 年。

**下**：黄金分割。この中でどれがいちばん好きかを尋ねたら、もっとも多かったのは（35 ％）、21 対 34 の比率の長方形だった。

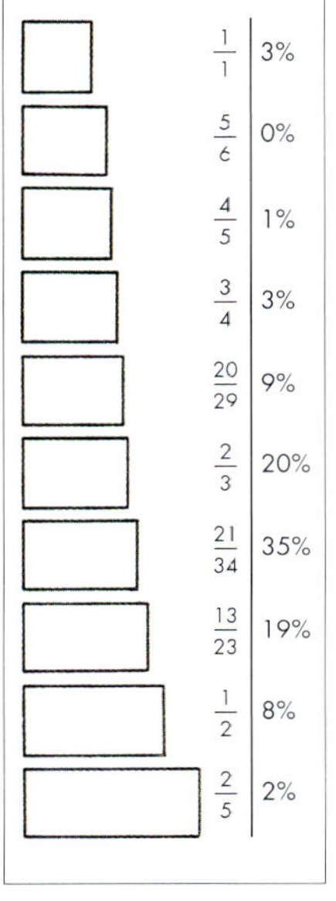


まれているのがわかる。これを証明するために簡単な実験が行なわれた。大勢の人に黒い紙の上に載せた一連の白い矩形のカードを渡した。これには正方形から細長い長方形まで、さまざまなものが含まれている。その中でいちばん好ましい形を一つ選んでもらうと、他を大きく引き離して首位に立った形があった。人気のある長方形は縦と横の比率が 21 対 34 だった。これは 1509 年に修道士ルカ・パチョーリが著わした数学の論文のテーマである。パチョーリはこの「神聖比例」が人間の脳に深い影響を与え、構図を考えるときに用いれば、そこに美が生まれると信じた。長年この考え方は、レオナルド・ダ・ヴィンチやサルバドール・ダリなどまったく異なったアーティストに影響を与えてきた。

現在ではしばしば「黄金比率」あるいは「黄金分割」と呼ばれている、この見たところ神秘的な比率は、正確には何なのだろうか。短いほうの一辺を 1 と考えると長いほうの一辺は 1.618 となる。この 1.618 という数字は、時には「黄金の数字」と呼ばれている。その比率の長方形では、長いほうの一辺の長さを短いほうの辺の長さで割ると、二つの辺の合計を長いほうの辺の長さで割るのと同じ答えが出る。

これはややこしい感じを与えるかもしれないし、大半のアーティストはおそらくまったく気にしないだろう。しかしなぜかどうしてもこの黄金比率に従ってしまう——アーティストはそれを自覚してさえいない。その比率の形を目にしたら、ぴったりと感じてしまう、構図の数学的土台になっている。

理由は簡単で、神秘的な要素は何もない。それは人間の両目の間隔と視野の幅と形に関係する。すでに述べたように、人は目の前にある一点を見るとき、そこに焦点がぴたりと合い、その他の部分はわずかにぼける。自分の視野の幅を知るには、顔の前に両方の人差し指を立て、左右に動かしていく。まっすぐ前をしっかりと見つめていると、どこかの時点で人差し指が見えなくなる。これは視野の端に到達したことを意味する。今度は同じことを上下に指を動かして試してみよう。やはり指が見えなくなるが、先ほどより時間がかからない。言い換えれば脳の解剖学的構造が理由で、視野は幅のほうが高さより大きく、その比率は黄金比率とあまり違いがない。

このように特定の比率の長方形が好まれるのは、人間の生来の視野によく合っているからである。この点は電子画面のデザイナーも見逃さず、「黄金の長方形はおよそ予期しない場所にも現われる」と言っている。たとえば最新の液晶デジタル・モニターの縦横比は 16 対 10 で、4 対 3 のすたれかけた古いモニターよりずっと見やすい。

この特定の比率に対する好みは根強く、一つの長方形の中でさえ幾重にも用いられている。主要な像によって、画面が中央で区切られるのは好まれない。空間が二つに分かれてしまい、流れるような律動的な構図の生まれるチャンスが少なくなってしまうからである。しかし主要な像を片側に寄せれば、画家はそれとバランスのとれる別の像と優雅に結びつ

**右**：ターナーの『戦艦テメレーア』。1839 年。中心の画像は黄金分割の位置に描かれている。

**右**：スーラの『アニエールの水浴』に見られる黄金分割。1884 年。

けることができる。ついでそれをまた別の像に――これをつづければもっと複雑で魅力的な構図を作ることができる。有名な絵画を分析すると、画家がおそらく直観的だろうが、いちばん重要な像を黄金比率の位置に置いていることがわかる。

多くの場合、画家が黄金比率を厳密に守ろうと入念に計算したうえで制作を始めたのか、それとも視覚的感覚がすぐれていたために、自然にそこにたどり着いたのかどうかはわからない。慎重に計画したことを隠さなかったのは、サルバドール・ダリで、代表的な作品『最後の晩餐』を1955 年に制作したとき、ダリは「パッチョーリの黄金分割を研究することによって、古典的な理想に戻る」と宣言した。カンヴァスの大きさは黄金比率を正確に守り、テーブルの高さは垂直の黄金分割に従っている。そのほか細かい部分まで黄金分割に配慮しており、この作品は数学的な構図に対する賛歌になっている。

**このように特定の比率の長方形が好まれるのは、人間の生来の視野によく合っているからである。**

### 不均質の法則

この法則は、美術作品が単純すぎても複雑すぎてもよくないことを述べている。アートは最適レベルの不均質性を備えていなければならない。これはきわめて基本的な法則で、チンパンジーのコンゴのレベルにさえ働いていることがわかった。まだ絵を描き終えていないときに邪魔されると、コンゴは怒ってキイキイ声をあげる。コンゴ自身がもう終わったと考えているときに、もっと描かせようとすれば拒んだ。絵を描くことにあきたからではない。新しい用紙を与えればまた描き始めた。前の絵に何か書き加えるのを嫌がったのは、心か

**右**：ダリの『最後の晩餐』、1955 年。数学的な原理に過度にこだわった構図。

らの反応だったことがわかる。

チンパンジーがこの最適な不均質の法則にそった反応を見せるとは予想されていなかった。類人猿の脳が、絵の完成を判断できるとは、およそ想像もできなかった。コンゴの行為は、紙に描かれたものがどうなれば「完成」なのか、頭の中に考えがあったことを示している。人間の子どももなぜか、これで終わりということがわかっている。まだなぐり書きをしているほんの幼児の段階には当てはまらないが、絵らしきものが現われ始め、一つの作品を構成するようになると、「できたよ！」と叫んで筆やクレヨンを置くときがやってくる。

この法則は人間の成人のアーティストにも該当する。彼らはほとんどの場合、拍子抜けするほどの簡単さと圧倒されるほどの複雑さとの中間を好む。しかしこの法則を破る二つのタイプのアーティストがいる。一つは洗練された「ミニマリスト」で、もう一つは「空所恐怖」（horror vacui）と呼ばれるものに苦しむ純粋なフォークアーティストである。ミニマリストは「より少ないことはより豊かなこと」という建築家ミーズ・ファン・デル・ローエの有名な主張を頼りにしている。アート作品から不要な、細かすぎる部分を除外できれば、残された簡潔な形が、純粋なコンセプトを表わすという考えである。この考え方は画家や彫刻家に引き継がれ、美術史上もっとも殺風景で空っぽの展覧会も出てきている。

下：ドナルド・ジャッド、『無題』。1968 年。

そのような会場にはじめて入ったときには、度を越して強情に散文的姿勢を追求する作品を見た衝撃から、束の間の喜びが感じられた。まるで最適レベルの不均質性という法則を著しく逸脱することによって、ミニマリストがあらゆる画像の抑圧から解放された喜びを祝っているような感じだった。

スコットランドの彫刻家ウィリアム・ターンブルは次のように巧みにミニマリスト運動をまとめている。「ミニマリズムは一つのアイディアを表わす図解にすぎない。そしてアイディアはアートの到達点ではなく出発点を示すものである。」当初の衝撃的な印象が薄れると、ミニマリズムの運動はまもなく消えてしまった。それより長くつづいているのは、まったくの対極にある空所恐怖に苦しむ作品である。奇妙なことにこれらの作品は、何々派と名前を与えられたことも、一つの美術運動を生み出したこともない。作品が一般的に、美術ファンを対象にした一流の画廊ではなく、もっと日常的なフォークアートの世界で見られるからである。

画面のすみからすみまであらゆるスペースを細かい画像で埋めつくすことに過度に熱中する者は、芸術本位のアーティストにはほとんどいないだろう。彼らにとっては最適な不均質は、最大限の不均質ではない。仏陀が言うところの「中庸」である。仏陀

が説いたように、これは極度の抑制と放縦の間の中庸の道、すなわち叡智の道である。美術的な用語で言うと、中道は、ミニマリズムの重苦しい空虚感と空所恐怖の過剰な装飾志向の中間を指す。

しかし多くのフォークアーティストには別の考えがある。守るべきプロとしての自負心がないので、彼らはできる限りの時間と費用をかけて制作にあたるようになる。たとえばあるフォークアーティストが荷車あるいはタクシーに 50 の像を描いたら、ライバルは 100 の絵を描くだろう。こうして競争は果てしなくつづき、ついにはあらゆるスペースが、際立ったすぐれた技巧により、この上なく細かな画像で覆いつくされることになる。

上：ビーズ刺繍を施したウイチョル族のパネル。メキシコ、20 世紀。

メキシコに住むウイチョル族は、空所恐怖の作品ではさらに先端を行っている。彼らの作品はおそろしく細密で、その細部を調べたり、相互に関係づけたりすることはほとんど不可能である。いかなる意味にしろ構図、つまり視覚的構成に関する意識はまったく働いていない。並外れた努力を示す作品としては印象的かもしれないが、別の見方をすれば、最適の不均質の法則を大幅に破ることで、一貫性を持つ美術作品としての価値を損なっている。しかしながら、不均質の法則をむやみに無視するとどうなるかがわかり、この法則の有用性を支持する証拠ともなる。ウイチョル族が見せた空所恐怖の本質的な特質は、それが孤立した個人的な特異性ではなく、むしろ共同社会に起きる競争だということである。部族のアーティストが互いに相手を打ち負かそうと努めなければ、それは生まれないだろう。

空所恐怖はボディアートの分野でも見られる。その分野では全身をカンヴァスに見立てくまなく刺青を彫るという大胆な人もいる。もう一つ最近人気が出てきたボディアートに、ボディピアスがある。ごくわずかだがこのアートフォームを極端に取り入れている風変わりな人が見られる。これも競争で、当人は穴をあけるところがどこにもなくなるまで駆り立てられる。

かつて何も描かれていないスペースをおそれる気持ちが、古いアートの全体的なスタイルを支配していた時代があった。建築は時に空所恐怖の重症例となっている。持ち主は自分の建物をみせびらかし、ライバルの誰のものよりすばらしいことを証明したいと考える。

右：刺青だらけの体。

右奥：体のいたるところにほどこしたピアス。ロンドン、2007年。

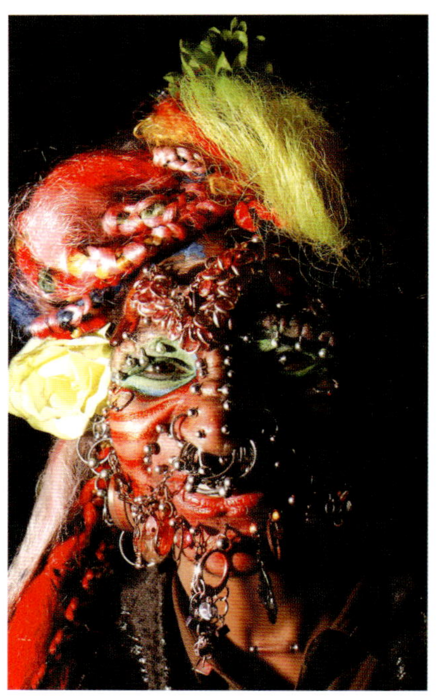

その好例は、イスタンブールのブルーモスクだろう。イスラム建築では人物や動物などの写実的な画像を描くことが禁じられていたので、代わりに複雑な抽象的デザインと綿密な模様が用いられた。この巨大なモスクの表面でまったく手が入っていない場所はほとんどない。

最適な不均質の法則を破ったこれらの例――ミニマリストのがらんとした空間から空所恐怖のアーティストの凝りすぎたごてごての飾りまで――が、人類全体のアート活動から見ると極端にめずらしい例であることを忘れてはならない。ほとんどのアーティストは中道を選ぶ。特別な精神的考察からではなく、視界を見るときの目の動きにかなっているからである。

**…全身をカンヴァスに見立てくまなく刺青を彫るという大胆な人もいる。**

### 洗練の法則

この法則は、アーティストが初歩から熟練へとキャリアを積んでいく中で、自分の手の動きをさらによく制御できるように努力することをうたっている。スポーツをする人がゴルフのスウィングやテニスのストロークの完成を追求するように、アーティストも自分が望む通りに鉛筆や、ペン、筆を動かす能力が身につくように、手の技に磨きをかける。それによって、画面の構成単位とその間隔がさらに適正に表現され、作品はもっと洗練される。

このプロセスは子どもの絵にいちばん顕著に表われる。ほんとうに幼いときは、思い通りの線を描くことはむずかしい。絵は粗雑で不正確である。成長するにつれて線を制御する

**右**：ブルーモスクの内部。イスタンブール、トルコ。

能力が増し、十代後半になるともっと洗練された技巧で扱うことができる。

　中には生来の才能に恵まれ、思いのままに手を操ることができる画家がいる。サルバドール・ダリがその好例である。また目標を達成するために努力しなければならないアーティストもいる。しかし、それでも到達できない者もいる。たとえばフランシス・ベーコンはいつも自分の作品に不満を持ち、鋭いカッター・ナイフをアトリエに置いておいて、気に入らない作品は切り裂いてしまった。ベーコンの死後アトリエではこうした作品が約百点も見つかった。ほとんどが頭部を切られた肖像画だった。

　ベーコンの作品に関していえば、ダミアン・ハーストがこんな質問を投げかけている。「ルシアン・フロイドは画家としてはベーコンより上だが、アーティストとしてはベーコンのほうが偉大ということが、どうしてあり得るのか。何が起きているのか」とハーストは問う。一体何が？　答えは洗練の法則に反するもの。

　すでに述べたように、洗練とはアーティストが手の動きに熟達していくプロセスである。絵を描き始めた幼い子は、筋肉のコントロールがしだいに上手になり、紙の上の線はさらに正確になる。しかしおとなになって絵を描くのをやめると、洗練のプロセスは止まってしまう。何年か後に描くように言われても上手にできないだろう。腕前が上がるのは、ずっと描き続けている場合に限る。それは単純に練習と観察を通した独学により、あるいは専門的な訓練を受けていれば、可能である。最終的に彼らは、正確な写実も含めて、そのスキルを使って、自分の手で思い通りの画像を描くことができるようになるはずだ。

ひとたびこれが可能になると、画家はこれまであげた法則、すなわち意図的な誇張、色彩の純化、構図の工夫、不均質性の調整によって、画面の修正に進むことができる。発信する視覚的なメッセージを強めるために、これを行なうことができるのだ。そしてそのやり方こそが、それぞれのアーティストに独自のスタイルをもたらす。ただし、外界をカラー写真のように正確に描き出すという、むずかしい目標を追求するスーパーリアリストには、個人的なスタイルはない。

技術を磨き外界を正確に写実する能力を身につけながら、意図的に技巧を凝らすことを驚くほど避けた画家といえば、ピカソである。

十代ですでに具象描写では円熟の域に達していたピカソは、その後伝統主義者を当惑させるように、生涯わざとその腕前に磨きをかけることはしなかった。十代初めのすぐれた作品を見ると、後年の作を不器用とか無能と非難することはできない。明らかに、洗練された伝統的なスタイルの絵が描けないから、粗けずりな描き方をしたのではない。意識してスキルを捨て、代わりにこういった粗野な感じの絵を描いたのである。それは一時の気まぐれではなかった――1920年代から1970年代まで40年以上もこのスタイルをつづけた。最初批評家はこの奇妙な行動になにか説明を見つけなければならなかった。そして答えは二つしかないと判断した。ピカソは自分たちをからかっているか、さもなければ頭がおかしくなったのだと。

ピカソの行動を嫌ったのは体制派ばかりではなかった。ほかの前衛的なアーティストまでが嫌悪感を抱いた。スイスの彫刻家アルベルト・ジャコメッティは自分の感想に何の疑問も抱かなかった。「ピカソはまったくひどい。最初から的外れである……醜い。古くさくて粗野、感受性に欠けている。色彩の有無にかかわらずぞっとする。古今東西こんなひどい画家はいない。」

**ピカソは意識してスキルを捨て、代わりにこういった粗野な感じの絵を描いたのである。**

ロシアのマルク・シャガールも皮肉っぽく述べている。「なんという天才だ、あのピカソは……絵を描かないのが残念だ。」フランスのアンドレ・ドランはこう語った。「いつの日かパブロはあの立派なカンヴァスの後ろで首をつるだろう。」彼が言及しているのは『アヴィニョンの娘たち』である。これについてはピカソの画商アンブローズ・ヴォラールでさえ「頭のおかしい男の作品」と評している。近代美術の父というタイトルを争う強力なライバル、アンリ・マティスは、『アヴィニョンの娘たち』を悪ふざけと考えた。スイスの心理学者カール・ユングは、作品を統合失調症患者の「悪魔のような作品」と評し、見る側に対するピカソの「醜悪な無関心」が感じられるとつけ加えた。アルフレッド・マニングズは王立美術院の院長を務めていたときの演説で、美術を退廃させるとピカソを非難した。ウィンストン・チャーチルは、通りをやってくるピカソを見たら蹴飛ばしたくなるだろうと語った。という具合に悪口のリストはつづく。

右：ピカソ『初聖体』、1896 年。ピカソはこの作品を 15 歳のときに描いた。

21 世紀の今日、ピカソは偉大な画家として尊敬され、その作品には莫大な値がついている。しかし生きている間は、熟達したテクニックを捨てたやり方が非難された。「あんな絵ならどんな子どもだって描ける」というのが共通の反応だった。ピカソ自身がたまたまこの批判を受け入れたこともある。どこかの子どもの絵を見て、ピカソはこう言った。「あの子どもたちと同じ年頃には、私はラファエロのように描けた。だがあの子たちのように描けるまでには、一生涯かかってしまった。」もちろん相違は、ピカソが究極的な目標としている粗放さを、子どもは全力を尽くして超えようとしていることである。ピカソは、目に映る世界をそのまま記録することを務めと見なす、伝統芸術との関わりをいっさい断つために、これを行なっている。それは彼が人間の体の解体に強い関心を寄せており、見る人の視線がそのプロセスに集中して、伝統的な肖像画法に対する憧れのためにそこからそれることのないようなスタイルを必要としているからである。

ピカソの大量の作品を見ると、静物画や時には風景画を楽しんでいるが、ほとんどが人間の体のクローズアップに関わっていることがわかる。キュビスムの実験に従って、これらの人体画は粗けずりに描かれ、たいていはどこか変形されている。上述のように、粗放な描写は、私たちの視線をピカソが真に重要と考えるところ――人体の解剖学的構造の組み換え――に集めるように考えられた、ショック作戦である。

ピカソが再三にわたり人間の頭部をあちらこちらと切断して描いたのは、子どものころ頭を二つに切られた女性の死体の検視を見てしまったからだといわれている。幼い子どもにとっては胸の悪くなるような光景だった。これは記憶痕跡を残し、そういう絵を描くことを触発したかもしれないが、人間の体の部位をあれこれと置き換えることに生涯にわたって魅了された状態は、もっと根源的な意味を持っている。

どうしたものかピカソは、われわれが二つの見方で人体を見ていることに気がついた。一つはゲシュタルト的アプローチである。ゲシュタルトという言葉は「統一的全体」を意味し、伝統的な肖像画を見るときの土台である。たとえば愛する人の写真を見るとき、鼻、それから眼、口と個々に見ていき、最後にその印象をまとめて誰それと認識するわけではない。全体像を見ると脳が直ちに誰であるか判定できる――「統一的全体」に反応するのである。

ピカソは考慮を重ねた結果か直観的に悟ったのかわからないが、テクニックの洗練を意図的に行なわないという方法で肖像画法を避けることができれば、人間の体を素材にでき

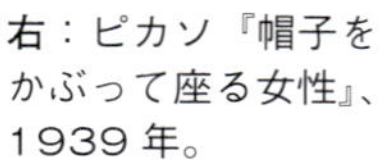

**右**：ピカソ『帽子をかぶって座る女性』、1939年。

ると気がついた。やわらかい粘土の塊を前にした彫刻家のように、あちこちにひっぱったり伸ばしたりして、どこまでやれば人間の体でなくなるのかを試すことができた。目と口と鼻があれば、見知らぬ顔でも、私たちは顔と認識できることがわかった。こうした細かいパーツの位置を、人間の顔と判断してもらうには、どこまで変更できるか試したかったのである。

体のパーツの配置を変える試みにいったん手を染めると、ピカソはやめられなくなった。ゲームは延々と続いた。まるで何千とちがった方法で変奏できるメロディを見つけた作曲家のようだった。そして一般大衆も、壁にかけられたそうした画像に慣れてショックを感じなくなると、ピカソのゲームに加わるようになった。若いときの作品に磨きをかける機会をむだにしたピカソを許し、成人になってからの発見を世界の新しい見方として受け入れた。

ピカソは極端な例だが、伝統に則った画風から始めたのに具象描写の技術を捨ててしまった 20 世紀の画家は、彼ひとりではない。当時の主要な前衛派の画家は多くが、似たような動きを見せた。新しい道を自由に探検できると気がついた彼らは、伝統的なスタイルを放棄し、従来の洗練技術が存在しない領域に足を踏み入れた。

彼らは技巧に磨きをかけていながら、その磨いたものを使うことをやめてしまった。しかし一方には、初めから伝統的なスキルを身につけていなかった画家がいた。いわゆる「日曜画家」、フォークアーティストの多く、時には前衛派の一部の人びとでさえ、正確に写実するじゅうぶんな能力を持っていなかった。19 世紀までは彼らの作品は未熟として無視されただろうが、現在はおもにピカソ、そして自然主義の絵画に反抗するすぐれた画家のおかげで、真剣に取り上げてもらうチャンスを得た。作品に独特の視覚的魅力を持つ目新しさをもたらすことができれば、弱点は強みになり得た。

**一般大衆も若いときの作品に磨きをかける機会をむだにしたピカソを許し、成人になってからの発見を世界の新しい見方として受け入れた。**

じゅうぶんに洗練されたテクニックに頼らずとも成功の可能性があるもう一つの道は、当人の視力の低下にある。画家の水晶体が加齢により濁ると、色の選択に支障がでる。クロード・モネは晩年にこれを経験した。1912 年から 1922 年にかけて視力がひどく低下したため、自分が何色を使っているのかわかるように、絵の具のチューブにラベルを貼らなければならなかった。後年の作品はパステル・カラーの微妙な色合いを失い、もっと強い色調に変わった。また視界も全体的にさらにぼやけてきたために、筆の運びが正確さを失っていった。これらの輪郭のはっきりしない、以前より明るい色の作品は、モネが先端的な印象派のスタイルを押し進めている成果と見なされてきたが、実際にはモネはとにかく何色かを見るのがたいへんな苦労で、パレットのどこにどんな色があるかを思い出しながら、記憶にもとづいて描いていたのである。

次の 2 枚の作品は、睡蓮の花が咲く池にかかる橋という同じ風景をモネが描いたものである。1枚はまだじゅうぶん視力があった1899年に、もう1枚は視力が衰えてしまった1920年代に描かれた。皮肉なことに、ぼやけた感じの絵のほうが人気を集め、この画風は偉大なアーティストが試みた大胆な新しい工夫だと考えられた。1923年にモネは右目の白内障手術を受け、ほんとうの色をふたたび見ることができるようになった。しかしそのときとんでもないことが起こった。あらためて目にした作品と実景との相違にショックを受け、絵を壊し始めたのである。家族と友人は必死になってそれを止め、何枚かは救い出すことができた。するとモネは色を正そうと、カンヴァスの塗り直しを始めた。友人たちはモネのその「修正」を止めようと全力を尽くした。モネはわかっていなかったが、傷んだ水晶体の除去が思わぬめずらしい副作用をもたらしていた。紫外線が見えるようになったのである。

その結果、右目を使って描くと、「青みが強すぎる」絵になった。左目はますます悪化し、視力は正常の10分の1まで下った。しかしモネは医者にその処置を許さず、世界は実際より赤みを帯びて見えるようになった。手術のあとモネは絵によって右目を使ったり、左目を使ったりしたが、そこには驚くほどのちがいがある。

当時視力に問題があった画家はモネひとりではなかった。メアリー・カサットは白内障が

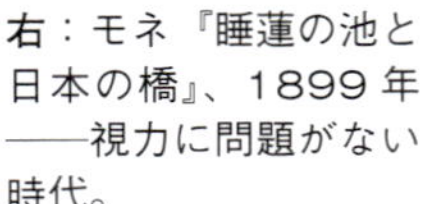
**右**：モネ『睡蓮の池と日本の橋』、1899年——視力に問題がない時代。

**右**：モネ『日本の橋』、1923-25年——視力が低下していた時代。

ひどく、ファン・ゴッホは多分緑内障で、そのため対象物のまわりには光輪が見えていた。色弱だったという説もある。ルノワール、セザンヌ、そしてトゥールーズ・ロートレックは近眼で、遠くのものがよく見えなかった。ピサロは右の涙管が感染症を起こし、再三腫物ができて治療を要し眼帯をしていた。ドガは網膜に深刻な病を抱え、やがて自分がしていることがはっきり見えなくなった。そのため後年の作品には幻想的なあいまいさが漂っている。

…ぼやけた感じの絵のほうが人気を集め、この画風は偉大なアーティストが試みた大胆な新しい工夫だと考えられた。

ある医学界の権威は、すぐれた眼科医がいたら19世紀末のアートに劇的な影響をもたらしただろうと語っている。「印象派運動全体が視力の弱い人たちの陰謀だ」という極論を唱えた医師もいる。ルノワールの場合はもっとひどい。近視で遠くのものがぼんやりとしか見えないうえに、指がひどいリューマチ性関節炎を起こしていた。1880年代の末期になるとそれはさらに悪化し、絵筆は指の間に押しこんだり、時には腕に固定したりしなければならなかった。車椅子に座ったきりで、絵筆はカンヴァスにさっと突き刺すような動きでしか扱えない。しかしルノワールは頑として諦めず、何年もこういう状態で描きつづけた。

子ども時代にすでに取得していた洗練されたテクニックをピカソが拒み、また身体的な障害からモネが技術を向上させることができなかったにもかかわらず、彼らが画家として成功した事実を見ると、洗練の法則に疑問を抱いてしまう。子どもの絵に関しては、この法則は明白である——若いアーティストは手の動きをさらに巧みに制御できるようになり、思った通りの線と形を描くことができる。以前は十代のアーティストに見られたこうした技術の向上は、専門的な訓練でさらに洗練され、目に映るものを正確に再現できるおとなの能力につながった。

写真の誕生は成人になって到達するこの洗練されたレベルの必要性を、劇的に減じてしまった。アーティストは視覚的画像を創作する新たな方法を探究できるようになった。伝統的な洗練のテクニックは以前ほど重要ではなくなった。しかしそれは失われたのだろうか。それとも変わったのだろうか。外界に合うイメージではなく、自分が創り出したイメージの完成を目指す画家が用いる、新しい性質の洗練法があったのだろうか。

20 世紀の多くのアーティストは、目に映る世界をきわめて正確に描写する伝統的な洗練技術は持っていないかもしれない。しかしそういう表現が目的でなかったとすれば、未熟だったわけではない。彼らは新しい法則を作っていた。現代のアーティストが創作の過程で法則を作っているのなら、それはどのように評価することができるのか。肖像画がモデルにそっくりかどうか、風景画が描かれた場所をみごとに表わしているかどうかを見る、昔の評価法は簡単だった。しかし、たとえば抽象画家についてはどこを、パフォーマンスアーティストについてはどこを見ればいいのか。どんな法則にもとづいて評価すればいいのか。

答えは、画家に直接その達成度を問うことができるということ。また専門家の意見を聞くこともできる。オークションでついた価格、あるいは友人や知人の感想を聞くという手もある。自分自身の印象も判断のもとになる。非具象派の作品について評価するときには、これら五つの要素がある程度参考になるだろう。

**現代のアーティストが創作の過程で法則を作っているのなら、それはどのように評価することができるのか。**

これは視覚アートの世界にとってはまったく新しい状況である。個々の作品の洗練度——つまり質——について現在ほど確信が持てない時代はない。選択できる様式がこれほど多くあったこともない。洗練の法則そのものが、今や対立する意見の地雷原の真っただ中にある。

### テーマのヴァリエーションの法則

この法則は、ひとたびあるモティーフ、あるいはパターン、テーマが開発されると、やがて多くの方向に変化することを意味している。もっとも原始的な例が、チンパンジーのコンゴの作品である。放射状にのびる扇形のパターンを思いついたコンゴは、それをいろいろな形に変化させていった。人間の子どもも似たような行動をとる——人間の顔を描くと、それをもっとよく見せようと手を加えたり、あるいは表情や色や大きさを変えたりするようになる。

今日ではおとなのアーティストは、ほとんど毎年のように新しいテーマを生み出す。しかし昔は社会的変化がもっと緩慢で、一つのテーマが長年つづくこともあり得た。たとえば古代中国では、紀元前千年紀に殷王朝の青銅器に見られる複雑できわめて特徴のある浮き彫りは、おもなテーマとして500年以上も使われた。この浮き彫り模様の中央には饕餮（とうてつ）と呼ばれる動物の顔が彫られている。しかし抽象化が大きいので、すぐには特定できない。一般的に識別できるのは、太い眉毛の下にある目だけである。殷の青銅器の模様には小さなヴァリエーションが無数にあり、それが個々の作品に魅力を与えている。にもかかわらず全体的なテーマが非常に個性的なので、それが殷の青銅器かどうかは、ひと目見ただけで判別できる。

現代の画家もよくテーマのヴァリエーションを描くが、もっと個人的なレベルである。あるモティーフを考え出した画家が一度だけそれを用いて、すぐ次のまったく新しいテーマに移ることは、めったにない。新しいテーマはほとんどの場合、画家があきて別の新しいものに向かうまで、あらゆるヴァリエーションが試される。

まるで一時に二つの相反する感情が働いているように見える。一つは親しみの喜び、もう一つはくり返しに対する倦怠感である。馴染みのある風景を描くとき、その光景は旧友のようなものだし、視覚上の固有の問題はすでに解決済みなので、再度の試みも喜びとなる。

**右**：殷王朝の青銅器に見られるテーマのヴァリエーション。紀元前千年紀、中国。

しかし前の作品とまったく同じように描くのは、飽き飽きする。そこで妥協が行なわれる——テーマは同じままで方法をわずかに変化させる。

　このプロセスはひとりの画家の作品を制作日付順に並べた類別目録を見ると、一目瞭然である。また画家は何が原因でたびたび一つのテーマから次のテーマへ跳び移るのかもわかる。その一例をあげよう。カタロニア人のアーティスト、ジョアン・ミロについて調べると、すぐに一連のヴァリエーションを区別するのが画布ではないかという推測が浮かんでくる。たとえば 1930 年代には同じテーマで黄麻布と呼ばれる目の粗いカンヴァスで九つのヴァリエーションを描いている。その後もっと目の細かいアングル・ペーパーに変えると、新しいテーマが生まれ、31 のヴァリエーションを制作した。

　ミロは長い画家活動を通して文字通り何百という短い連作を描き、たいてい（たまには例外もあるが）テーマががらりと変わるのは、用いる画材を新しいタイプのものに変えたときだった。

　テーマのヴァリエーションというこの法則にも、いつも例外がある。画家は時に突然テーマを変える——そしてたった一つ新しい試みをする——そのあとずっと手がけていたテーマに戻る。画家の作品を明確なテーマ別に分類することは、手際よくはいかない。しかし、こうしたテーマを同じくするシリーズがあるという事実は、主要なアーティストの生涯の作品を理解しようと努める美術史家にとっては、きわめて重要である。

**…一時に二つの相反する感情が働いているように見える。一つは親しみの喜び、もう一つはくり返しに対する倦怠感である。**

**新しいもの好きの法則**

　新しいものを求める遊び心に満ちた欲求——新しい玩具の原理——は、新しいトレンドをよしとして既成の伝統を時々放棄することを求める。これは何世紀にもわたってしだいに速度を増し、今日では目が回るほど急速に進んでいる。洞窟の画像や様式は何千年もの間ほとんど変化なく続いた。それと際立って対照的なのが近年の変化で、研究者はこの 150 年の間に、80 を上回る大きな様式の誕生を確認している。

　現代の様式は芸術運動と定義され、ふつう「……イズム（主義）」という呼称を与えられている。その中の運動のいくつかは影響力が大きく、一般大衆にも知られている——たとえば印象主義、超現実主義（シュルレアリスム）。しかし他の多くは、短命とか局地的現象という理由で、一般の人びとには何の意味も持っていない。

　新しいもの好きは、社会的なコミュニケーションの大幅なスピードアップにより、近年いっそう強くなっている。今東京で活動している若い画家は、パリやロンドン、ニューヨークで何が起きているかすぐにわかる。最近の芸術運動のほとんどが数年、よくても数十年の間に燃え尽きている。しかしそこから出た代表的な画家は、国際的に名前が定着すれば、

「……イズム（主義）」というスタイルで、それが勢いを失ったずっと後まで制作をつづけることができる。たとえばシュルレアリスムがそうで、1920年代初期に登場したが、1950年代初期には実際に活躍する芸術運動としての姿は薄れていた。しかしダリ、マグリット、エルンスト、あるいはミロといった代表的な画家は、長年にわたって作品を発表しつづけた。

**…人間の想像力は途方もなく大きいので、将来新しいものはかならず現われる——そしてわれわれに衝撃を与え、われわれを夢中にさせ、多少でも運がよければ奮起させてくれる。**

　これまですでに多くの実験が行なわれ、多くのテクニックが開発されている。したがって今日の若い画家にとって自分に最適の新しい居場所を見つけるのが、はなはだむずかしくなった。どんな新奇な試みも、どんな新しい抵抗運動も、すでに誰かがやっているように見える。美術の歴史のいかなる段階でも、次にどこに進むのか推定するのは不可能である。しかし人間の想像力は途方もなく大きいので、将来新しいものはかならず現われる——そしてわれわれに衝撃を与え、われわれを夢中にさせ、多少でも運がよければ奮起させてくれる。新しいもの好きの法則はそれを求めている。

#### 状況の法則

　この法則は、日常的な事象を非日常的なものにしアートに変えるには、特別な状況に置いて表示しなければならないことを述べている。流れに沈んでいる石ころが顔のように思えた猿人は、それを数キロ先の自分の洞窟まで持って帰った。これはアート作品を生み出した最初の例として知られている。

　300万年後パブロ・ピカソという名の現代人が、1942年の戦時下、パリで捨てられていた自転車を持ち帰り、ハンドルをサドルの上に移し、色をつけたりほかに何か変えることなく、牛の頭にした。ピカソと猿人はまったく同じ行動をとった。ふたりともあり得ない場所に不思議なイメージ——頭——を意識し、それを家に持ち帰って、アートとして新しい光の下で眺めた。状況が新しくなるだけで、平凡なものがアート作品に変じたのである。

　20世紀の初めに単に状況を変えることでアートを創り出すという考えが、一風変わったダダイストによって実践された。ダダイスムの嵐の後には、多数の状況「移動」が続いた。展示の状況を変えるだけで、ありきたりの事物をアート作品に変容させたのである。たとえばクルト・シュヴィッターズは捨てられた切符とボール紙をまとめ、枠で囲い、まじめくさって絵画として壁にかけた。

　さらに時代が下ると、インスタレーション・アーティストがこれらの初期のアイディアにさらに手を加え、アートにはおよそそぐわないと思われるありふれたものをふたたびアートとして示し始めた。その最たる例がトレイシー・エミンの寝起きのままのベッドである。エミンは寝室にあるベッドをありのままに見せている。まわりにはピルの包み、たばこ、コン

右：エミン『私のベッド』、1998 年。

ドームなどが散乱している。とはいえエミンはダダイストのエルザ・フライターク＝ローリングホーフェンには及ばない。エルザほど衝撃的なタイトルをつけることができなかった。エミンは露骨にこう説明している。これは私のベッド。ギャラリーに展示されているからこそ、これはアートである。

絵画が額縁に収められる、あるいはギャラリーに飾られると、かならずそこに特別な状況が与えられる。カーニヴァルのパレードで着られるファンシーな衣装は、いつも特別な状況で展示される。状況の法則は、どんな作品も工夫された状況に置くことで印象が強められることを意味している。状況の影響はきわめて大きく、真のアーティストによる作品ではなくても、ギャラリーなど芸術の出会いが予想される場所に移されただけで、アートと見なされることもある。状況を変えるだけでも日常を非日常に変えることができる。

予期されているものを予期されないものに変える状況の操作には、もう一つの方法がある。作品全体を特別な状況に置いて印象を強める代わりに、一部分と他の部分との関連を通常の状況からはずれたものにする。これはマグリットやダリなどモダンアーティストの常とう手段である。マグリットは本来人間の頭があるはずの場所にリンゴを置き、ダリは象に蜘蛛の長い足をつけた。しかしこうした状況の矛盾は今に始まった現象ではない。古代のアートには、不適切な状況に置かれて異様な印象を与えるケンタウロスやミノタウロスをはじめ、さまざまな怪物がたくさん登場している。その最たる例はホーレンシュタイン・シュターデルで発見された 3 万 2000 年前の、獅子頭のライオンマンだろう。美的な手法として状況を用いるのは、驚くほど長い歴史を持っている。

この上なく洗練された都市文明の頂からどこよりも貧しさにあえぐ部族民の遺物の飼い葉桶にいたるまで、アートの法則は今も昔もいつも働いて、身のまわりを飾る行為に人間を駆り立ててきた。たとえばシスティーナ礼拝堂を装飾するようなぜいたくな行為から髪に3枚の青い羽根を飾るつつましい振る舞い。すぐれた腕前を発揮して描かれた名作やピラミッドの建造。あるいは単純に円を描いて中に線を引き、それが顔だということもある。どれも人間の生存に不可欠な活動ではない。死を避けるには食べ物と飲み物、それに雨露をしのぐ場所があればじゅうぶんである。しかし人類は頭脳を使うことで、種として繁栄してきた。チャンスを逃さない者としてあらゆる状況を活用し、あらゆる難点を強みに変えた。やがてそうした行為が成功を収め、それを機会に勝利を祝うほどにもなった。眠る代わりに人びとは踊り、歌い、顔を塗り、風変わりな衣装を身に着けて、日常とは異なる自分になった。これは脳の活発な部分を刺激し、報いとして新しい楽しみ、すなわちおとなの遊びという楽しみをもたらした。

感覚的な情報は80パーセントが視覚を通してもたらされるので、人類が視覚的な経験をさらに満足できるものにする方法を探究し始めたのは、驚くに当たらない。まもなく色彩をもっと強め、そしてパターンをもっと複雑にできることがわかってきた。実際に見られるパターンと形に頼る代わりに自分独自のものを作って、自分に合うように視界をまとめることができた。秩序を与え、イメージを創り、楽しげに新しい視覚的経験を生み出すこともできた。

われわれは、勤勉で好奇心に満ちた、進取の気性に富んだ種としてきわめて成功したので、その脳は怠惰を厭うようになった。誰もいない部屋に長い期間閉じこめるのは、現在でも残酷な罰とみなされている。生存に必須の条件がすべて満たされていたときでさえ、精神を活発に保つことが必要だった。視覚的なゲームをしたり、あるいは視覚的な問題を自分に課したりするのも、それを達成する方法の一つだった。われわれは、日常的な世界を非日常的な場所に変えて脳を喜ばせ、いっそう充実感を覚えた。いわゆるアートの創出により、われわれは人生の価値を高め、この地球上で生きることを許された、生誕の光と死の闇の間に横たわる短い時間を豊かにする方法を見つけ出した。

下：この古代エジプトの立像は、人間の体にトキの頭をつけることで、両者を常態とは異なるものにし、超自然の存在、すなわちトート神を生み出した。

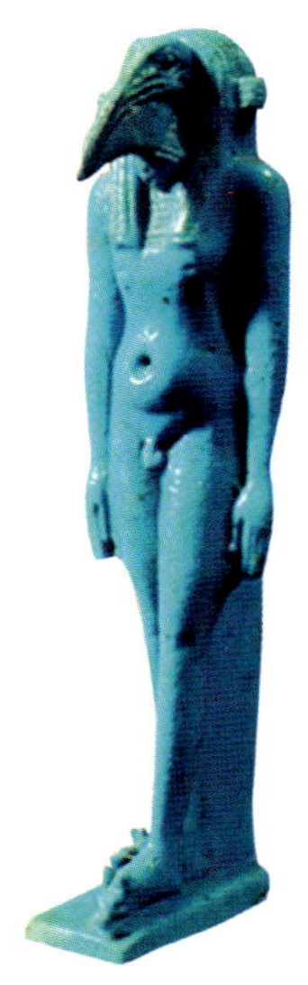

# 参考文献


Aarseth, Gudmund (2004) *Painted Rooms*. Nordic Arts, Fort Collins, Colorado.

Alland, Alexander (1977) *The Artistic Animal. An Enquiry into the Biological Roots of Art*. Anchor Books, New York.

Alschuler, Rose E. & Hattwick, La Berta Weiss (1947) *Paintings and Personality. A Study of Young Children*. University of Chicago Press, Illinois.

Anderson, Wayne (2011) *Marcel Duchamp; The Failed Messiah*. Editions Fabriart, Geneva.

Aujoulat, Nobert (2005) *The Splendour of Lascaux*. Thames & Hudson, London.

Bahn, Paul G. (1997) *Journey Through the Ice Age*. Weidenfeld & Nicolson, London.

Bahn, Paul G. (1998) *Cambridge Illustrated History of Prehistoric Art*. Cambridge University Press.

Bahn, Paul G. (2010) *Prehistoric Rock Art. Polemics and Progress*. Cambridge University Press.

Banksy (2011) *Wall and Piece*. Century, London.

Bataille, Georges (1955) *Lascaux, ou la Naissance de l'Art*. Skira, Geneva.

Bell, Deborah (2010) *Mask-makers and Their Craft*. McFarland, London.

Bellido, Ramon Tio (1988) *Kandinsky*. Studio Editions, London.

Berghaus, Gunter (Editor) (2004) *New Perspectives on Prehistoric Art*. Praeger, London.

Berndt, Roland M. (1964) *Australian Aboriginal Art*. Macmillan, New York.

Berndt, Roland M. & Phillips, E. S. (Editors) (1978) *The Australian Aboriginal Heritage*. Ure Smith, Sydney.

Boehm, Gottfried et al. (2007) *Schwitters – Arp*.Kunstmuseum, Basel.

Brothwell, Don R. (ed.) (1976) *Beyond Aesthetics. Investigations into the Nature of Visual Art*. Thames & Hudson, London.

Celebonovic, Stevan & Grigson, Geoffrey (1957) *Old Stone Age*. Phoenix House, London.

Chauvet, Jean-Marie et al. (1996) *Chauvet Cave. The Discovery of the World's Oldest Paintings*. Thames & Hudson, London.

Clottes, Jean (2003) *Return to Chauvet Cave. Excavating the Birthplace of Art*. Thames & Hudson, London.

Clottes, Jean & Courtin, Jean (1996) *The Cave Beneath the Sea*. Abrams, New York.

Dachy, Marc (1990) *The Dada Movement*. Skira, Geneva.

Daix, Pierre (1982) *Cubists and Cubism*. Skira, Geneva.

Davidson, Daniel Sutherland (1936) 'Aboriginal Australian and Tasmanian Rock Carvings and Paintings', *Memoirs of the American Philosophical Society*, vol. V. Philadelphia.

Dawkins, Richard (1986) *The Blind Watchmaker*. Longman, London.

Delporte, Henri (1993) *L'Image de la Femme dans l'Art Préhistorique*. Picard, Paris.

Demirjian, Torkom (1989) *Idols, the Beginning of Abstract Form*. Aridane Galleries, New York.

Dempsey, Amy (2002) *Styles, School and Movements*. Thames & Hudson, London.

Dissanayake, Ellen (1979) 'An Ethological View of Ritual and Art in Human Evolutionary History', *Leonardo*, vol. 12, p. 27–31.

Dissanayake, Ellen (1988) *What is Art For?* University of Washington Press, Seattle.

Dissanayake, Ellen (1992) *Homo Aestheticus. Where Art Comes From and Why*. The Free Press, New York.

Dupont, Jacques & Gnudi, Cesare (1954) *Gothic Painting*. Skira, Switzerland.

Dupont, Jacques & Mathey, François (1951) *The Seventeenth Century; Caravaggio to Vermeer*. Skira, Switzerland.

Ehrenzweig, Anton (1967) *The Hidden Order of Art*.Weidenfeld & Nicolson, London.

Eisler, Colin (1991) *Dürer's Animals*. Smithsonian Press, Washington.

Eng, Helga (1931) *The Psychology of Children's Drawings*. Routledge & Kegan Paul, London.

Fein, Sylvia (1993) *First Drawings: Genesis of Visual Thinking*. Exelrod Press, California.

Fosca, François (1952) *The Eighteenth Century; Watteau to Tiepolo*. Skira, Switzerland.

Foss, B. M. (1962) 'Biology and Art', *The British Journal of Aesthetics*, vol. 2, no. 3. p. 195–199.

Fraenger, Wilhelm (1999) *Hieronymus Bosch*. G+B Arts

International, Amsterdam.
Gammel, Irene (2003) *Baroness Elsa*. The MIT Press, Cambridge, Massachusetts.
Gardner, Howard (1980) *Artful Scribbles. The Significance of Children's Drawings*. Jill Norman, London.
Getty, Adele (1990) *Goddess. Mother of Living Nature*. Thames & Hudson, London.
Gimbutas, Marija (1989) *The Language of the Goddess*. Thames & Hudson, London.
Goja, Hermann (1959) 'Zeichenversuche mit Menschenaffen', *Zeitschrift für Tierpsychologie*, 16, 3, p. 368–373.
Gombrich, E. H. (1989) *The Story of Art*. Phaidon, Oxford.
Grabar, Andre & Nordenfalk, Carl (1957) *Early Medieval Painting*. Skira, Switzerland.
Grabar, Andre & Nordenfalk, Carl (1958) *Romanesque Painting*. Skira, Switzerland.
Gray, Camilla (1962) *The Great Experiment: Russian Art, 1863–1922*. Thames & Hudson, London.
Graziosi, Paolo (1960) *Palaeolithic Art*. Faber & Faber, London.
Green, Christopher (1987) *Cubism and its Enemies*. Yale University Press, New Haven.
Groger-Wurm, Helen M. (1972) *Australian Aboriginal Bark Paintings and their Mythological Interpretation*. Australian Institute of Aboriginal Studies, Canberra.
Grozinger, Wolfgang (1955) *Scribbling, Drawing, Painting. The Early Forms of the Child's Pictorial Creativeness*. Faber & Faber, London.
Haddon, Alfred C. (1895) *Evolution in Art. As Illustrated by the Life-histories of Designs*. Walter Scott, London.
Hanson, H. J. (Editor) (1968) *European Folk Art in Europe and the Americas*. Thames & Hudson, London.
Hemenway, Priya (2008) *The Secret Code. The Mysterious Formula that Rules Art, Nature, and Science*. Springwood, Lugano, Switzerland.
Hess, Lilo (1954) *Christine the Baby Chimp*. Bell, London.
Joyce, Robert (1975) *The Esthetic Animal*. Exposition Press, New York.
Kelder, Diane (1980) *French Impressionism*. Artabras, New York.
Kellogg, Rhoda (1955) *What Children Scribble and Why*. Author's Edition, San Francisco.
Kellogg, Rhoda (1967) *The Psychology of Children's Art*. Random House, New York.
Kellogg, Rhoda (1969) *Analyzing Children's Art*. National Press Books, Palo Alto, California.
Kellogg, W. N. & Kellogg, L. A. (1933) *The Ape and The Child: A Comparative Study of the Environmental Influence Upon Early Behavior*. Hafner Publishing Co., New York.
Kluver, Heinrich (1933) *Behaviour Mechanisms in Monkeys*. University of Chicago Press, Chicago.
Komar, Vitaly & Melamid, Alexander (2000) *When Elephants Paint. The Quest of Two Russian Artists to Save the Elephants of Thailand*. HarperCollins, London.
Kriegeskorte, Werner (1987) *Giuseppe Arcimboldo*. Taco, Berlin.
Lader, Melvin P. (1985) *Arshile Gorky*. Abbeville Press, New York.
Ladygina-Kohts, Nadie (1935) *Infant Chimpanzee and Human Child*. Scientific Memoirs of the Museum Darwinianum, Moscow.
Ladygina-Kohts, Nadie (2002) *Infant Chimpanzee and Human Child*. Oxford University Press, Oxford.
Lassaigne, Jacques (1957) *Flemish Painting; the Century of Van Eyck*. Skira, Switzerland.
Lassaigne, Jacques & Argan, Giulio Carlo (1955) *The Fifteenth Century; from Van Eyck to Botticelli*. Skira, Switzerland.
Leason, P. A. (1939) 'A New View of the Western European Group of Quaternary Cave Art', *Proceedings of the Prehistoric Society*, vol. V, part 1, p.51–60.
Lenain, Thierry (1997) *Monkey Painting*. Reaktion Books, London.
Lewis-Williams, David (2002) *The Mind in the Cave. Consciousness and the Origins of Art*. Thames & Hudson, London.
Marshack, Alexander (1972) *The Roots of Civilization*. Weidenfeld & Nicolson, London.
Matheson, Neil (2006) *The Sources of Surrealism*. Lund Humphries, London.
Matthews, John (1999) *The Art of Childhood and Adolescence*. Falmer Press, London.
Matthews, John (2003) *Drawing and Painting. Children and Visual Perception*. Paul Chapman, London.
Matthews, John (2011) *Starting from Scratch. The Origin and Development of Expression, Representation and Symbolism in Human and Non-human Primates*. Psychology Press, London.
Mellaart, James (1967) *Catal Huyuk*. Thames & Hudson, London.
Mohen, Jean-Pierre (1990) *The World of Megaliths*. Facts on File, New York.
Moorhouse, Paul (1990) *Dali*. Magna Books, Leicester.
Morris, Desmond (1958) 'Pictures by Chimpanzees', *New Scientist*, 4, p. 609–611.
Morris, Desmond (1961) 'Primate's Aesthetics', *Natural*

*History* (New York), 70, p. 22–29.
Morris, Desmond (1962) *The Biology of Art. A Study of the Picture-making Behaviour of the Great Apes and its Relationship to Human Art.* Methuen, London.
Morris, Desmond (1962) 'Apes and the Essence of Art', *Panorama*, Sept. 1962, p. 11.
Morris, Desmond (1962) 'The Biology of Art', *Portfolio*, 6, Autumn 1962, p. 52–64.
Morris, Desmond (1976) 'The Social Biology of Art', *Biology and Human Affairs*, vol. 41, no. 3, p.143–144.
Morris, Desmond (1985) *The Art of Ancient Cyprus*. Phaidon, Oxford.
Neal, Avon & Parker, Ann (1969) *Ephemeral Folk Figures*. Clarkson Potter, New York.
Oakley, K. P. (1981) 'Emergence of Higher Thought 3.0 – 0.2 Ma B. P.', *Phil. Trans. R. Soc. London*, B 292, p. 205–211.
O'Doherty, Brian (1973) *American Masters*. Random House, New York.
Otten, Charlotte M. (1971) *Anthropology and Art. Readings in Cross-Cultural Aesthetics*. The Natural History Press, New York.
Parker, Ann & Neal, Avon (2009) *Hajj Paintings. Folk Art of the Great Pilgrimage*. The American University in Cairo Press, Egypt.
Piery, Lucienne (2006) *Art Brut. The Origins of Outsider Art*. Flammarion, Paris.
Quinn, Edward (1984) *Max Ernst*. Ediciones Poligrafa, Barcelona.
Rainer, Arnulf (1991) *Primaten*. Jablonka Galeie im Karl Kerber Verlag, Köln/Bielefeld.
Rand, Harry (1981) *Arshile Gorky*. George Prior, London.
Ramachandran, V. S. & Hirstein, William (1999) 'The Science of Art', *Journal of Consciousness Studies*, 6, no. 6–7, p.15–51.
Raynal, Maurice (1951) *The Nineteenth Century; Goya to Gauguin*. Skira, Switzerland.
Rensch, Bernhard (1958) 'Die Wirksamkeit aesthetischer Faktoren bei Wirbeltieren', *Zeitschrift für Tierpsychologie*, 15, 4, p.447–461.
Rensch, Bernhard (1961) 'Malversuche mit Affen', *Zeitschrift für Tierpsychologie*, 18, 3, p.347–364.
Rensch, Bernhard (1965) 'Über aesthetische Faktoren im Elreben hoherer Tiere', *Naturwissenschaft und Medizin*, 2, 9, p.43–57.
Ricci, Corrado (1887) *L'Arte dei Bambini*. Nicola Zanichelli, Bologna.
Richardson, John (1991, 1996, 2007) *A Life of Picasso, Vols 1–3*. Jonathan Cape, London.
Riddell, W. H. (1940) 'Dead or Alive?', *Antiquity*, vol. 14, no. 54, p.154–162.
Ritchie, Carson I. A. (1979) *Rock Art of Africa*. Barnes, New Jersey.
Roethel, Hans K. (1979) *Kandinsky*. Phaidon, Oxford.
Rubin, William S. (1968) *Dada, Surrealism, and their Heritage*. Museum of Modern Art, New York.
Russell, John & Gablik, Suzi (1969) *Pop Art Redefined*. Thames & Hudson, London.
Sandler, Irving et al. (1987) *Mark Rothko 1903–1970*. Tate Gallery Publications, London.
Sawyer, R. Keith (2006 ) *Explaining Creativity. The Science of Human Innovation*. Oxford University Press, Oxford.
Scharfstein, Ben-Ami (2007) *Birds, Elephants, Apes and Children; an Essay in Interspecific Aesthetics*. Xargol Books, Tel Aviv.
Schiller, Paul (1951) 'Figural Preferences in the Drawings of a Chimpanzee', *Journal of Comparative Psychology*, XLIV, p.101–111.
Semen, Didier (1999) *Victor Brauner*. Filipacchi, Paris.
Shone, Richard (1980) *The Post-impressionists*. Octopus Books, London.
Sokolowski, Alexander (1928 ) *Erlebnisse mit Wilden Tieren*. Haberland, Leipzig.
Streep, Peg (1994) *Sanctuaries of the Goddesses*. Bulfinch Press, Boston.
Stuckey, Charles F. (1988) *Monet, A Retrospective*. Galley Press, Leicester.
Terrace, Herbert S. (1980) *Nim; A Chimpanzee who Learned Sign Language*. Eyre Methuen, London.
Tolnay, Charles de (1965) *Hieronymus Bosch*. Methuen, London.
Trevor-Roper, Patrick (1970) *The World Through Blunted Sight*. Thames & Hudson, London.
Twohig, Elizabeth Shee (1981) *The Megalithic Art of Western Europe*. Clarendon Press, Oxford.
Venturi, Lionello (1956) *The Sixteenth Century; from Leonardo to El Greco*. Skira, Switzerland.
Walsh, Grahame L. (1994) *Bradshaws; Ancient Rock Paintings of North-West Australia*. Edition Limitée, Geneva.
Whiten, Andrew (1976) 'Primate perception and aesthetics', in *Beyond Aesthetics; Investigations into the Nature of Visual Art*, ed. D. Brothwell. Thames & Hudson, London, p.18–40.
Willcox, A. R. (1963) *The Rock Art of South Africa*. Thomas Nelson, Johannesburg.

# 図版リスト

# 図版クレジット

Jacket & Cover: Front: top (left to right) : The Desmond Morris Collection; Jason Newman The Desmond Morris Collection; The Desmond Morris Collection; center (left to right) : WikiArt; WikiArt; The Desmond Morris Collection; bottom left: The Desmond Morris Collection; bottom right: WikiArt; Jacket & Cover: Back: top left: WikiArt; top right: WikiArt; center (left to right): WikiArt; The Desmond Morris Collection; The Desmond Morris Collection; The Desmond Morris Collection; Jason Newman The Desmond Morris Collection; bottom (left to right): The Desmond Morris Collection; The Desmond Morris Collection; WikiArt; WikiArt; Jacket & Cover: Spine: WikiArt; Jacket: Front flap: center: The Desmond Morris Collection; bottom: The Desmond Morris Collection; Jacket: Back flap: center: The Desmond Morris Collection; bottom: The Desmond Morris Collection; Chapter 1 opener (Montage): Page 10, left to right: Torsten Blackwood/AFP/Getty Images; The Desmond Morris Collection; Wikimedia; Photo12/Eye Ubiquitous/Nigel Sitwell/Hutchison; World History Archive; The Desmond Morris Collection; Chapter 2 opener: Torsten Blackwood/AFP/Getty Images. Chapter 3 opener: The Desmond Morris Collection. Chapter 4 opener: The Desmond Morris Collection; Chapter 5 opener: Wikimedia Commons; Chapter 6 opener: Photo12/Eye Ubiquitous/Nigel Sitwell/Hutchison; Chapter 7 opener: Getty Images/Wojtek Buss/AGE fotostock; Chapter 8 opener: World History Archive; Chapter 9 opener: World History Archive; Chapter 10 opener: The Desmond Morris Collection; Chapter 11 opener: The Desmond Morris Collection; Chapter 12 opener: World History Archive; Page 17: Torsten Blackwood/AFP/Getty Images; 19: John Scofield/National Geographic/Getty Images; 25: Courtesy of 'Child chimpanzee and human child' by Nadezhda Ladygina-Kohts's/www.kohts.ru/; 27: The Desmond Morris Collection; 29 bottom: The Desmond Morris Collection; 29 top: The Desmond Morris Collection; 31 top: The Desmond Morris Collection; 31 bottom: The Desmond Morris Collection; 32 top: The Desmond Morris Collection; 32 centre: The Desmond Morris Collection; 32 bottom : The Desmond Morris Collection; 33 top left: The Desmond Morris Collection; 33 centre: The Desmond Morris Collection; 33 left bottom: The Desmond Morris Collection; 33 bottom left: The Desmond Morris Collection; 33 bottom right: The Desmond Morris Collection; 34 top left: The Desmond Morris Collection; 34 left centre : The Desmond Morris Collection; 34 left bottom: The Desmond Morris Collection; 34 bottom left: The Desmond Morris Collection; 34 bottom right: The Desmond Morris Collection; 35 top left: The Desmond Morris Collection; 35 top centre: The Desmond Morris Collection; 35 centre: The Desmond Morris Collection; 35 bottom left: The Desmond Morris Collection; 35 bottom right: The Desmond Morris Collection; 36: The Desmond Morris Collection; 37: The Desmond Morris Collection; 38 top: The Desmond Morris Collection; 38 centre: The Desmond Morris Collection; 38 bottom: The Desmond Morris Collection; 40: The Desmond Morris Collection; 41: The Desmond Morris Collection; 42: The Desmond Morris Collection; 43 top: The Desmond Morris Collection; 43 bottom: The Desmond Morris Collection; 44: The Desmond Morris Collection; 45: The Desmond Morris Collection; 47: The Desmond Morris Collection; 51 top left: The Desmond Morris Collection; 51 top right: The Desmond Morris Collection; 51 centre: The Desmond Morris Collection; 52 top: The Desmond Morris Collection; 52 bottom: The Desmond Morris Collection; 53 top: The Desmond Morris Collection; 53 centre: The Desmond Morris Collection; 54 left: © 2013 Adapted from Rhoda Kellogg 'Analysing Children's Art' & The Desmond Morris Collection; 54 right: © 2013 Adapted from Rhoda Kellogg 'Analysing Children's Art' & The Desmond Morris Collection; 55: The Desmond Morris Collection; 56: The Desmond Morris Collection; 77: The Desmond Morris Collection; 59 top left: The Desmond Morris Collection; 59 top right The Desmond Morris Collection; 59 centre left: The Desmond Morris Collection; 59 centre right: The Desmond Morris Collection; 59 bottom left: The Desmond Morris Collection; 59 bottom right: The Desmond Morris Collection; 64 Top: © Wikipedia; 64 Bottom: © D'Errico et al. (2009); 65: © Kota Kid; 66 top: Getty Images/Anna Zieminski/Stringer/AFP; 66 bottom: Getty Images/Jorge Guerrero/AFP/Stringer; 67: The Desmond Morris Collection; 68: Getty Images/Imagno/Hulton Archive/Gerhard Trumler; 69 top: Getty Images/Danita Delimont/Gallo Images; 69 bottom: Getty Images/Werner Forman; 70 top: Getty Images/Werner Forman/Universal Images Group; 70 bottom: © Wikipedia; 70 centre left: © Wikimedia Commons; 70 centre right: The Desmond Morris Collection; 71: © loewenmensch@ulm.de; 73: © Wikimedia Commons; 75 top: Photo12/Oronoz; 75 bottom: Getty Images/Ralph Morse/Time Life Pictures; 77 top: http://venetianred.net/tag/chauvet-cave; 77 bottom: Photo12/JTB Photo; 78: Getty Images/JEAN-PIERRE MULLER/AFP; 80 bottom left : Edition Limited/the Bradshaw Foundation; 80 bottom right: Edition Limited/the Bradshaw Foundation; 80 top: Getty Images/John Borthwick/Lonely Plant Images; 81: Edition Limited/the Bradshaw Foundation; 82: © Photo12/JTB Photo; 83: Photo12/Eye Ubiquitous; 84: Getty Images/Andreas Rentsch/NonStock; 85: Photo12/Eye Ubiquitous; 86 top: Getty Images/Cave Art Gallery/Flickr; 86 bottom: The Desmond Morris Collection; 88 top: © Wikimedia/Teomancimit; 88 bottom: © Wikimedia/Teomancimit; 89: Photo12/JTB Photo; 90 left: The Desmond Morris Collection; 90 centre: The Desmond Morris Collection; 91 top: The Desmond Morris Collection; 91 bottom: © muba; 92/93: Photo12/Damien Grenon; 94: Getty Images/De Agostini Picture Library; 95: Getty Images/Tony C French/Photo library; 96: Getty Images/DEA/A. DAGLI ORTI/Contributor; 97: The Desmond Morris Collection; 100: The Desmond Morris Collection; 101: The Desmond Morris Collection; 102 top left: Getty Images/Werner Forman/Universal Images Group; 102 top right: Getty Images/Michael Springer; 102 bottom: Getty Images/Werner Forman/Universal Images Group; 103 top: The Desmond Morris Collection; 103 bottom: Shutterstock.com/Sam Dcruz; 104 left: Photo12/Eye Ubiquitous/Nigel Sitwell/Hutchison; 104 right: Photo12/Eye Ubiquitous; 105 left: Photo12/Eye Ubiquitous/Mathew McKee/Hutchison; 105 right: Shutterstock.com/urosr ; 106: Photo12/JTB Photo; 107 top left: The Desmond Morris Collection; 107 top right: Shutterstock.com/Anna Omelchenko; 107 bottom: Getty Images/Sean Caffrey/Lonely Planet Images; 108 top left: Getty Images/Eric Lafforgue/Gamma-Rapho; 108 top right: Getty Images/Mike Powell/Stone; 108 bottom: The Desmond Morris Collection; 109: The Desmond Morris Collection; 113: © unknown; 114 top: The Desmond Morris Collection; 114 bottom: World History Archive; 115 top: The Desmond Morris Collection; 115bottom right: Photo12/Institut Ramses; 115 bottom left: Photo12/Eye Ubiquitous/Julia Waterlow/Hutchison; 116: Getty Images/S.Vannini/De Agostini; 116 top: World History Archive; 116 bottom: World History Archive; 118 top left: World History Archive; 118 top centre: World History Archive; 118 top right: World History Archive; 118 bottom left: World History Archive; 118 bottom right: The Desmond Morris Collection; 119 bottom right: Getty Images/Walter Bibikow/The Image Bank; 119 bottom left: Shutterstock.com/Georgescu Gabriel; 120 top left: Photo12/JTB Photo; 120 top right: Getty Images/Ken Gillham/Robert Harding World Imagery; 120 bottom left: Photo 12/Oronoz; 121 top: Photo 12/Oronoz; 121 bottom left: Photo12/Anne Joudiou; 121 bottom right: Getty Images/Wojtek Buss/AGE fotostock; 122: World History Archive; 123 top: World History Archive; 123 bottom: Photo12/Ann Ronan Picture Library; 124: Photo12/Best View Stock; 126 top: Getty Images/Essam AL-Sudani/AFP; 126 bottom: Photo12/JTB Photo; 127: Shutterstock.com/Chameleons Eye; 131: World History Archive; 132: Getty Images/Werner Forman/Universal Images Group; 133: Getty Images/British Library/Robana/Hulton Fine Art Collection; 134: World History Archive; 135 right: Getty Images/Peter Barritt/Robert Harding World Imagery; 135 left: Photo12/Loeber-Bottero; 136: Photo12/Eye Ubiquitous/Mel Longhurst; 138: World History Archive; 139: ©2013 Getty Images/DeAgostini/G. DAGLI ORTI; 140: Photo12/Oronoz; 141: World History Archive; 142/143: World History Archive; 144: World History Archive; 145: Getty Images/DEA PICTURE LIBRARY; 146: World History Archive; 147: Getty Images/DEA PICTURE LIBRARY; 148: World History Archive; 149: World History Archive; 150 Top: World History Archive; 150 bottom: Getty Images/Coll-Peter Willi/Superstock Collection; 151: World History Archive; 152 left: Photo12/Oronoz; 152 right: Photo12/Oronoz; 153: World History Archive; 154: World History Archive; 155 left: World History Archive; 155 right: Photo12/Oronoz; 156: Getty Images/DEA/G. DAGLI ORTI; 157: World History

Archive; 158: Getty Images/DEA PICTURE LIBRARY; 159: World History Archive; 160 top: Photo12/Oronoz; 160 bottom: World History Archive; 161: World History Archive; 162 top: Photo12/Oronoz; 162 bottom: World History Archive; 163: World History Archive; 164: Photo12/Oronoz; 165: World History Archive; 166: World History Archive; 167: World History Archive; 168: Photo12/Alfredo Dagli Orti; 169: World History Archive; 170: World History Archive; 176 left: World History Archive; 176 right: © Succession Picasso/DACS, London 2013/AFP/Getty Images/Stan Honda; 178: © ADAGP, Paris and DACS, London 2013/Photo 12/Oronoz; 179: © Succession Picasso/DACS, London 2013/World History Archive; 180: World History Archive; 181: © ADAGP, Paris and DACS, London 2013/Photo 12/Oronoz; 182: Photo 12/Oronoz; 183: © Angela Verren Taunt 2013. All rights reserved, DACS. © 2013. Digital image: The Museum of Modern Art: New York/Scala: Florence; 284 top: © Peter MacDiarmid/Getty Images; 184 top: © ADAGP, Paris and DACS, London 2013. bottom: © 2013 Private collection: courtesy Matthew Marks Gallery: New York© Ellsworth Kelly; 185: © 1998 Kate Rothko Prize & Christopher Rothko ARS, NY and DACS, London/Getty Images/Stephen Hilger/Bloomberg; 186: Artwork © Succession H. Matisse/DACS 2013. Photo: © RMN - Grand Palais/Hervé Lewandowski/Paris, musée d'Orsay; 187: Photo 12/Oronoz; 188 top: World History Archive; 188 bottom: © ADAGP, Paris and DACS, London 2013/Photo 12/Oronoz; 189: © Succession Picasso/DACS, London 2013/Getty Images/CARL COURT/AFP; 190 top: © DACS 2013/Getty Images/FREDERICK FLORIN/AFP; 190 bottom: © DACS 2013/© 2013 Gjon Mili//Time Life Pictures/Getty Images; 191: © Estate of Graham Sutherland Getty Images/CARL DE SOUZA/AFP; 192: © ADAGP, Paris and DACS, London 2013/Getty Images/Shaun Curry/AFP; 193: © The Willem de Kooning Foundation, New York/ARS, NY and DACS, London 2013/2013/AFP/Getty Images/Emmanuel Dunand; 194: © The Pollock-Krasner Foundation ARS, NY and DACS, London 2013/ Getty Images/DEA/S. SUTTO/De Agostini© 2013 Jackson Pollock; 195: © ARS, NY and DACS, London 2013/©2013. Digital image: The Museum of Modern Art: New York/Scala: Florence; 196 top: © ADAGP, Paris and DACS, London 2013/Photo 12/Oronoz; 196 bottom: by j-No:1973; 197: © Succession Marcel Duchamp/ADAGP, Paris and DACS, London 2013/World History Archive; © 2013 Succession Marcel Duchamp; 200 top: © DACS 2013. bottom: World History Archive; 201 bottom: © DACS 2013/Photo 12/Oronoz; 201 top: © ADAGP, Paris and DACS, London 201x/World History Archive; 202: © Salvador Dali, Fundació Gala-Salvador Dalí, DACS, 2013/World History Archive; 203 top: © Succession Miró/ADAGP, Paris and DACS, London 2013/© 2013 Successió Miró; 203 bottom: ©© ARS, NY and DACS, London 2013/World History Archive; 204: © Trustees of the Paolozzi Foundation, Licensed by DACS 2013 © 2013 The estate of Eduardo Paolozzi; 205 top: © Estate of Roy Lichtenstein/DACS 2013/Getty Images/De Agostini Picture Library; 205 bottom: © 2013 The Andy Warhol Foundation for the Visual Arts, Inc./Artists Rights Society (ARS), New York/Photo 12/Oronoz; 206: © DACS 2013/© 2013 Cea/Collection Mr and Mrs Murray A. Gribin: Beverly Hills: CA; 207: © 2013 YAYOI KUSAMA- Installation View: Haus der Kunst: Munich, http://www.everystockphoto.com/photo.php?imageId=6044887&searchId=4723691f962c6719ba8053d01bedf560&npos=13; 208: © 2013 Christo and Jeanne-Claude: The Pont Neuf Wrapped: Project for Paris 1975-85: Photo: Volz/laif/Camera Press; 209 top: Getty Images/JOHAN ORDONEZ/Stringer/AFP; 209 bottom: © Courtesy of the artist and Yvon Lambert Gallery; 210: © the artist/Photo: Stephen White/Courtesy Alexander and Bonin Gallery (New York) and White Cube -Doris Salcedo 'Shibboleth' Tate Modern Turbine Hall: 9 October 2007 – 24 March 2008; 212: © Estate of Graham Sutherland World History Archive; 213 top: © 2013 Roberto Bernardi/Courtesy of Bernarducci Meisel Gallery; 213 bottom: © 2013 drawings by Paul Cadden ; 214: "©Mask II: 2002; 77 x 118 x 85cm Anthony d'Offay: London"; 221: © 2013 Hubertl/Wikimedia; 222: The Desmond Morris Collection; 223 top: The Desmond Morris Collection; 223 centre: The Desmond Morris Collection; 223 bottom: The Desmond Morris Collection; 224: © 2013 Dorotheum/Wikimedia; 225: © 2013 http://hartfordsymphonyblog.com; 226: The Desmond Morris Collection; 227: Getty Images/Luis Marden/National Geographic; 228 top left: Shutterstock.com/Stephen Bures; 228 bottom: Photo12/JTB Photo; 229: The Desmond Morris Collection; 230: Getty Images/Donald Nausbaum/Robert Harding World Imagery; 231 top: The Desmond Morris Collection; 231 bottom: Shutterstock.com/parkisland; 232 right: Shutterstock.com/JCVStock; 232 left: Shutterstock.com/Zyankarlo; 233: © 2013 Erik den yngre/Wikimedia; 234: Getty Images/Gerard Sioen/Gamma-Rapho; 236: Getty Images/Kord.com/AGE Fotostock; 237: Shutterstock.com/Marco Cannizzaro; 238: Shutterstock.com/Pichugin Dmitry ; 239: © 2013 Tumblr; 240: Dondi Tawatao/Getty Images; 241: Shutterstock.com; 242: The Desmond Morris Collection; 243 Top left: © 2013 Nicholas Gemini/Wikimedia; Top right: © 2013 Wikimedia; 243 bottom: © 2013 Wikimedia; 244 bottom: The Desmond Morris Collection; 244 top: © 2013 Blek le rat/Wikimedia; 245 top: Photo12/JTB Photo; 245 bottom: Photo12/JTB Photo; 246: Getty Images/Education Images/UIG; 247 left: Photo12/JTB Photo; 247 right: Photo12/JTB Photo; 248 top: Photo12/Eye Ubiquitous; 248 bottom: Getty Images/Alejandro Godinez/Clasos.com/LatinContent; 249: World History Archive; 250: © Robert and Gail Rentzer for Estate of Morris Hirshfeld/DACS, London/VAGA, New York 2013/ © 2013. Digital image: The Museum of Modern Art: New York/Scala: Florence251: Jason Newman © 2013 Desmond Morris/courtesy of Portal Painters. www.portalpainters.co.uk 256: Photo12/Eye Ubiquitous; 257: Getty Images/Andrew Holt; 258 left: © FLC/ADAGP, Paris and DACS, London 2013/Photo12/Oronoz; 258 right: © 1998 Kate Rothko Prize & Christopher Rothko ARS, NY and DACS, London/Getty Images/Henry Groskinsky/Time & Life Pictures; 259 top left: Getty Images/Anthony Jones/UK Press/Newsmakers; 259 top right: Getty Images/Paul Todd/Gallo Images; 259 bottom: Getty Images/Craig Roberts; 260 top: World History Archive; 260 bottom: Photo12/JTB Photo/Haga Library; 261: Getty Images. Dan Callister/Newsmakers; 262 top: Getty Images/Alain BENAINOUS/Gamma-Rapho; 262 bottom: The Desmond Morris Collection; 263: Photo12/Eye Ubiquitous/Hutchison; 264: World History Archive; 265: The Desmond Morris Collection; 266 top: World History Archive; 266 bottom: Photo12/Archives du 7e Art/DR; 267: The Desmond Morris Collection; 268: World History Archive; 269: © 2013 http://ryan3888banknote.blogspot.co.uk; 270: Getty Images/Patrick Aventurier/WireImage; 271 bottom: Shutterstock.com/Fedor Selivanov; 271 top: © http://www.bbrarebooks.com; 272 top: Shutterstock.com/littleny; 272 bottom: Getty Images/Gareth Cattermole; 273: © David Bailey/Camera Eye Ltd; 277 left: The Desmond Morris Collection; 277 centre: The Desmond Morris Collection; 277 right: © Karel Appel Foundation/DACS 2013/World History Archive; 278 left: 2013 Sailko/Wikimedia; 278 right: World History Archive; 278 right: The Desmond Morris Collection; 279 top: © Succession Miró/ADAGP, Paris and DACS, London 2013/World History Archive; 279 bottom: Jason Newman The Desmond Morris Collection; 280 top: Getty Images/DEA/G. DAGLI ORTI; 280 bottom: The Desmond Morris Collection; 281: Getty Images/Oliver Strewe/Lonely Planet Images; 282 top: Artwork © Succession H. Matisse/DACS 2013. Photograph © 2013 Succession H. Matisse; 282 bottom: World History Archive; 283 top left: Jason Newman The Desmond Morris Collection; 283 top centre: Jason Newman The Desmond Morris Collection; 283 top right: The Desmond Morris Collection; 283 bottom left: The Desmond Morris Collection; 283 bottom centre left: The Desmond Morris Collection; 283 bottom centre right: The Desmond Morris Collection; 283 bottom right: The Desmond Morris Collection; 284: © 2013 Scott Catron; 285: World History Archive; 286: Getty Images/DEA/G. DAGLI ORTI; 287 top: Photo12/JTB Photo; 287 bottom: The Desmond Morris Collection; 288 top: World History Archive; 288 bottom: World History Archive; 289: © Salvador Dali, Fundació Gala-Salvador Dalí, DACS, 2013/ Photo12/ORZ; 290: © Judd Foundation. Licensed by VAGA, New York/DACS, London 2013/Getty Images/Emmanuel Dunand/AFP; 291: The Desmond Morris Collection; 292 left: Getty Images/Nehn Amauri/News Free/CON/LatinContent; 292 right: Getty Images/Chris Jackson; 293: Photo12/Eye Ubiquitous/Paul Seheult; 295: © Succession Picasso/DACS, London 2013/Photo 12/Oronoz; 296: © Succession Picasso/DACS, London 2013/"Photo 12/Oronoz; 298: World History Archive; 299: World History Archive; 301 top left: The Desmond Morris Collection; 301 top right: The Desmond Morris Collection; 301 bottom left: The Desmond Morris Collection; 301 bottom right: The Desmond Morris Collection; 304: © Tracey Emin. All rights reserved, DACS 2013/Getty Images/Ed Jones/AFP; 305: The Desmond Morris Collection;

Photo Research Project Management Team: Tara Roberts, Jason Newman, Alexander Goldberg and Kieran Hepburn
of Media Select International www.mediaselectinternational.com
Additional thanks to Valerie-Anne Giscard d'Estaing, Ann Asquith and Rick Mayston

# 索 引

＊イタリックは図版のページ

**【カ行】**

**【ナ行】**



**【ハ行】**

# あとがきにことよせて

## ――アホは文化の母――

スコラ哲学では人間を Animal rationale（アニマル ラツィオナーレ）と定義する。「理性を持つ動物」である。たしかにその通り。しかし rationale（英語は rational）には、「理性を持っている」のほかに「合理的な、理にかなった、筋の通った」という意味もあり、それに即して言えば、人間は Animal（アニマル） irrationale（イラツィオナーレ）、つまり「非合理的な動物」である。理性を持っているからといって、いつも理にかなった行動をするわけではない。いや、むしろ、人間は非合理的なことを進んでやる唯一の動物だとぼくは思っている。一般に動物にとって理とは何か。個体の維持、種族の維持という形であらわれる自然の法則で、これは本能としてビルトインされ、動物の行動はほとんどこれで説明される。

しかし人間はちがう。そんな理などどこ吹く風。自分が生きるのにも子孫を残すのにもおよそ関係のないことを嬉々として行なう。言葉を換えれば、生存・存続にプラスになる利便、利得、効率などを無視して顧みないということで、そんななんの役にも立たない、得にもならない行動は、それらを重視する合理主義の立場からすれば、あるいはほかの動物の目から見れば「なんとアホな」ということになるだろう。その通り、人間はアホである。しかし、そのアホからこそ文化は生まれる。アホは文化の母というゆえんである。

たとえば芸術――アート。デズモンド・モリスは本書で、いみじくもアートを「日常から非日常をつくり出すこと」と定義した。動物にとって非日常は危険な臭いがする。少しでもふだんと違っていることに気付けば、わなを巧みに避けて通る。非日常は日常の理をはずれたものにほかならず、わざわざそれに近づくような非合理な、アホな行動をするわけがない。しかし人間はちがう。非日常の「アートがなくては、どんな生活環境にあろうと生きていけない」（D. モリス）。

芸術のみならず衣食住のすべてにわたり、モリスの記述からは外れているスポーツ、遊び、芸能を含めて、いわゆる文化というものが合理性とは無関係な、つまりはアホな営みであることは、ここで詳述する余裕はないが、少し考えれば明らかだろう。

一方いわゆる文明は科学技術の所産で、利便、利得、効率を重視する合理の上に成り立っている。文化がアホから生まれるのに対し、文明は利巧から生まれる。モリスの言明にならえば、こちらは「非日常を日常に引き寄せること」となろうか。文明は空を飛ぶことを可能にした、夜を明るくした、冬を暖かくした。たしかにありがたくはある。しかし合理追求の度が過ぎると――度が過ぎるのは人の常――原発を作ったり、あげくの果てにそれがとんでもない事故を起こしたりもする。みんなもっとアホになろう。

---

翻訳は例によってすぐれた３人の弟子の業績で、監訳者は多少の修正と用語文体の統一を行なったにすぎない。そのお名前と担当を記し、改めてご苦労に感謝したい。


謝辞、序文、第１章～第６章　　中尾ゆかり

第７章～第９章　　片柳佐智子

第 10 章～第 12 章　　家本清美

あわせて本作りにご尽力いただいた編集部の麻生緑さんにも心から御礼申しあげる。


2014 年７月　アホの極致、サッカーワールドカップのゲームに酔い痴れつつ

別宮貞徳

【著者】
デズモンド・モリス（Desmond Morris）
著作家、ブロードキャスター、動物学者。1967年に出版された人間行動学の啓蒙的著書 *The Naked Ape*（邦題『裸のサル——動物学的人間像』日高敏隆訳、角川文庫）で有名。他に『ビジュアル類人猿』（日本語版監修山極寿一、日経ナショナルジオグラフィック社）、『赤ちゃんの心と体の図鑑』（日高敏隆·今福道夫訳、柊風舎）、『マンウォッチング』（藤田統訳、小学館文庫）、『世界お守り大全』（鏡リュウジ訳、東洋書林）など多数。シュルレアリスムの画家としても知られる。

【監訳者】
別宮貞徳（べっく さだのり）
翻訳家・批評家。上智大学文学部英文学科卒業。同大学大学院西洋文化研究科修士課程修了。元上智大学文学部教授。主な著書に『翻訳と批評』『あそびの哲学』（講談社学術文庫）、『ステップアップ翻訳講座』（ちくま学芸文庫）他。訳書・監訳書にデズモンド・モリス『裸の眼——マン・ウォッチングの旅』（東洋書林）、キャシュフォード『図説月の文化史—神話・伝説・イメージ』、ボクスオール『世界の小説大百科——死ぬまでに読むべき1001冊の本』、リュシー・ロー『世界の民族楽器文化図鑑』（柊風舎）など多数。

デズモンド・モリス　アートするサル
人類と芸術の300万年

2015年1月28日　第1刷

著　者　デズモンド・モリス
監訳者　別宮貞徳
訳　者　片柳佐智子
中尾ゆかり
家本清美
装　丁　桂川　潤
発行者　伊藤甫律
発行所　株式会社　柊風舎
〒161-0034 東京都新宿区上落合1-29-7 ムサシヤビル5F
TEL 03-5337-3299 ／ FAX 03-5337-3290

日本語版組版／明光社印刷所

ISBN978-4-86498-020-3